HARALD
FISCHER
VERLAG

Tierrechte – Menschenpflichten, Bd. 4

Vegetarismus

Zur Geschichte und Zukunft einer Lebensweise

Herausgegeben von
Manuela Linnemann und Claudia Schorcht

HARALD FISCHER VERLAG

1. Auflage 2001

Druck- und Bindearbeiten: WB-Druck, Rieden/Allgäu
Umschlagentwurf: Zembsch' Werkstatt, München
unter Verwendung des Ölbilds »Canard à l'orange« von Carolin Beutelrock
Gedruckt auf säurefreiem, alterungsbeständigem Papier
Printed in Germany

Die Deutsche Bibliothek – CIP-Einheitsaufnahme

Vegetarismus : Zur Geschichte und Zukunft einer Lebensweise /
Manuela Linnemann, Claudia Schorcht (Hg.) -
1. Aufl. - Erlangen : Fischer, 2001
(Tierrechte – Menschenpflichten ; Bd. 4)
ISBN 3-89131-403-5

Inhalt

Grußwort

Liebe Leserin, lieber Leser,

der Jahrtausendwechsel war im Juni des Jahres 2000 für die vegetarische Bewegung Anlaß, auf die eigene Geschichte zurückzublicken und damit die lange Tradition des vegetarischen Gedankens aufzuarbeiten. Nicht weniger wichtig ist der Blick nach vorn, das Nachdenken über die Perspektiven des fleischfreien Ernährungs- und Lebensstils. Diesen hohen Anspruch hatte der Kongreß »Vegetarisch in das neue Jahrtausend – das Vermächtnis des Pythagoras und die Zukunft der vegetarischen Idee«, den der Vegetarier-Bund Deutschlands e. V. am 16. und 17. Juni 2000 in Hannover veranstaltet hat.

Wir dokumentieren die Beiträge des Kongresses in diesem Band in der Hoffnung, daß er Ihnen einige spannende und neue Einblicke, Anstöße und Anregungen vermitteln kann. Der Blick in die Geschichte macht deutlich, daß die vegetarische Idee keine Modeerscheinung mit begrenzter Lebensdauer, sondern vielmehr ein gesellschaftspolitischer Ansatz ist, der von der Antike bis zur Gegenwart einen langen Atem bewiesen hat und auf dem besten Wege ist, zu einem breit akzeptierten und auch zunehmend gelebten Lebensstil zu werden. Der Frage, auf welche Weise diese Entwicklung zukünftig durch geschickte Formen der Argumentation und Aktion möglichst effektiv unterstützt werden kann, stellte sich die Strategiediskussion im zweiten Teil des Kongresses.

Ich wünsche diesem Buch eine weite Verbreitung, vor allem – und das scheint mir wichtig – über den Kreis der bereits vegetarisch lebenden Menschen hinaus.

Mein besonderer Dank gilt dem Harald Fischer Verlag, der diese Dokumentation möglich gemacht hat.

Thomas Schönberger
Vorsitzender des Vegetarier-Bund Deutschlands e. V.

Vorwort

Der vorliegende Band dokumentiert die Beiträge des Kongresses »Vegetarisch in das neue Jahrtausend – das Vermächtnis des Pythagoras und die Zukunft der vegetarischen Idee«, der im Juni 2000 in Hannover stattfand. Die Vorträge thematisieren das Phänomen Vegetarismus von der Antike bis zur Gegenwart. Sie werden hier in etwas ausführlicheren, dankenswerterweise von den Vortragenden speziell für den Abdruck verfaßten Versionen, und zum Teil versehen mit reichen Anmerkungen, abgedruckt.*

Urs Dierauers Betrachtungen über den Vegetarismus in der Antike und im frühen Christentum machen den Anfang; mit Hans Werner Ingensieps Ausführungen finden wir uns im 18. und 19. Jahrhundert wieder, und Judith Baumgartner schließt die Zeitreise mit der Darstellung einiger für den Vegetarismus im 20. Jahrhundert wichtigen Aspekte ab.

Dieser Überblick über zwei Jahrtausende Theorie und Praxis des Vegetarismus zeigt, daß Ansätze der heute aktuellen Diskussion um die moralische Berücksichtigung von Tieren bereits in der Antike zu finden sind. Das wohl bekannteste Beispiel hierfür ist Pythagoras, der das Töten und Essen von Tieren mit Bezug auf religiös-moralische Motive verbietet.

Dennoch fällt zu allen Zeiten die Begründung von Vegetarismus und Tierschutz nicht notwendigerweise zusammen. Urs Dierauer weist darauf in seinen Ausführungen zur Tierschonung in der Antike hin, und Hans Werner Ingensieps Gegenüberstellung der Argumentationen für den Vegetarismus im 18. und 19. Jahrhundert einerseits und des neuzeitlichen Tierschutzgedankens andererseits belegen dies ebenfalls. Grundsätzlich geändert hat sich daran bis heute nichts: Gesundheitliche Motive des Verzichts auf Fleisch und tierethische Aspekte stehen nebeneinander, ergänzen sich, schließen aber kaum jemals einander aus. Selten allerdings sind sie gemeinsam zum Programm politischen Handelns geworden. Judith Baumgartner stellt uns mit Leonard Nelson und dem Niederschlag seiner Ideen in der politischen Arbeit eines der wenigen Beispiele hierfür vor.

Gegenwart und Zukunft des Vegetarismus waren Thema der sich anschließenden Podiumsdiskussion. Es ging um Strategien, wie die vegetarische Lebensweise als zukunftsfähiges Konzept einer besseren Perspektive für Menschen und Tiere in der Gesellschaft etabliert werden kann.

Die grundsätzlichen Positionen sind in den Kurzstatements der Podiumsteilnehmer festgehalten, einen zusätzlichen Überblick über den Verlauf der Diskussion gibt die von Patrizia Militano erstellte Zusammenfassung.

Auch die den Kongreß begleitende Ausstellung »Sie haben ein Gesicht« mit Bildern von Carolin Beutelrock soll hier nicht unerwähnt bleiben. Zwar spricht der »Canard à l'orange«, der den Umschlag schmückt, auch ohne große Worte für sich, doch soll auch die Malerin selbst im Rahmen dieses Bandes Gelegenheit haben, einige Worte über sich und ihre Arbeit zu sagen.

Ebenfalls abgedruckt ist die Hannoveraner Erklärung zum 17. Juni 2000. Mit den Namen der bisherigen Unterzeichner und Unterzeichnerinnen wurde sie bereits einmal als Anzeige veröffentlicht, und weitere Anzeigenschaltungen sind vorgesehen. So schlägt die Hannoveraner Erklärung den Bogen von der Strategiendiskussion zur praktischen Umsetzung.

Manuela Linnemann
Claudia Schorcht — Dezember 2000

* In diesem Band nicht abgedruckt ist der Eröffnungsvortrag »Der Affe im Kulturwald« von Richard David Precht. Dieser Vortrag erscheint unter dem Titel »Menschengeist und Affengehirn. Zur Bio-Logik der Tier-Seele« in: Friedrich Niewöhner / Jean Loup Seban (Hg.), *Die Seele der Tiere*, Wiesbaden 2001.
Gedruckt nicht wiedergeben läßt sich leider auch die Lesung von Karlheinz Deschner; die von ihm vorgetragenen Texte können nachgelesen werden in: Karlheinz Deschner, *Für einen Bissen Fleisch. Das schwärzeste aller Verbrechen*, Bad Nauheim 1998.

Vegetarismus und Tierschonung in der griechisch-römischen Antike [1]

(mit einem Ausblick aufs Alte Testament und frühe Christentum)

Urs Dierauer

Es ist bemerkenswert, daß es bereits in der Antike, als viele der heutigen Probleme noch nicht existierten, vegetarische und tierethische Strömungen gab und daß die meisten heutigen Argumente sich bereits in der antiken Literatur finden.

Erstaunlicherweise scheinen manche modernen Vegetarier von der antiken Vorgeschichte ihrer Bewegung kaum eine Ahnung zu haben.[2] Dabei gibt es zumindest zwei ausführliche Werke über diesen Gegenstand. Das eine stammt von Johannes Haußleiter (*Der Vegetarismus in der Antike*, 1935), das andere von Daniel A. Dombrowski, einem Philosophen, der selber Vegetarier ist (*The Philosophy of Vegetarianism*, 1984); auch dieses zweite Werk befaßt sich vorwiegend mit dem antiken Vegetarismus. Ebenfalls ausführlich mit antiker Tierethik beschäftigt sich schließlich Richard Sorabji (*Animal Minds and Human Morals*, 1993).[3]

Am Anfang unseres historischen Abrisses soll ein ganz kurzer historischer Rückblick stehen, damit der griechische Vegetarismus kulturgeschichtlich besser eingebaut werden kann.

1. Fleischnahrung und Tierschonung in der Urzeit

In Teilen der griechisch-römischen Literatur wie auch in der Bibel wird von einer paradiesischen Urzeit gesprochen, wo die Menschheit sich nur vegetarisch ernährte und Menschen und Tiere einander gegenseitig schonten.[4] Entspricht dieses Bild der historischen Realität?

Tatsächlich verlief die Menschheitsgeschichte gerade umgekehrt: Der Vegetarismus steht nicht am Anfang, sondern wohl erst am Ende der Entwicklung. Schon die Vorfahren der Menschen, die *Australopithekinen*, aßen Fleisch; allerdings betrieben sie wohl weniger selber Jagd als daß sie Aas fraßen, d. h. schon gerissene oder verhungerte Tiere.[5] Ähnlich waren auch die Urmenschen, die vor etwa 2 – 2 ½ Millionen Jahren auftraten, der *Homo Rudolfensis* und der *Homo habilis*, keine Jäger, aber auch keine Vegetarier, sondern Aasfresser.[6] Erst für den *Homo erectus*, der seit etwa 1 ½ Millionen Jahren lebte, ist aktive, gezielte Jagd auf Beutetiere bezeugt. Er entwickelte Jagdgeräte, die Jagdtechnik im Gruppenverband und eine besondere Technik der Fleischzerlegung.[7] Vielleicht steht auch die Sprache in einem Zusammenhang mit der gemeinsamen Jagd.

Der Mensch entwickelte sich also »zum Allesfresser mit hohem Fleischanteil …, während die übrigen Primaten überwiegend Pflanzenfresser blieben«.[8] Sehr pointiert formulierte der Religionshistoriker Walter Burkert: »Der Übergang zur Jagd ist … die entscheidende ökologische Veränderung zwischen den übrigen Primaten und dem Menschen. Man kann den Menschen geradezu definieren als den ›hunting ape‹ … Von hier aus ergibt sich eine Perspektive, die die erschreckende Gewalttätigkeit des Menschen verstehen läßt aus dem Raubtierverhalten, das er bei seiner Menschwerdung angenommen hat.«[9] Von einem friedlichen urzeitlichen Vegetarismus kann also keine Rede sein. Spätestens beim *Homo erectus* beginnt das aktive Töten (und Essen) größerer Tiere.

Vor allem aufgrund der Bräuche von Jägervölkern der Neuzeit wissen wir aber auch, daß die frühen Jäger den Tieren mit großem Respekt begegnet sein müssen. Einerseits waren sie ja unbedingt auf die Tiere angewiesen, und aus Angst vor Rache bemühten sie sich, das getötete Tier zu versöhnen, indem sie es bewirteten und unterhielten und durch Bestattung von Knochen und Schädel seinen Körper zu restituieren versuchten. Die Schuld am Tod wälzten sie von sich ab; Karl Meuli sprach in diesem Zusammenhang von einer »Unschuldskomödie«[10]. Andererseits wirkten, wie Burkert betont, die großen Säugetiere, auf die sich die Jagd konzentrierte, auch besonders menschenähnlich. »Erst recht wurde im Töten und Schlachten die Äquivalenz zum Menschen erkannt: Fleisch wie Fleisch, Knochen wie Knochen, Phallus wie Phallus und Herz wie Herz; und vor allem das warme, rinnende Blut.«[11] Der Respekt vor dem Tier war also wohl nicht nur durch Nützlichkeitsüberlegungen, sondern ebenso auch durch ein »Gefühl fast brüderlicher Verbundenheit« bestimmt.[12] Die Urgeschichte der Menschheit stützt also ebensowenig einen romantischen, durch die Urzeit legitimierten Vegetarismus wie ein gedankenloses, respektloses Verzehren von Tierfleisch!

Auch die Entwicklung der Viehzucht geschah größtenteils im Hinblick auf die Fleischnahrung. Die Tiere, die man in Herden hütete, waren eine Art lebende Fleischkonserven, wie man einmal sagte.

Von der Kulturgeschichte und Biologie der Menschen her war es also durchaus keine Selbstverständlichkeit, daß es einmal vegetarische Bewegungen geben würde. (Viele meinen ja auch, der Mensch sei biologisch gesehen kein Vegetarier![13]) Zu Recht betont Precht, »daß ohne das Töten von Tieren zu Ernährungszwecken die Ausbreitung des Menschen über fast den gesamten Planeten kaum möglich gewesen wäre«.[14] Erst die Entwicklung des Ackerbaus seit etwa 8000 v. Chr., die in der Ernährungsgeschichte eine totale Wende brachte, schuf überhaupt die Voraussetzung für den Vegetarismus.

2. Tieropfer und Fleischessen bei den Griechen

Bei gewöhnlichen Mahlzeiten nahmen die Griechen im allgemeinen nur wenig Fleisch zu sich. Sie ernährten sich vorwiegend von pflanzlicher Kost, von Getreide, das sie zu Brot usw. verarbeiteten, und von Gemüse. Eine viel größere Rolle als das Fleisch spielte der Fisch.

Ganz wichtig hingegen war das Fleischessen im Zusammenhang mit Opferfeiern.[15] Religionshistoriker wie Karl Meuli und Walter Burkert haben gezeigt, daß das Opferritual letztlich auf urzeitliche Jägerbräuche zurückgeht.[16] Das vornehmste Opfertier war das Rind, besonders der Stier; ein ganz besonders heiliges Tieropfer war die Hekatombe, ein Opfer von 100 Rindern. Neben den Rindern wurden auch Schafe, Ziegen und Schweine geopfert. Ein eigenartiges Phänomen war, daß man sich vor dem Opfer gleichsam der Zustimmung des Opfertiers zu seiner Tötung versichern wollte: Man besprengte es mit Wasser oder gab ihm Wasser zu trinken und deutete das Zucken oder Beugen des Kopfs als ein Nicken.[17] Also auch hier eine Art Fortwirken des ursprünglichen Respekts vor den Tieren!

Schon Homer berichtet mehrmals von Tieropfern und dem anschließenden festlichen Fleischgenuß. Nach dem Töten des Tiers werden zuerst die Eingeweide geröstet und gegessen, dann den Göttern die Knochen verbrannt und schließlich die Fleischstücke gebraten und verspeist.[18] Anschaulich schildert Homer den Genuß einer Fleischmahlzeit nach dem Opfer, so etwa bei Nestor in Pylos:

> Als sie gebraten das äußere Fleisch und vom Spieße gezogen,
> Teilten die Stücke sie aus und aßen die köstliche Mahlzeit.
> Aber als ihr Verlangen nach Trinken und Essen gestillt war,
> Sprach sie Nestor an ...[19]

Tieropfer und das anschließende Fleischmahl sind zentrale Gemeinschaftserlebnisse; sie begründen und erhalten Gemeinschaft unter den Menschen,[20] genauso wie das Opfer auch Götter und Menschen verbindet. Dessen Ablehnung brachte »eine religiöse Revolution« mit sich.[21] Und weil Tieropfer und Fleischmahlzeit eine enorme soziale Bedeutung hatten, bedeutete ihre Ablehnung zugleich eine radikale Selbst-Ausgrenzung aus der griechischen Gesellschaft[22] und eine Beseitigung der festlichen Höhepunkte des Lebens.

Weil Tieropfer und Fleischgenuß so eng zusammenhingen, wendete man sich im allgemeinen gegen beides zugleich. Kaum einer hat nur das Fleischessen verurteilt. Und wer gegen Tieropfer auftrat wie z. B. Theophrast,[23] richtete sich damit implizit auch gegen das Fleischessen.

3. Die ersten Vegetarier

3.1. Die Orphiker

Genausowenig wie es eine Selbstverständlichkeit war, daß es bei den Menschen überhaupt zum Vegetarismus kam, genausowenig war es dies also in der griechischen Kultur. Ganz im Gegenteil: Bei den Griechen hoben sich die Vegetarier sehr bewußt ab vom Rest der Gesellschaft. Es waren zunächst nicht einzelne, sondern ganze religiöse Gruppen, die den blutigen Opferkult weitgehend ablehnten und Vegetarismus praktizierten: zunächst die sogenannten Orphiker und wohl wenig später die Pythagoreer. Gemeinsam war beiden, daß sie durch Reinigung der Seele ein möglichst glückliches Dasein nach dem Tode anstrebten, und gemeinsam war wohl auch, daß sie an die Seelenwanderung glaubten.[24] Walter Burkert meinte, mit den Orphikern und Pythagoreern sei »der tiefgreifendste Wandel der griechischen Religion« erfolgt.[25]

Die Orphiker waren eine religiöse Gemeinschaft, die im 6. Jh. v. Chr. aufkam und sich auf Orpheus, den berühmten mythischen Sänger Thrakiens, berief, der mit seinem Gesang sogar Tiere und Pflanzen in seinen Bann gezogen hatte. Auf Orpheus wurden mehrere Gedichte zurückgeführt, die sich teils mit der Entstehung des Kosmos, teils mit dem Schicksal der Seele befaßten.

Die Orphiker waren der Ansicht, die Seele sei wegen einer früheren Schuld im Körper wie in einem Grab eingeschlossen[26] und müsse sich durch Reinigung so gut als möglich von dieser Schuld lösen, um ein seliges Dasein zu gewinnen.[27] Deshalb verzichteten sie auf Fleischgenuß und lehnten auch Tieropfer ab; denn es sei nicht fromm, die Altäre der Götter mit Blut zu beflecken.[28]

3.2. Pythagoras und die Pythagoreer

Es ist wohl sinnvoll, auf Pythagoras etwas ausführlicher einzugehen, weil er in der Antike und auch später meist als Begründer des Vegetarismus galt.[29]

Wie sind wir über ihn orientiert? Wir haben von ihm nichts Schriftliches, wobei es nicht sicher ist, ob er wie Sokrates und Jesus gar nichts geschrieben hat oder ob seine Schriften verlorengingen. Dafür haben wir zwei Spezialbiographien über Pythagoras, die aber erst aus der späten Kaiserzeit (aus der Zeit um 300 n. Chr.) stammen.[30] Natürlich verarbeiten sie Material aus früherer Zeit, vor allem aus dem 4. Jh. v. Chr. Dieses Material ist aber teilweise widersprüchlich. Hinzu kommt, daß in den Zeugnissen oft nicht genau zwischen Pythagoras und seinen Schülern, den Pythagoreern, unterschieden wird.

Pythagoras lebte von ungefähr 560 bis 480 v. Chr. und stammte von der Insel Samos. Er wurde also in nächster Nähe zur Stadt Milet geboren, wo zu Beginn des 6. Jahrhunderts die griechische Philosophie ihren Anfang nahm, und hatte, wie behauptet wurde, mit Thales und Anaximander von Milet, den ersten großen Philosophen, Kontakt.[31] Die frühen griechischen Philosophen haben, ganz kurz zusammengefaßt, erstmals versucht, nicht mehr auf religiös-mythische, sondern auf rationale Art über Wesen und Ursprung der Welt nachzudenken. Teilweise hat Pythagoras an sie angeknüpft. Der große Unterschied zu ihnen ist der, daß dieser nicht einfach nur philosophierte, sondern eine eigentlich religiöse Gemeinschaft gründete. Er tat dies in Unteritalien, in Kroton, wohin er aus dem kleinasiatischen Raum ausgewandert war. Später wurde er durch politische Unruhen gegen die Pythagoreer gezwungen, nach Metapont, einer anderen unteritalischen Stadt, überzusiedeln.

Pythagoras war eine eigentümlich schillernde Figur, zugleich Guru und Philosoph, zugleich Religionsstifter und eine Art Wissenschaftler. Der religiös-guruhafte Aspekt zeigt sich in vielerlei Hinsicht: Pythagoras genoß in seiner Sekte eine unbedingte Autorität. Für die Mitglieder galten strenge Vorschriften. Erst nach einer langen Prüfungszeit, nach fünfjährigem Schweigen, während dem man den Meister nur durch einen Vorhang hören durfte, wurde man in seinen inneren Kreis aufgenommen und durfte ihn nun auch sehen.[32] Er genoß eine geradezu göttliche Verehrung, wurde als Apollon in Menschengestalt betrachtet.[33] Auch wurden erstaunliche Wunder von ihm berichtet; so soll er beispielsweise gleichzeitig an zwei Orten gewesen sein.[34] Sogar mit Tieren konnte er reden: Eine Bärin brachte er vom Fleischessen ab und einen Stier vom Bohnenessen.[35] Seine hellseherische Fähigkeit und zugleich seine Tierliebe soll die Geschichte von den Fischen illustrieren: Pythagoras konnte Fischern die Zahl der Fische ihres Fangs genau voraussagen und wünschte sich dann zur Belohnung, daß man die Fische wieder lebend loslasse.[36] Als seltsamer Guru erscheint Pythagoras auch in vielen seiner oft abergläubisch anmutenden Vorschriften: Man soll den rechten Schuh zuerst anziehen. Beim Aufstehen soll man das Bett richten und die Spuren verwischen; ebenso soll man die Spuren des Topfes in der Herdasche verwischen. Einer Frau, die Gold an sich trägt, soll man sich nicht zur Kinderzeugung nähern![37]

Ein zentrales Problem ist es, ob die Lehre des Pythagoras wirklich auch einen rational-philosophischen Aspekt aufweist. Während dies beispielsweise der Altphilologe Walter Burkert bestritt,[38] kommt sein Schüler Christoph Riedweg, dem wir das neueste Buch über Pythagoras verdanken, doch zum Schluß, daß Pythagoras kein reiner Guru war. Zwar ist es sicher, daß der sogenannte Satz des Pythagoras nicht auf Pythagoras selbst zurückgeht, sondern schon eine ägyptische und babylonische Entdeckung darstellte. Aber Pythagoras knüpfte auf jeden Fall an die vorsokratischen Naturphilosophen an, wenn auch er nach dem Urprinzip allen Seins fragte. Allerdings sah er dieses nicht in etwas Stofflichem, sondern in der Zahl; er behauptete, alle Dinge seien von der Zahl bestimmt.[39] Ein Beispiel: Pythagoras (oder seine Schüler) entdeckten, daß die Harmonien auf zahlenhaften Verhältnissen beruhen, z. B. die Oktave durch die Teilung einer Saite entsteht, die Quart durch eine Teilung im Verhältnis 3:2 und die Quint durch eine Teilung im Verhältnis 4:3.[40]

Kommen wir zum Vegetarismus des Pythagoras! Gerade hier zeigt sich die Überlieferung als besonders widerspruchsvoll.[41] Einerseits gibt es mehrere Zeugnisse aus dem 4. Jh. v. Chr., Pythagoras habe vegetarisch gelebt und auch seinen Schülern geboten, keine Tiere zu töten und kein Fleisch zu essen.[42] Es wird sogar berichtet, er habe den Kontakt mit Jägern und Köchen vermieden.[43] Auch für die meisten Autoren vom 1. Jh. v. Chr. an war es selbstverständlich, daß Pythagoras Fleischgenuß ablehnte.[44] Auf der anderen Seite aber gibt es auch Zeugnisse, wonach Pythagoras viel weniger konsequent war und Fleischgenuß nicht völlig verwarf. Die wichtigsten stammen von Aristoxenos (ca. 370–ca. 300), einem Schüler des Aristoteles, der die erste Biographie über Pythagoras schrieb. Laut Aristoxenos gebot Pythagoras nur, sich des Ackerstiers und des Widders zu enthalten, während er den Genuß der übrigen Lebewesen erlaubte.[45] Derselbe Aristoxenos behauptete, Pythagoras habe kleine Schweinchen und zarte Böcklein gegessen.[46] Anderswo heißt es, Pythagoras habe nur Teilverbote gemacht, beispielsweise geboten, beim Fleischessen sich der Genitalien, des Gehirns, der Füße und des Kopfs zu enthalten.[47] Bei Plutarch heißt es, die Pythagoreer hätten sich vor allem der Fische enthalten.[48]

Auch hinsichtlich der Tieropfer wird Widersprüchliches erzählt: Einerseits berichtete schon Aristoteles (384–322), Pythagoras habe nur den Altar des Apollon Genetor, des Lebensspenders, in Delos verehrt, weil dort keine Tiere geschlachtet, sondern nur unblutige Opfergaben dargebracht wurden.[49] Auch anderswo steht, Pythagoras habe verboten, den Göttern Tieropfer darzubringen.[50] Andererseits aber soll er gesagt haben, in diejenigen Tiere, die man opfern dürfe, gehe keine Menschenseele ein, scheint also Opfer doch teilweise gebilligt zu haben.[51] Angeblich opferte er nach der Entdeckung des pythagoreischen Lehrsatzes sogar einen Ochsen.[52] Übrigens gibt es auch ähnliche Widersprüche bezüglich des berühmten Bohnenverbots: Die allermeisten berichten, Pythagoras habe das Essen von Bohnen (sogenannte Saubohnen) strengstens untersagt,[53] während Aristoxenos behauptete, Pythagoras habe gerade die Bohnen besonders empfohlen, weil sie eine purgierende Wirkung hätten.[54]

Es gibt vor allem zwei Interpretationen dieser Widersprüche. Nach Walter Burkert sprach Pythagoras noch kein allgemeines Fleischverbot, sondern nur Teilverbote aus.[55] Die andere Erklärung findet sich schon in der Antike und wird von den meisten Philologen übernommen: Pythagoras machte einen Unterschied zwischen seinen engsten Schülern, denen er ein generelles Fleischverbot auferlegte, und dem weiteren Kreis der Anhänger, den sogenannten »Akusmatikern«, gegenüber denen er nur gewisse Einschränkungen machte.[56] Diesen gestattete er offenbar teilweise den Fleischgenuß, aber nur den von Opferfleisch, weil keine Menschenseele in die Opfertiere eingehe.[57]

Damit kommen wir zur Seelenwanderungsvorstellung und zur Frage nach dem Grund von Pythagoras' Vegetarismus. Überhaupt das früheste Zeugnis über Pythagoras stammt von seinem ungefähren Zeitgenossen Xenophanes, der wie er in Unteritalien lebte. Es handelt sich um ein Spottgedicht in Versen:

> Als er einmal, so heißt es, an einem Hündchen vorbeikam,
> das man prügelte, sprach er voller Mitleid das Wort:
> »Laß das, schlage ihn nicht! Denn sicherlich ist es die Seele
> eines Freundes. Ich hab sie an der Stimme erkannt.«[58]

An sich sprechen diese Spottverse nicht von Vegetarismus. Aber sie bezeugen doch die Tierschonung des Pythagoras, sein Mitleid mit gequälten Tieren. Zugleich machen sie auch das Motiv deutlich, das hinter der Tierschonung steht: die Überzeugung von der Seelenwanderung, die auch Tiere mit einbezieht. Durch dieses Zeugnis und auch sonst ist der Seelenwanderungsglaube wohl das am wenigsten zu bezweifelnde Faktum von Pythagoras' Lehre, weit eindeutiger bezeugt als der Vegetarismus.[59] Pythagoras hat offenbar seine eigenen früheren Existenzen aufgezählt, unter anderem die eines sogenannten Euphorbos, der im troianischen Krieg auf seiten der Troianer kämpfte.[60] Allerdings sprach er bei sich selber nicht von früheren Tierexistenzen, im Unterschied zu Empedokles.[61] Nach welchen Regeln sich die Seelenwanderung laut Pythagoras vollzog, ob sie eher naturgesetzlich in einem strengen Kreislauf erfolgte[62] oder stärker moralischen Kriterien gehorchte[63], ist allerdings nirgends bezeugt.

Daß der Seelenwanderungsgedanke für Pythagoras der wichtigste Grund zum Vegetarismus war, macht schon seine vorher erwähnte Speiseregel deutlich:

> Nur in diejenigen Lebewesen, die man opfern darf, geht keine Menschenseele ein. Darum soll, wem Fleischnahrung erlaubt ist, nur von opferbaren Tieren essen, sonst aber von keinem Lebewesen.[64]

Aber auch viele spätere Zeugnisse zeigen den Zusammenhang zwischen Seelenwanderungsgedanke und Vegetarismus.[65]

Pythagoras wurden auch noch andere Begründungen für den Vegetarismus zugeschrieben. Mehrfach heißt es, Pythagoras habe diesen aufgrund der Verwandtschaft von Mensch und Tier propagiert:

> Weil Pythagoras das Vertrautwerden (*oikeiôsis*) mit den Menschen bei diesen schon vorher verankern wollte, brachte er sie auch mit den artverwandten (*homogenê*) Lebewesen in Beziehung und befahl ihnen, diese für verwandt (*oikeia*) und befreundet zu halten und keinem ein Unrecht zu tun, keines zu morden und keines zu essen.[66]

Diese Begründung paßt zwar an sich gut mit dem Seelenwanderungsgedanken zusammen, stellt aber bereits eine Art Rationalisierung dar und wurde vielleicht von Pythagoras noch nicht in dieser Form vorgetragen.[67] Daß Pythagoras mit seinem Fleischverbot Reinheit der Seele anstrebte,[68] scheint noch plausibel. Was aber die übrigen Begründungen des Fleischverbots betrifft, die auf Pythagoras zurückgeführt wurden (Klarheit des Denkens[69], körperliche Gesundheit[70], Übung der Mitmenschlichkeit[71]), wurden sie wohl erst aus späterer Sicht auf ihn übertragen.

3.3. Empedokles

Empedokles (ca. 483–ca. 420) gehört in vieler Beziehung eng mit Pythagoras zusammen.[72] Beide bekämpften Tieropfer und Fleischgenuß, beide vertraten die Seelenwanderungslehre, beide waren eine Art Verbindung von Naturphilosoph und religiösem Wundermann. Empedokles bezeichnete sich ganz offen als Gott.[73] Der große Unterschied liegt darin, daß Empedokles keine religiöse Sekte stiftete wie Pythagoras, daß er dafür zwei lange Lehrgedichte in Hexametern schrieb, von denen uns viele Fragmente erhalten sind. So wissen wir genauer, was Empedokles selber gedacht hat.

Die beiden Lehrgedichte entsprechen den zwei Seiten seiner Person: Das eine ist naturphilosophisch und behandelt Entstehung und Wandel des Kosmos, wobei Empedokles seine Theorie von den vier Elementen vortrug. Das andere Lehrgedicht hat den Titel »Reinigungen« (*katharmoi*) und berichtet vom Schicksal der sogenannten »Dämonen« (*daimones*), die für eine jenseitige Schuld büßen müssen und 30 000 Horen lang (also wahrscheinlich 10 000 Jahre) immer wieder andere Existenzen durchmachen müssen.[74] Die Wanderung des Dämons entspricht im Grunde der Seelenwanderung.[75] Empedokles sagt von sich, er sei auch so ein Dämon, und redet von seinen früheren Existenzen als Knabe, Mädchen, Busch, Vogel und Fisch.[76] Der Existenzwandel bezieht also nicht nur Tiere, sondern auch Pflanzen mit ein.

Im Zusammenhang mit dem Existenzwandel stehen nun jene Fragmente, die sich gegen blutige Opfer und Fleischgenuß richten:

> Der Vater hebt seinen eigenen Sohn auf, der die Gestalt gewandelt hat,
> schlachtet ihn und spricht dazu auch noch ein Gebet, der große Tor.
>   Die andern aber sind verstört,
> als sie den Flehenden opfern. Doch jener ist taub gegen seine Rufe,
> schlachtet ihn und rüstet sich so im Haus ein böses Mahl.
> Ebenso ergreift der Sohn den Vater, ergreifen die Kinder ihre Mutter,
> rauben ihnen das Leben und verschlingen das eigene Fleisch.[77]

Hier ist es ganz eindeutig, daß Tieropfer und Fleischnahrung wegen des Existenzwandels, wir würden sagen wegen der Seelenwanderung, abgelehnt werden. Grausige Bilder vom Töten der nächsten Verwandten und vom Verschlingen ihres Fleisches werden entworfen. Und mit solch gräßlichen Bildern von schlimmstem Kannibalismus polemisiert Empedokles gegen eine der geheiligtsten Institutionen der griechischen Religion und Gesellschaft, das feierliche Tieropfer und das anschließende Opfermahl.

Die Außenseiterposition der antiken Vegetarier wird hier besonders deutlich. Es ist aber auch klar, daß nicht eigentlich das Tier als solches zum Mitleid herausfordert, sondern die Tatsache, daß ein eng verwandter Mensch darin eingekörpert sein kann.

Empedokles schilderte auch als erster explizit eine glückliche Urzeit, wo Menschen und Tiere friedlich zusammenlebten und einander nichts zuleide taten.[78] Kypris, die Göttin der Liebe, war die Königin, und diese wurde nur mit unblutigen Opfergaben verehrt.

> Vom reinen Blut ermordeter Stiere wurde kein Altar benetzt,
> sondern dies war unter den Menschen die größte Befleckung
> das Leben zu rauben und edle Glieder hinunterzuschlingen.[79]

3.4. Antike Vorstellungen von einer vegetarischen Urzeit

Schon in der Antike gab es verschiedene Konzeptionen von der Entwicklungsgeschichte der Menschheit. Die einen behaupteten eine allmähliche Degeneration, eine Abwärtsentwicklung von der goldenen zur jetzigen eisernen Zeit. Die andern nahmen umgekehrt einen allmählichen kulturellen Aufstieg an; davon wird noch die Rede sein.[80]

Innerhalb der Degenerationstheorie sprach man von einer anfänglichen goldenen Zeit, wo die Menschen nur pflanzliche Nahrung, welche die Erde von selbst, ohne menschliche Mühe, hervorbrachte, zu sich nahmen. Der erste Grieche, bei dem dieser Gedanke auftauchte, war Hesiod (ca. 700 v. Chr.).[81] Empedokles berichtete dann als erster – und Platon und Theophrast folgten ihm bei dieser Vorstellung –, Menschen und Tiere hätten in der goldenen Urzeit in Frieden miteinander gelebt und kein Tier sei getötet worden.[82] Übrigens findet sich dieser Gedanke auch im biblischen Schöpfungsbericht der Genesis: Im Paradies wurde weder von Menschen noch von Tieren Fleisch verzehrt, sondern nur pflanzliche Nahrung gegessen.[83] Erst nach langer Zeit sollen dann die Menschen begonnen haben, Tiere zu töten und ihr Fleisch zu essen. Und zwar wurde manchmal erzählt, wie man bei der Tötung von Tieren von verständlichen Anfängen aus immer weiterging: Zunächst wurden gefährliche Wildtiere beseitigt; dann tötete man Haustiere, die einen Schaden verursacht hatten, z. B. ein Schwein, das die Saaten aufgewühlt hatte, einen Bock, der am Weinstock geknabbert hatte, oder ein Rind, das Opferkörner genascht hatte.[84] Und schließlich wurden auch unschuldige Tiere getötet und gegessen: Schafe und Pferde und sogar der Pflugstier.[85]

3.5. Das Problem der Herkunft des griechischen Seelenwanderungsglaubens und Vegetarismus

Es ist allgemein bekannt, daß der Seelenwanderungsglaube bei den Indern fast allgemeingültig ist und daß auch das Gebot der Nicht-Schädigung gegenüber allem Lebendigen (*ahimsâ*) eine große Rolle spielt – man denke nur an Gandhi. Haben die Griechen einen dieser beiden Grundsätze oder gar beide zugleich als innere Einheit von den Indern übernommen?

Was die Frage des Ursprungs der Seelenwanderungsvorstellung betrifft, sind die Antworten der Wissenschaftler sehr gegensätzlich. Schon im 19. Jahrhundert dachte man an indischen Ursprung, und diese Ansicht findet auch heute ihre Befürworter. So schrieb z. B. Walter Burkert 1995: »Eine Herkunft aus Indien ist nicht zu dokumentieren, aber wahrscheinlich, zumal eben damals das Industal wie auch Ionien dem Perserreich eingegliedert wurden.«[86] Er stützt sich dabei vor allem auf die Dissertation von Angelika Boehme (1989), welche die indischen und griechischen Formen der Seelenwanderungslehre in ihrer Struktur miteinander verglich und aus diesen sowie chronologischen und geographischen Gründen für einen Einfluß Indiens auf den griechischen Reinkarnationsgedanken eintrat; sie betont, der Seelenwanderungsgedanke begegne in Indien schon im 8.–6. Jh. v. Chr. in den frühen Upanischaden, in Griechenland aber erst im 6. Jh. v. Chr.[87]

Die genau gegensätzliche Meinung vertritt neuestens Helmut Zander in seinem Buch *Geschichte der Seelenwanderung in Europa* (1999). Er meint, die Möglichkeit einer Abhängigkeit der griechischen von der indischen Seelenwanderungsvorstellung sei zwar »nicht auszuschließen«, jedoch »unbelegbar« und eher »unwahrscheinlich«.[88]

Eindeutiger scheint die Antwort bezüglich Tierschonung und Vegetarismus zu sein. Zwar glaubte man in der Antike teilweise, Pythagoras sei darin von den Indern beeinflußt.[89] Heute aber wird dieser historische Bezug allgemein abgelehnt – falls überhaupt darauf eingegangen wird.[90] Mehrere Argumente wären zu erwähnen:

1. Chronologie: Das prinzipielle Verbot, Tiere zu töten, galt offenbar erst für den alten Buddhismus und Jainismus, noch nicht für die Brahmanen, die ja noch dem alten Opferritual anhingen. Buddha aber lebte ziemlich gleichzeitig mit Pythagoras, auch ca. 560–ca. 480, ebenso Mahâvîra, der Begründer des Jainismus (gest. 477 oder 467).

2. Bei den Buddhisten war nicht einmal für Mönche prinzipieller Vegetarismus geboten. Es war lediglich strengstens untersagt, selber Tiere zu

töten oder zu deren Tötung Anlaß zu geben. Hingegen durfte auch ein buddhistischer Mönch Tierfleisch essen, wenn er das Tier nicht selbst getötet hatte oder es nicht eigens für ihn getötet worden war. Zum Beispiel durften Mönche von den Essensresten der Laien leben.[91]

3. Spätestens bei den Pythagoreern steht das Verbot der Tiertötung in engstem Zusammenhang mit der Seelenwanderungslehre. Laut Schmitheisen/Maithrimurthi war jedoch in Indien die Wiedergeburtslehre kaum der ideengeschichtliche Ausgangspunkt für das Tiertötungsverbot. Offenbar bestand nämlich zunächst noch nicht die Vorstellung, Menschen könnten generell als Tiere und Tiere als Menschen wiedergeboren werden; vielmehr glaubte man einfach, auch Tiere würden im Jenseits weiterleben und könnten sich für ihre Tötung rächen.[92]

4. Vegetarier und Nicht-Vegetarier der klassischen Zeit (bis Theophrast)

4.1. Erste anthropozentrische Gedanken

Zwei Spielarten des Anthropozentrismus[93] sind in unserem Zusammenhang zu unterscheiden: einerseits eine Betrachtungsweise, die den Menschen gegenüber den Tieren und überhaupt gegenüber der ganzen Welt in den Mittelpunkt rückt, andererseits ein theologisch fundierter Anthropozentrismus, bei dem der Mensch als »Krone der Schöpfung« erscheint und geglaubt wird, eine göttliche Macht habe alles in der Welt zum Wohl des Menschen erschaffen. Im Griechentum findet sich zunächst die erste Art von Anthropozentrismus.

Zu Beginn des 5. Jahrhunderts stellte man erstmals die Behauptung auf, daß der Mensch sich durch seine Vernunft und Sprache grundsätzlich von den Tieren unterscheide.[94] Wahrscheinlich hing diese Behauptung mit Gedanken über die Kulturentwicklung zusammen: Mehrere sogenannte »Kulturentstehungslehren« schilderten die Entwicklung der Menschen von einem tierischen Leben (*thêriôdês bios*) zur höheren Kultur.[95] Man wurde sich bewußt, daß der Mensch die Tiere durch kulturelle Errungenschaften weit übertraf, und führte diese meist nicht mehr wie früher auf göttliche Spender (z. B. Athene und Hephäst: Handwerk; Demeter: Getreide; Dionysos: Wein), sondern auf die eigene Findigkeit und Verständigkeit der Menschen zurück.[96] Den Tieren wurde demgegenüber Vernunftlosigkeit zugeschrieben. Aufgrund der Verständigkeit des Menschen schien es auch einsichtig, daß er die körperlich viel stärkeren Tiere unterworfen hatte und zu seinen Gunsten ausnützte.[97]

Einen Schritt weiter ging erstmals Xenophon (430–354) in seinen »Erinnerungen an Sokrates«. In zwei Kapiteln aus diesem Werk[98] läßt er Sokrates darlegen, wie die schaffende Gottheit bzw. die schaffenden Götter – meist steht der Plural – aufs beste für das Wohl der Menschen gesorgt hätten: Sie hätten ihnen eine besonders vollkommene Seele und einen besonders vollkommenen Körper verliehen.[99] Im Vergleich zu den Tieren lebten die Menschen wie Götter.[100] Einmal betont der Sokrates Xenophons sogar, die Tiere seien um der Menschen willen geschaffen worden. Das Hauptargument ist, daß kein anderes Lebewesen so viel Nutzen aus den Tieren ziehe wie der Mensch. Viele Menschen ernährten sich gar nicht von Pflanzen, sondern nur von tierischen Produkten, von Milch, Käse und Fleisch. Hinzu komme die Ausnützung der Tiere für Arbeit und Krieg.[101] Zum ersten Mal in der europäischen Philosophie findet sich hier die zweite Art von Anthropozentrismus, nämlich der theologisch fundierte; das Fleischessen wird theologisch legitimiert.

Ob in den beiden Xenophonkapiteln wirklich Gedanken des Sokrates ausgedrückt sind, ob also auch Sokrates radikal anthropozentrisch dachte, ist nicht sicher auszumachen.

4.2. Platon und die alte Akademie

Bekanntlich hatte Platon enge Beziehungen zu Pythagoreern. Auch vertrat er die Lehre von der Seelenwanderung, und zwar auch in Tiere.[102] Von hier aus könnte man sich durchaus vorstellen, daß auch Platon für Vegetarismus eintrat. Tatsächlich aber folgerte er nirgends aus der Seelenwanderungsvorstellung, man dürfe keine Tiere töten. Und die Einflüsse der Pythagoreer waren eher theoretischer als praktischer Natur.

Dennoch meint zumindest Dombrowski, daß Platon Vegetarismus als Ideal ansah und wie Pythagoras für sich im Prinzip Fleischnahrung ablehnte, daß er sie aber bei andern in derselben Weise tolerierte, wie es Pythagoras bei den Akusmatikern tat.[103] Haußleiter hingegen sagt, man könne bei Platon höchstens »eine gewisse Vorliebe für vegetarische Kost« feststellen, »die jedoch von einem grundsätzlichen, auf innerer Überzeugung beruhenden Bekenntnis zum Vegetarismus weit entfernt ist«.[104]

Wie Empedokles[105] erzählt auch Platon in einem Mythos von einer idealen vegetarischen Urzeit, der Zeit unter Kronos, wo Tiere und Menschen einander nicht vernichteten und aßen, wo es überhaupt keine Wildheit und keine Kriege gab. Vielmehr sprachen die Menschen sogar mit den Tieren und vermehrten dadurch ihr Wissen.[106] Nachdem Gott die Lebewesen gehütet hatte, trat plötzlich ein Umschwung ein, Gott überließ die Welt gleichsam ihrem eigenen Schicksal, und diese entfernte sich immer mehr von dessen Geboten.[107] Nun wurde offenbar auch Fleisch gegessen.

Von einem vegetarischen Anfangszustand wird auch im Staat berichtet: In der ursprünglichen, gesunden Stadt ernährten sich die Menschen gesund und in Frieden rein vegetarisch.[108] Erst in der größeren, gleichsam »schleimigen«, d. h. ungesunden Stadt begnügte man sich nicht mehr nur mit dem Notwendigen, sondern aß auch Fleisch. Dafür aber brauchte es Jäger und Schweinehirten, und auch Kriege wurden geführt, weil das eigene Land beispielsweise zum Weiden nicht mehr genügte. Ebenso wurden auch Ärzte nötig, weil man nicht mehr so gesund lebte.[109]

An beiden Stellen erscheint die vegetarische Lebensweise als ein Ideal, das wir verloren haben. Aber es gibt nirgends in den Dialogen einen Aufruf, zu dieser idealen Lebensweise zurückzukehren, und es gibt auch nirgends einen Hinweis, daß Platon selber als Vegetarier lebte. Jedenfalls bekommen die Wächter, also der Kriegerstand in der platonischen Polis, Fleisch zum Essen und die besonders tüchtigen reichlichere Fleischportionen zur Belohnung.[110] Man kann also höchstens sagen, daß Platon den Vegetarismus idealisierte und mit ihm sympathisierte.

In der Akademie nach Platon hingegen gab es eindeutige Vegetarier. Von Xenokrates (ca. 396/5 – ca. 314/3), dem zweiten Nachfolger Platons als Leiter der Akademie, wird berichtet, er habe eine besondere Schrift über die tierische Nahrung verfaßt und darin von der Fleischnahrung abgeraten;[111] es ist dies meines Wissens die erste vegetarische Schrift, von der wir hören. Begründet hat er seinen Vegetarismus wahrscheinlich damit, der Mensch sei mit den Tieren irgendwie verwandt.[112] Anscheinend behauptete er auch, die Tierseelen seien wie die Menschenseelen unsterblich.[113] Auch Polemon, der Nachfolger des Xenokrates als Haupt der Akademie, war Vegetarier.[114]

Die vegetarische Tendenz der Akademie war also schon teilweise bei Platon und dann vor allem bei Xenokrates vorgezeichnet. Die beiden berühmtesten Vegetarier der Kaiserzeit, Plutarch und Porphyrios, waren beide Anhänger Platons: Plutarch studierte in der Akademie und Porphyrios war Neuplatoniker. Durch ihre positive Stellung zu den Tieren unterschied sich also die Akademie sehr deutlich von den Peripatetikern und Stoikern.[115]

4.3. Gemäßigter Anthropozentrismus bei Aristoteles

Die anthropozentrische Überzeugung, die Tiere seien für den Menschen da (allerdings ohne theologische Fundierung wie bei Xenophon und später bei den Stoikern), begegnet uns wieder bei Aristoteles (384–322). Dieser sollte bekanntlich über mehr als zwei Jahrtausende hinweg der bedeutendste Zoologe bleiben; seine biologischen Werke befassen sich mit allen Teilgebieten der Zoologie und auch mit biologischer Psychologie, wobei Menschen und Tiere immer zusammen behandelt und miteinander verglichen werden. In der »Politik«, dem Werk über den Staat, sagt Aristoteles, man müsse annehmen, die Pflanzen seien für die Lebewesen (also Tiere und Menschen) da und die andern Lebewesen für die Menschen, die zahmen für den Arbeitsgebrauch und die Ernährung, die wilden zum größten Teil für die Ernährung und anderen Nutzen, z. B. für die Kleidung.[116] Er fährt wörtlich fort: »Wenn nun die Natur nichts unvollkommen und nichts zwecklos macht, muß sie dies alles um der Menschen willen hervorgebracht haben.« Eigenartig ist, daß das Verhältnis Mensch–Tier im ersten Buch der Politik mit zwei andern Herrschaftsverhältnissen parallel gesetzt wird: demjenigen zwischen Herrn und Sklaven und dem zwischen Mann und Frau. Der Mensch steht höher, ist besser als das Tier, der Mann ist besser als die Frau und der Herr überragt den Sklaven; deshalb soll jeweils der erstere herrschen.[117] Aristoteles war ja überzeugt, daß die einen von Natur aus frei und zum Herrschen berufen seien, die andern aber von Natur aus zu Sklaven.[118] Zu Recht schreibt Dombrowski, daß diese Stellen in der Geschichte der Philosophie besonders klar die Verbindung zwischen Sexismus, Rassismus und Speziesismus herstellen.[119] Zumindest die Überlegungen zum Sexismus und Rassismus wirken heute schon fast absurd, während der Speziesismus, also die Auffassung, daß ein Lebewesen allein aufgrund seiner Zugehörigkeit zu einer andern als der menschlichen Spezies wertloser und zur Ausnützung freigegeben ist, erst allmählich hinterfragt wird.

Man muß Aristoteles allerdings zugute halten, daß solche Gedanken eigentlich nur einmal, eben in der Politik, erscheinen. Er betont zwar auch sonst immer die Sonderstellung des Menschen und seine geistige und körperliche Überlegenheit.[120] Zugleich aber sagt er, daß in jedem einzelnen Lebewesen, so unbedeutend es auch sein mag, etwas Wundervolles sei, indem es in jeder Beziehung zweckmäßig ausgestattet sei.[121] Der Satz, daß die Natur nichts umsonst mache, bedeutet in den biologischen Schriften sonst immer, daß die Beschaffenheit des Körpers und seiner Organe ihren

Sinn habe. Man bekommt meistens den Eindruck, das einzelne Tier habe für Aristoteles seinen Zweck in sich selbst, nicht im Dasein für den Menschen. Nur in der Politikstelle wird der Zweck in etwas Umfassenderem gesucht, wird über die verschiedenen Schichten des Beseelten hinaus gedacht. Allerdings muß man zugeben, daß diese umfassende Teleologie dem sonstigen teleologischen Denken des Aristoteles nicht eigentlich widerspricht. Ganz allgemein sagt Aristoteles, daß das Geringere immer um des Besseren willen existiert.[122]

4.4. Polemik gegen den Vegetarismus bei Herakleides von Pontos

Herakleides von Pontos (ca. 390–322) war genau wie der etwas jüngere Aristoteles ursprünglich ein Schüler Platons und Mitglied der Akademie. Nach dem Tod des Speusippos, des ersten Schulhauptes der Akademie nach Platon, bewarb sich auch Herakleides um die Nachfolge, doch wurde ihm Xenokrates vorgezogen; ausgerechnet jener Xenokrates, der wahrscheinlich die erste Schrift zugunsten des Vegetarismus verfaßte. Es ist vielleicht kein Zufall, daß dessen früherer Rivale Herakleides, der sich inzwischen den Peripatetikern angenähert hatte, mit verschiedenen Argumenten gegen den Vegetarismus und damit auch gegen Xenokrates polemisierte. Wir kennen diese Polemik aus Porphyrios, der zu Beginn seines Werks »Über die Fleischenthaltung« (*De abstinentia*) die Argumente der Nicht-Vegetarier vorträgt.[123] Zu ihnen gehören Peripatetiker, Stoiker und Epikureer. Der umfangreichste Teil dieses Argumentenkatalogs – die Ansichten des sogenannten »gewöhnlichen Mannes« – geht auf den Rhetor Clodius von Neapel (2. Hälfte 1. Jh. v. Chr.) und eben auf Herakleides zurück.[124] Von wem die einzelnen Argumente stammen, ist teilweise kontrovers.[125] Wir wollen hier nur jene herausgreifen, die mit ziemlicher Sicherheit auf Herakleides zurückgehen.[126]

1. Das weitaus häufigste und beliebteste Argument ist das Pflanzenargument: Wenn man keine Tiere töten und essen darf, dürfte man konsequenterweise auch keine Pflanzen verzehren. Dann aber könnten wir überhaupt nicht überleben.[127] Dieses Argument findet sich bei Stoikern und Peripatetikern[128], bei Epikureern und Skeptikern[129] und sogar bei Christen[130]. Das Verhalten gegenüber den Pflanzen erhielt dadurch besondere Brisanz, daß diese teilweise in den Seelenwanderungszyklus einbezogen wurden[131] und daß sie z. B. nach Empedokles und Platon auch wahrnehmen, Lust und Schmerz empfinden, begehren und, wie Empedokles meint, sogar denken können[132].

2. Auch hier wird der Vegetarismus bekämpft, indem daraus eine absurde Konsequenz gezogen wird: Wenn man das Töten von Tieren für ein Unrecht hält, müßte man auch die Verwendung von Milch, Honig, Eiern und Wolle verbieten. Denn auch hier wird etwas weggenommen: mit der Wolle wird den Schafen die Kleidung geraubt, mit der Milch wird den zarten Tierbabys die Nahrung entzogen, mit dem Honig den Bienen ihre lustvolle Speise.[133]

3. Ganz zentral ist das Argument, die Tiere würden, wenn wir keine töten würden, überhandnehmen und alle Nahrung aufbrauchen. Die Vögel würden die Samen fressen und die Landtiere die Äcker und ausgewachsenen Pflanzen vernichten.[134]

4. Gerade auch der Seelenwanderungsgedanke ließ sich gut mit dem Töten und Essen von Tieren vereinbaren: Wenn die Seelen nach dem Tod in Tierkörper übergehen, machen sie eine Wanderung durch, bis sie wieder in Menschen gelangen. Frühzeitige Tötung von Tieren ist dann aber ein Vorteil; denn dadurch wird es den Seelen ermöglicht, schneller wieder in Menschen zu kommen.[135]

Wie haben die Vegetarier auf die angeführten Argumente des Herakleides reagiert?

ad 1. Wegen der Schlagkraft des Pflanzenarguments wurde darauf besonders häufig eingegangen. Der Peripatetiker Theophrast betont in seiner Schrift gegen die Tieropfer, von der gleich die Rede sein wird, das Opfern von Früchten sei nicht mit einem Raub verbunden. Die Bäume ließen die Früchte nämlich von selbst fallen. Und außerdem seien sie gewissermaßen unser eigenes Werk, weil wir säten und pflanzten.[136] – Bei Porphyrios heißt es an einer Stelle, die wahrscheinlich auf Plutarch zurückgeht:

> Es ist völlig erzwungen, die Pflanzen mit Tieren zu vergleichen. Denn diese haben von Natur aus Wahrnehmung, empfinden Schmerz und Angst, können geschädigt werden und deshalb auch Unrecht erleiden; jene aber nehmen nicht wahr, also gibt es für sie nichts Fremdes und Schlechtes, keinen Schaden und kein Unrecht.[137]

ad 2. Theophrast betont, daß wir ja für die Bienen, deren Honig wir nehmen, sorgen.[138] Gleiches würde wohl von den Schafen und Ziegen gelten, deren Wolle und Milch wir brauchen.

ad 3. Bei Porphyrios wird auf die Selbstregulation der Natur hingewiesen: Tiere mit großer Nachkommenschaft haben nur ein kurzes Leben, und Tiere, welche zu zahlreich sind, werden von anderen Tieren getötet.

Außerdem nehmen solche Tiere, die wir nicht opfern und essen, wie z. B. Eidechsen, Schlangen und Würmer, auch nicht überhand.[139]

ad 4. Auf dieses ja sehr sophistisch anmutende Argument wird nie eingegangen.

4.5. Theophrasts Polemik gegen die Tieropfer

Theophrast (ca. 372–287) war ein Schüler und Freund von Aristoteles. Gerade in seiner Tierbetrachtung und Tierethik ging er aber entscheidend über diesen hinaus. Offensichtlich interessierte ihn die spezielle Tierpsychologie mehr als Aristoteles: Er schrieb eine eigene Schrift »Über den Verstand und Charakter der Lebewesen«[140]. Mehr als Aristoteles betonte er die Nähe der Tiere zu uns gerade auch im Psychischen; Theophrast sprach von Verwandtschaft (*oikeiotes*). Genauso wie er die Verwandtschaft der Menschen einer Stadt, eines ganzen Volkes, ja aller Menschen überhaupt annahm, genauso sah er auch eine Verwandtschaft zwischen Menschen und Tieren. Diese gründet nicht nur in der körperlichen Ähnlichkeit, z. B. in ähnlichen Organen, sondern, wie er sagt, auch darin, daß die Seelen nicht grundsätzlich zu unterscheiden sind. Gemeinsam sind vor allem die Sinneswahrnehmungen, dann aber auch die Affekte, z. B. Zorn und Begierde, und schließlich sogar Überlegungen (*logismoi*).[141] Es ist nicht ganz sicher, wo dieser Text stand. Entweder im vorher erwähnten Werk »Über Verstand und Charakter der Lebewesen« oder dann wahrscheinlicher in der Schrift »Über die Frömmigkeit« (*Peri eusebeias*).[142] Diese Schrift ist uns zwar nicht erhalten, aber es finden sich daraus umfangreiche Auszüge im Werk des Porphyrios gegen die Fleischnahrung (*De abstinentia*)[143], wo auch der Text über die Verwandtschaft überliefert ist.

In der Schrift »Über die Frömmigkeit« zog Theophrast die praktischen Konsequenzen aus dem Gedanken der Mensch-Tier-Verwandtschaft. Er polemisierte darin gegen die Tieropfer und ging dabei sowohl historisch-spekulativ als auch philosophisch vor: Einerseits zeichnet er wie Empedokles, den er auch zitiert,[144] das Bild einer friedlichen Urzeit, wo den Göttern zunächst nur Gras und dann Früchte und Trankspenden dargebracht wurden. Das Bewußtsein der Mensch-Tier-Verwandtschaft beherrschte alles, und niemand tötete ein anderes Lebewesen.[145] Dann aber kam eine Zeit des Mangels und des Hungers; deshalb tötete man Menschen, aß ihr Fleisch und opferte es auch. Später wurden die Menschenopfer durch Tieropfer ersetzt, die ihrerseits das Essen von Tierfleisch mit sich brachten.[146] Theophrast zeigt hier, wie Tieropfer und Tierfleischessen zusammenhängen; das ist meines Erachtens ein Hinweis, daß er nicht nur gegen Tieropfer, sondern zumindest implizit auch für Vegetarismus eintritt.[147]

Auf der systematischen Ebene polemisiert Theophrast aus mehreren Gründen gegen die Tieropfer: Gott schaut mehr auf den Charakter und die innere Reinheit des Opfernden als auf seine Opfermenge.[148] Gerade einfache, pflanzliche Opfer sind ihm am liebsten. Im Zentrum aber steht der Gedanke, daß der Mensch anderen Wesen das Leben raubt, wenn er Tieropfer darbringt, und ihnen damit einen Schaden, ein Unrecht zufügt. Die Opfer aber müßten auf jeden Fall unschädlich sein.[149] An einer andern Stelle argumentiert Theophrast folgendermaßen: Genauso wie man aufgrund der Verwandtschaft mit den andern Menschen nur Übeltäter töten darf, genauso darf man auch nur schädliche Tiere töten; hingegen ist es ein Unrecht, solche Menschen und Tiere zu töten, die uns keinen Schaden antun.[150] (Übrigens ist es nach Theophrast auch unfromm, dem Wesen Gottes unangemessen, schädliche Tiere zu opfern, so daß man also gar keine Tiere, weder harmlose, noch schädliche töten darf.[151])

Es ist auffällig, wie hier das Verhalten gegenüber den Tieren demjenigen gegenüber den Mitmenschen völlig gleichgesetzt wird. Das Tier kann wie der Mensch ungerecht oder gerecht handeln, und auch wir können ihm Unrecht zufügen. Wohl als erster Denker vertrat Theophrast die These, daß zwischen Menschen und Tieren eine Art Rechtsverhältnis besteht.[152] Er ging damit – genau wie mit seinem Verwandtschaftsgedanken – entscheidend über Aristoteles hinaus. Dieser hatte nämlich noch behauptet, gegenüber den Tieren gebe es ebensowenig ein Recht oder eine Freundschaft wie gegenüber Unbeseeltem, weil das Gemeinsame fehle.[153]

5. Die Nicht-Vegetarier der hellenistischen Zeit

5.1. Epikur und die Epikureer

Die Epikureer und Stoiker, die beiden wichtigsten Philosophenschulen der hellenistischen Zeit, stimmen darin überein, daß sie erklären, die Tiere seien vernunftlos und der Mensch habe ihnen gegenüber keinerlei Rechtsverpflichtungen, dürfe sie also auch zu seinem Nutzen töten. Der große Unterschied liegt in der Theologie: Nur die Stoiker glauben an eine göttliche Vorsehung.

Epikur glaubte nicht an eine göttliche Vorsehung. Dank seiner faktischen Überlegenheit aber kann der Mensch die Tiere für sich ausnützen.

Epikur betonte, die Menschen hätten gegenüber den Tieren keinerlei Rechtsverpflichtungen, begründete dies aber damit, daß die Tiere keine Verträge mit uns schließen könnten, einander gegenseitig nicht zu schädigen.[154] Ähnlich argumentierte auch Hermarchos, der Nachfolger Epikurs als Schulhaupt: Weil Verträge mit den Tieren unmöglich sind, erlangen wir nur dadurch Sicherheit vor ihnen, daß wir einen Teil von ihnen töten. Und zwar betrifft dies nicht nur die schädlichen, sondern auch die scheinbar zahmen und ungefährlichen Tiere. Denn auch diese können uns schaden, wenn sie in allzu großer Zahl vorkommen und sich entweder zur Gewalt wenden oder uns die Nahrung wegfressen.[155]

Interessant ist, daß Epikur selbst aber doch vorwiegend vegetarisch lebte. Er sah zwar die Lust als höchstes Ziel an, verstand darunter aber keine Schlemmerei. Vielmehr genügten Brot und Wasser durchaus, ja könnten die höchste Lust vermitteln, wenn man wirklich Hunger und Durst habe.[156] Fleischspeisen sind, wie Epikur meint, der Gesundheit hinderlich,[157] während die einfache Nahrung leicht zu beschaffen ist. Wir sehen: Epikur war faktisch großenteils Vegetarier, aber er verzichtete nicht aus Rücksicht auf die Tiere auf Fleischgenuß.

5.2. Diogenes und die Kyniker

Auch wenn Diogenes von Sinope (ca. 400 – ca. 323), der Begründer des Kynismus, bereits im 4. Jh. v. Chr. lebte, ist es wohl sinnvoll, erst an dieser Stelle nach den Epikureern kurz auf die Kyniker einzugehen. Denn ähnlich wie Epikur standen diese der vegetarischen Lebensführung sehr nahe, waren aber keine eigentlichen Vegetarier.

Diogenes wollte so natürlich wie möglich leben und auf die Zivilisationsgüter verzichten. Weil die Tiere natürlich lebten, nahm er sie zum Vorbild und nannte sie sogar seine Brüder.[158] Der Name »Kyniker« bedeutet die »Hündischen« und war ursprünglich ein Schimpfname, kritisierte die Schamlosigkeit des Diogenes. Es ist selbstverständlich, daß Diogenes als Kritiker der Zivilisation jeglichen Tafelluxus vermied und faktisch auch weitgehend vegetarisch lebte.

Aber zu Recht betonte Haußleiter, daß auch Diogenes kein grundsätzlicher Vegetarier war. »Sein Bestreben, die bestehenden gesellschaftlichen Werte umzuwerten, … führte ihn auf dem Gebiete der Nahrung nicht zum Vegetarismus, sondern zur Omophagie und Anthropophagie.«[159] Anthropophagie (Essen von Menschenfleisch): Diogenes soll gesagt haben, es sei nicht unziemlich (*atopon*), etwas aus dem Tempel zu stehlen oder das Fleisch eines Tieres zu essen. Und ebenso sei es nicht gottlos, Menschenfleisch anzurühren.[160] Von der Omophagie (Essen von rohem Fleisch) des Diogenes zeugt die Bemerkung, Diogenes habe sogar rohes Fleisch zu essen versucht, aber es nicht verdauen können.[161] Er lehnte ja das Feuer als Zivilisationsinstrument und Anfang unserer Verweichlichung ab.[162] Angeblich starb er sogar beim Essen eines rohen Polypen.[163]

Wir müssen also ganz allgemein unterscheiden zwischen dem Postulat, einfach, gesund und genügsam zu essen, und dem weitergehenden Postulat, überhaupt kein Fleisch mehr zu essen. Im Prinzip aß jeder Vegetarier einfach und genügsam, aber nicht jeder Anhänger einer einfachen, gesunden Ernährung war auch grundsätzlicher Vegetarier.

5.3. Der extreme Anthropozentrismus der Stoiker

Unter allen antiken Denkern vertraten die Stoiker den extremsten theologisch fundierten Anthropozentrismus. Sie wurden nicht müde zu betonen, wie sehr die Menschen den Tieren überlegen sind, daß nur die Menschen Vernunft haben und insofern den Göttern verwandt sind. Statt Vernunft sollte ich hier *logos* sagen. Logos bedeutet zugleich Vernunft/Verstand und Sprache. Nun war an sich seit ca. 500 v. Chr. von vielen Philosophen behauptet worden, die Tiere hätten weder Verstand noch Sprache. Zu ihnen gehörten mehrere Sophisten, der xenophontische Sokrates, Platon und Aristoteles. Spätestens seit ungefähr 300 v. Chr. setzte sich allmählich die Bezeichnung der Tiere als *aloga*, d. h. als logoslose, sprach- und vernunftlose Wesen durch.[164] Aber keine philosophische Richtung betonte mit solchem Nachdruck die psychische Benachteiligung der Tiere, ihre Vernunftlosigkeit mit allen Folgen.[165] Bezeichnend ist es, daß die Stoiker den Tieren nicht nur Tugenden, sondern auch Affekte im eigentlichen Sinn absprachen; die Tiere könnten nur »gewissermaßen« (*hôsanei*) sich freuen, zürnen, ebenso nur »gewissermaßen« sich erinnern.[166]

Ebenso betonten auch alle stoischen Philosophen, daß die göttliche Vorsehung die Tiere nur zum Wohl des Menschen erschaffen habe.[167] Er habe ihnen genau jene Eigenschaften verliehen, die den Menschen besonders dienlich seien, z. B. den Eseln einen starken Rücken, um Lasten zu schleppen, den Ochsen einen breiten, für das Tragen des Jochs geeigneten Nacken.[168] Den Vögeln und Fischen habe Gott besonders schmackhaftes Fleisch verliehen.[169] Chrysipp behauptete, bei den Schweinen habe die Seele die Funktion des Salzes, das sie vor dem Faulen bewahren solle.[170] Zu Recht mokierten sich Kritiker darüber, daß nach Ansicht der

Stoiker die Tiere dann den Sinn ihres Daseins erreichten, wenn sie im Kochkessel landeten.[171]

Die Position der Stoiker war eigentlich im wesentlichen die gleiche wie die des xenophontischen Sokrates,[172] nur etwas stärker akzentuiert:

1. Eine Schöpfergottheit hat Menschen und Tiere geschaffen. (Darin unterscheiden sich Xenophon und die Stoiker von Aristoteles, der nur von der Natur sprach.)
2. Nur die Menschen sind dieser Gottheit verwandt, und zwar dank ihrer Vernunft.
3. Gott hat die Tiere für den Menschen geschaffen.
4. Folglich darf der Mensch über die Tiere herrschen, sie für sich ausnützen, nach freiem Willen über sie verfügen.[173]
5. Weil die Tiere vernunftlos sind, hat er ihnen gegenüber keinerlei Rechtsverpflichtungen.[174]

5.4. Weitere Hauptargumente gegen den Vegetarismus

In seiner Schrift zugunsten des Vegetarismus (*De abstinentia*) erwähnt Porphyrios zunächst die Argumente der Gegner des Vegetarismus (1,3-26). Er gliedert den Stoff folgendermaßen:

1,4-6	Stoiker und Peripatetiker (mit längerem Zitat aus Plutarchs *De sollertia animalium*)
1,7-12	Epikureer (wahrscheinlich Hermarchos)
1,13-26	Argumente eines gewöhnlichen, d. h. nicht eigentlich philosophischen Menschen. Hauptquelle war offenbar die antivegetarische Schrift eines gewissen Clodius von Neapel, eines gebildeten und rhetorisch geschulten Mannes, der zur Zeit des Augustus, also um die Zeitenwende, mit etwa 60 Jahren starb.

Clodius von Neapel hatte wohl die erste antivegetarische Schrift abgefaßt, die wir kennen. Selbstverständlich brachte er auch die Argumente des Herakleides von Pontos vor, die wir bereits erwähnt haben.[175] Hier sollen seine wichtigsten übrigen Argumente aufgezählt werden:

1. Fleischessen schadet weder dem Körper noch der Seele. Gerade jagende Tiere sind am stärksten. Den Athleten und Kranken gibt man Fleisch zur Stärkung.[176] Von den Tieren gewinnt man auch Heilmittel gegen Krankheiten. Wenn man sie nicht mehr töten dürfte, würde diese medizinische Möglichkeit verschwinden.[177]

2. Die Urmenschen aßen deshalb kein Fleisch, weil sie das Feuer noch nicht kannten. Es ist nämlich für die Menschen natürlich, Fleisch zu essen, aber naturwidrig, rohes Fleisch zu essen.[178]
3. Die Behauptung, Pythagoras habe die Menschen durch sein Vegetarismusgebot vor Kannibalismus bewahrt, ist unsinnig; denn gerade die weitgehende Gleichsetzung von Menschen und Tieren könnte im Gegenteil dazu ermuntern, neben den Tieren auch Menschen zu essen.[179]
4. Die blutigen Opfer, welche die Pythagoreer ablehnten, sind den Göttern angenehm. Darauf weisen die Beinamen der Götter und Heroen: Apollon und Artemis heißen der Wolfstötende und die Tieretötende, der Halbgott Herakles heißt auch Ochsenfresser. Die Götter selbst geboten oft, Tiere zu töten und zu opfern. Möglichst viel zu opfern galt als besonders fromm.[180]

Interessant ist, daß die Anti-Vegetarier nie behaupteten, der Mensch sei für seine Ernährung unbedingt auf Tierfleisch angewiesen, was ja die Vegetarier vehement bestritten!

6. Die Einstellung der Römer zu den Tieren

Die einfachen Römer ernährten sich wohl vorwiegend vegetarisch. Nur die Reichen kannten einen großen Tafelluxus, bei dem die verschiedensten und ausgesuchtesten Fleisch- und Fischspeisen aufgetragen wurden. Die vielen Opfer waren wie bei den Griechen mit ganz wenigen Ausnahmen blutig, und meist folgte eine Fleischmahlzeit. Eine Besonderheit der Römer – und vorher schon der Etrusker – war das Tieropfer zur Weissagung: Die Priester lasen aus den Eingeweiden, vor allem der Leber, die Zukunft.

Bei jedem Tierfreund berüchtigt aber sind die Römer in erster Linie für ihre Tierkämpfe in den Amphitheatern. Neben den Gladiatoren mußten hier Tiere gegen Tiere und Menschen gegen Tiere kämpfen. Teilweise gab es in den Amphitheatern eigentliche Hetzjagden (*venationes*) gegen Tiere. Die Zahlen getöteter Tiere, die uns überliefert werden, sind unglaublich: Stolz verkündet Augustus in seinem Tatenbericht, unter ihm seien 26 Tierhetzen mit afrikanischen Tieren abgehalten worden, wobei 3500 Tiere getötet worden seien.[181] Die Verlustzahlen späterer Tierkämpfe sind noch bedeutend höher: Bei den Spielen des Titus im Jahre 80 n. Chr. fielen angeblich 9000 wilde und zahme Tiere. Der berühmte Kaiser Traian ließ bei seinem Triumph über die Daker nach 106 ganze 11 000 Tiere hinschlachten. Mehrmals fielen bei andern Gelegenheiten aufs Mal 200 bis 300 Löwen, ebenfalls mehrmals 300 bis 400 Bären. Dazu kamen die verschiedensten anderen exotischen Tiere, die nicht nur in Tierschauen gezeigt, sondern auch im Amphitheater getötet wurden: Leoparden, Tiger, Elefanten, Nashörner, Flußpferde, Krokodile, Giraffen, Strauße usw.

Das Eigenartige, Befremdliche ist, daß eigentlich weder Zuschauer noch Schriftsteller, auch keine Philosophen, je gegen diese blutigen Schlächtereien protestiert haben[182] – mit einer einzigen Ausnahme: Als bei Spielen des Pompeius 55 v. Chr. 20 Elefanten getötet werden sollten, verhielten sich diese so, daß man den Eindruck bekam, sie jammerten und flehten um Mitleid. Darauf protestierten die Zuschauer und schleuderten Flüche gegen Pompeius,[183] und Cicero schrieb in einem Brief über diese Tierhetze:

> Welches Vergnügen kann es für einen gebildeten Menschen bedeuten, wenn entweder ein schwacher Mensch von einem ganz starken Tier zerfleischt oder ein herrlich schönes Tier von einem Speer durchbohrt wird? Der letzte Tag gehörte den Elefanten; da … regte sich so etwas wie Mitleid und das Gefühl, jenes Tier habe eine Art Gemeinsamkeit mit dem Menschengeschlecht.[184]

Später waren die Römer offenbar so abgebrüht, daß sich niemand mehr über die Tötung der Tiere aufregte, und auch die Äußerung Ciceros ist völlig singulär. Einzig der Grieche Plutarch protestierte einmal zumindest indirekt gegen die Tierhetzen.[185]

7. Die Vegetarier der früheren Kaiserzeit

7.1. Die Neupythagoreer

In der hellenistischen Zeit, d.h. im 3., 2. und 1. Jh. v. Chr., gab es eigentlich kaum prinzipielle Vertreter des Vegetarismus, schon gar keine Vertreter des Tierschonungsgedankens. Dies änderte sich gegen Ende des 1. Jh. v. Chr., als der Pythagoreismus eine Art Wiedergeburt erlebte. Von jetzt an gab es plötzlich wieder relativ viele Vegetarier aus verschiedenen philosophischen Gruppen.

Das wohl eindrücklichste Zeugnis des neuerwachten Pythagoreertums ist die Rede, die der berühmte römische Dichter Ovid (43 v. Chr. – 18 n. Chr.) Pythagoras im letzten Buch seiner Metamorphosen halten läßt.[186] Pythagoras beginnt mit einer heftigen Polemik gegen das Fleischessen. In der dichterischen Formulierung wird deutlich, wie nahe sich Menschen und Tiere sind und wie schlimm deshalb die Tiertötung ist:

Heu! quantum scelus est in *viscera viscera* condi
congestoque avidum pinguescere *corpore corpus*
alteriusque animantem *animantis vivere leto*!

Welch ein vermessenes Tun, im Fleisch das Fleisch zu versenken
Und den begehrlichen Leib mit verschlungenem Leibe zu mästen
Und mit des Lebenden Tod als Lebender sich zu erhalten.[187]

Im lateinischen Text steht jeweils das gleiche Wort (Fleisch, Leib, Lebender) zweimal direkt hintereinander und im letzten Vers folgen sich direkt »leben« und »Tod«: Der Körper der Menschen und der Tiere und ihr Leben sind vergleichbar. Die Menschen leben vom Tod eines andern Lebewesens. Dabei bietet die Erde doch, wie Pythagoras sagt, genug Nahrung. Er redet dann – einmal mehr begegnet uns dieser Gedanke – von der goldenen Zeit, wo Menschen und Tiere friedlich zusammenlebten, und von der allmählichen Einführung des Tiertötens und der blutigen Opfer.[188] Seinen Vegetarismus begründet Pythagoras bei Ovid wie Empedokles und wohl auch der historische Pythagoras mit der Seelenwanderungslehre.[189]

Nie sollt ihr die Seelen Verwandter
Ruchlos mordend entleiben! Nie nähre sich Blut von dem Blute![190]

Allerdings darf man aus diesen Versen nicht schließen, daß Ovid selber Pythagoreer und Vegetarier war, wie das einige moderne Vegetarier, z. B. Dombrowski, tun.[191] Die Rede mit ihrem Thema Seelenwanderung, Verwandlung bietet eine Art theoretische Grundlegung von Ovids Verwandlungssagen; Pythagoras betont bei Ovid, daß die ganze Welt in einem steten Wandel begriffen ist. Ovid beweist seine dichterische Meisterschaft auch in der Gestaltung einer philosophischen Rede, ohne daß er sich mit deren Inhalt identifizieren muß.

7.2. Apollonios von Tyana

Wohl der berühmteste Neupythagoreer ist der Wanderprediger und Wundermann Apollonios von Tyana (gest. 97 n. Chr.), der gelegentlich mit Jesus Christus verglichen wurde. Wir kennen ihn vor allem durch eine im 3. Jh. n. Chr. geschriebene Lebensbeschreibung von Philostrat. Mit

16 Jahren beschloß Apollonios, als Pythagoreer zu leben,[192] und führte ein streng asketisches Dasein, lehnte nicht nur blutige Opfer und Fleischgenuß, sondern auch Kleidung aus tierischen Materialien ab und enthielt sich auch des Weins, der Sexualität und der Bäder.[193] Für seinen Vegetarismus berief er sich auf Pythagoras, der ihn seinerseits auf dem Umweg über die ägyptischen Gymnosophisten von den indischen Brahmanen übernommen habe.[194] Apollonios lehnte auch die blutigen Opfer ab.[195]

Das Hauptmotiv von Apollonios' Vegetarismus war der Gewinn der seelischen Reinheit und die Ermöglichung göttlicher Eingebungen;[196] Apollonios behauptete, selber die Zukunft weissagen zu können, lehnte aber dafür die Eingeweideschau ab.[197] Er machte keine Propaganda für den Vegetarismus, sondern meinte, dieser sei nur für Menschen sinnvoll, die ebenfalls den Kontakt mit der Gottheit anstrebten.[198] Angeblich verstand er die Sprache der Tiere, und andererseits gehorchten ihm auch Tiere.[199]

7.3. Musonius

Auch ein Stoiker des 1. Jh. n. Chr. war konsequenter Vegetarier: der aus der Nähe von Rom stammende C. Musonius Rufus, der ein wenig früher als Plutarch lebte. Durch seinen Vegetarismus unterschied er sich nachhaltig von Philosophen wie Epikur oder den Kynikern, die gleich ihm eine einfache und gesunde Nahrung propagierten. Auch Musonius wandte sich gegen Schwelgerei und Gefräßigkeit und betonte mit Sokrates, der Mensch lebe nicht, um zu essen, sondern esse, um zu leben.[200]

Das Besondere an Musonius, gerade auch gegenüber den Stoikern, seinen Schulgenossen, war, wie gesagt, sein Vegetarismus. Allerdings war er entsprechend seiner stoischen Grundüberzeugung ein rein anthropozentrischer Vegetarier: Ihm ging es nicht um den Schutz der Tiere, sondern ums Wohl des Menschen. Der Mensch solle eine einfache, leicht zu beschaffende und seiner Natur angemessene (*symphylos*) Nahrung zu sich nehmen, eine Nahrung, die ohne Feuer zubereitet werden könne: Getreide, Früchte, Gemüse, Milch, Käse, Honig usw.[201] Die Fleischnahrung lehnte er ab, weil sie uns tierischer, den wilden Tieren ähnlicher mache.[202] Sie beeinträchtige erstens unser Denken; denn die Ausdünstungen des Fleisches verdunkelten unsere Seele. Wir bräuchten aber die leichteste und reinste Nahrung, damit auch unsere Seele möglichst rein und trocken sei.[203] Musonius betonte zweitens auch, wenn wir kein Fleisch äßen, hätten wir eine Nahrung, die der der Götter ähnlich sei.[204] Daß Vegetarismus die Gottähnlichkeit ermögliche, betonte dann später vor allem Porphyrios. Drittens war Musonius auch überzeugt, daß eine übermäßige, nur an der Lust orientierte Nahrung die Gesundheit beeinträchtige, die einfache, leicht zu beschaffende aber Gesundheit und Kraft schenke.[205]

7.4. Plutarch

7.4.1. Plutarchs Schriften zum Thema Vegetarismus und Tiervernunft

Zufällig haben die drei wichtigsten Vertreter des Vegetarismus in der Antike alle einen Namen, der mit P beginnt: Pythagoras, Plutarch und Porphyrios. Unter diesen schrieb Plutarch[206] besonders eindrücklich gegen das Fleischessen, war aber insofern etwas widersprüchlich, als er nicht sein ganzes Leben hindurch konsequenter Vegetarier blieb.

Plutarch lebte von ca. 45 bis ca. 120 n. Chr. größtenteils in seiner Heimatstadt Chaironeia in Mittelgriechenland, kam auf Reisen aber auch nach Ägypten und mehrmals nach Rom. Er war ein sehr religiöser Mensch, war auch lange Zeit Priester im nicht sehr weit entfernten Delphi. Seine philosophische Ausbildung erhielt Plutarch in Athen; er war ein Anhänger der Akademie, der Schule Platons. Plutarch war einer der fruchtbarsten griechischen Schriftsteller. Berühmt sind vor allem seine recht ausführlichen Biographien über große griechische und römische Staatsmänner. Seine zweite wichtige Werkgruppe sind die sogenannten »Moralia«, eine Zusammenstellung von Schriften, die sich in einem weiteren Sinn mit philosophischen, vor allem ethischen und auch allgemein menschlichen Fragen sowie mit religiösen Problemen beschäftigen.

Plutarch war eine menschlich sehr sympathische, humane und tief in der Bildungstradition verankerte Persönlichkeit. Er hatte teilweise erstaunlich fortschrittliche Ansichten, beispielweise in der Ehe, die er im Gegensatz zu den meisten Griechen als echte geistige Gemeinschaft zwischen Mann und Frau verstand.[207] Ein Wesenszug Plutarchs ist auch seine Toleranz und seine Aversion gegen jeglichen Fanatismus.

Unter den »Moralia« finden sich auch zwei Reden gegen die Fleischnahrung – es ist die erste uns erhaltene Schrift zum Thema Vegetarismus – und zwei Werke, die sich mit den Tieren und ihrem Verhalten beschäftigen.[208] Alle diese drei Werke enthalten Polemik gegen die Stoiker, gehören also im weiteren Sinn zur Reihe der philosophiekritischen Schriften, und in allen drei geht es auch irgendwie um Vegetarismus und Tierethik. Wir wollen zunächst kurz auf diese Werke eingehen und dann im nächsten Kapitel deren tierethische Argumente systematisch besprechen.

Chronologisch wohl am ältesten unter diesen Schriften sind die beiden Reden »Über die Fleischnahrung« (der lateinische Titel lautet *De esu carnium*). Bei ihnen fällt der stark rhetorische Charakter auf, weshalb man sie der »rhetorischen Jugendperiode« Plutarchs zugewiesen hat, also der Zeit, wo er etwa 25 bis 30 Jahre alt war.[209] Eine strenge und einheitliche Gliederung fehlt; dafür wird sehr einprägsam, manchmal geradezu drastisch argumentiert. Typisch für den Charakter dieser Vorträge »mit ihren jugendlich- (und zugleich rhetorisch-) radikalen Überspannungen«[210] ist ihr Anfang:

> Du fragst, mit welcher Begründung Pythagoras sich der Fleischnahrung enthielt? Ich aber wundere mich darüber, mit welcher Leidenschaft und welcher Seelenverfassung der erste Mensch mit seinem Mund Mordblut anrührte und mit den Lippen das Fleisch eines toten Lebewesens berührte, Mahlzeiten von toten Körpern und Leichen vorsetzte[211] und dazu die Glieder, die kurz zuvor brüllten, kreischten, sich bewegten und sahen, als Zukost und Leckerbissen bezeichnete; wie das Auge das Schlachten, Häuten und Zerstückeln ertragen, wie der Geruch die Ausdünstung aushalten konnte; wie es den Gaumen nicht bei der Befleckung ekelte, wenn er fremde Wunden berührte und Blut und Eiter tödlicher Verletzungen einsog.[212]

Typisch rhetorisch sind die Du-Anrede, die auch später über lange Partien beibehalten wird, und die Anaphern (die Wiederholung des »wie«), typisch rhetorisch auch die übertrieben drastische Anschaulichkeit. Dann führt Plutarch die ersten Menschen, die Fleisch anrührten, selbst redend ein – auch dies ein Kunstgriff der Rhetorik; sie verteidigen ihre Tat mit der Notlage, der sie ausgesetzt waren, und stellen diese dem gegenwärtigen Überfluß gegenüber.

Die Argumente dieser beiden Reden sollen uns später beschäftigen. Im Blick auf die beiden »tierpsychologischen« Schriften sei hier aber doch erwähnt, daß der Gesichtspunkt der Verständigkeit der Tiere, der dann in *De sollertia animalium* eine ganz zentrale Rolle spielt, nur am Rand vorkommt.[213] Hingegen findet sich schon hier die Polemik gegen die Stoiker[214], und die Berufung einerseits auf Pythagoras und Empedokles[215], die Väter des Vegetarismus, und auf das Schulhaupt Platon andererseits[216].

In der Schrift, die unter dem lateinischen Titel *De sollertia animalium* (Über die Klugheit der Tiere) zitiert wird, beweist Plutarch, daß auch die Tiere Vernunft haben. Am Anfang steht ein mehr allgemeines Gespräch zwischen Autobulos, dem Vater Plutarchs, und Soklaros, einem seiner

Freunde, das nicht nur dem theoretischen Nachweis der Tiervernunft, sondern auch tierethischen Fragen gewidmet ist. Hier wird mehrfach explizit und noch mehr implizit gegen die Stoiker (einmal auch gegen die Peripatetiker) polemisiert,[217] und wieder werden Pythagoras/Empedokles[218] und Platon[219] als Gewährsleute der Tierethik erwähnt. Anschließend folgt ein Redewettkampf zwischen den Jägern und den Fischern über die Klugheit ihrer Jagdobjekte: Anhand unzähliger Tierbeobachtungen und Tiergeschichten versucht zuerst ein Jäger zu beweisen, daß die Landtiere verständiger sind, dann ein Fischer, daß die Wassertiere über mehr Verstand verfügen. (Deshalb trägt die Schrift im Griechischen den Titel: »Sind die Land- oder die Wassertiere verständiger?«) Die zweite Rede bedeutet insofern eine Steigerung, als die Wassertiere im allgemeinen für unverständiger galten. Am Schluß erklärt Soklaros als Schiedsrichter, die Jäger und Fischer sollten ihre Argumente vereinigen und gemeinsam gegen die kämpfen, die den Tieren Sprache (*logos*) und Verstand (*synesis*) absprächen – gemeint sind natürlich wieder die Stoiker. Eigenartig ist, daß der ganze Dialog durch eine Lobrede auf die Jagd ausgelöst wurde[220] und daß Jäger bzw. Fischer reden, daß aber Autobulos im einleitenden Gespräch die Jagd aus tierethischen Gründen ablehnt.[221] Diese Schrift ist wohl etwas später entstanden als die Reden gegen die Fleischnahrung, vielleicht als Plutarch etwa 35 bis 40 Jahre alt war.[222]

Ein eher heiterer Dialog trägt den Titel »Auch die Tiere haben Logos« (*Bruta ratione uti*) oder wird auch einfach »Gryllos« genannt.[223] Vor seiner Wegfahrt bittet Odysseus die Zauberin Kirke, die in Tiere verwandelten Griechen wieder zurückzuverwandeln. Doch Kirke erwidert, Odysseus solle diese zuerst fragen, ob sie wieder Menschen werden wollten, und läßt ihn mit einem Schwein namens Gryllos reden. Dieses beweist nun Odysseus, daß die Tiere ein viel glücklicheres und moralischeres Leben führten. Tugenden wie die Tapferkeit oder Mäßigkeit bildeten sich bei den Tieren naturhaft ohne Zwang und seien erst noch viel höher als beim Menschen.[224] Im Zusammenhang mit der Mäßigkeit wird die grenzenlose Eßbegierde des Menschen getadelt. Als einziges Lebewesen sei der Mensch ein Allesesser, der ohne jegliche Notwendigkeit aus reiner Schlemmerei Fleisch verzehre.[225] Schließlich erwähnt Gryllos auch das handwerkliche Geschick und den Verstand (*phronêsis*) der Tiere, wobei er wieder betont, daß die Tiere keine Belehrung bräuchten.[226] Ich würde annehmen, daß diese Schrift, die in kynischer Manier verfaßt wurde,[227] ungefähr gleichzeitig mit *De sollertia animalium* entstand; denn es bestehen sehr viele Berührungspunkte. Daß hier nicht explizit, sondern nur implizit gegen die stoische Tierbetrachtung polemisiert wird, versteht sich von selbst. Die ausführliche Behandlung des Themas Mäßigkeit und die Polemik gegen den Menschen als Allesesser gehören wieder in den tierethischen Bereich.

Plutarchs tierpsychologisches Interesse und sein Vegetarismus hängen zweifellos eng zusammen. Es fragt sich, was bei ihm primär ist. Von der Chronologie der Schriften her ist es wahrscheinlich, daß am Anfang die Tierliebe und der Vegetarismus standen und daß dadurch auch die eingehende Beschäftigung mit Tierpsychologie ausgelöst wurde.[228] Wie wir bereits bemerkt haben, entstanden ja vermutlich zunächst die beiden vegetarischen Reden, und in diesen spielte das Thema Tiervernunft noch keine große Rolle, während umgekehrt in den tierpsychologischen Schriften, in *De sollertia animalium* und noch viel mehr in *Bruta ratione uti* die Klugheit und Tugend der Tiere im Zentrum steht und das Thema Tierethik eher an den Rand gedrängt ist.

7.4.2. Die Argumente Plutarchs für Vegetarismus und Tierschonung

Wir wollen hier eine Art systematische Zusammenfassung der Äußerungen Plutarchs zu unserem Thema bringen, ohne uns besonders um die Chronologie zu kümmern. Im Zentrum stehen natürlich die beiden Reden gegen die Fleischnahrung (*De esu carnium*), doch entnehmen wir auch den übrigen Schriften, vor allem *De sollertia animalium*, einzelne Gedanken. Bei Plutarch findet sich die vollständigste tierethische Argumentation der Antike; deshalb soll auch ausführlich davon die Rede sein.

Im Zentrum der ganzen Argumentation steht wohl doch die Tierliebe, der Gedanke an das Wohl des Tiers, und das ist in der ganzen vegetarischen Argumentation etwas Neues.

Erstens hebt Plutarch den Wert auch der tierischen Seele, des Lebens der Tiere hervor. Wie eindrücklich ist doch der folgende lapidare Satz:

> Für ein kleines Stücklein Fleisch nehmen wir den Tieren die Seele sowie Sonnenlicht und Lebenszeit, wozu sie doch entstanden und von Natur aus da sind.[229]

Nie zuvor war so klar betont worden, daß die Tiere den Sinn ihres Daseins in sich selber haben und nicht um der Menschen willen geschaffen sind. Es erscheint Plutarch als großes Unrecht, den Tieren nur für den menschlichen Genuß das Leben zu nehmen, das ihnen um ihrer selbst willen geschenkt worden ist. Welch himmelweiter Unterschied zu den Stoikern, die

– wenn man den Spott des Akademikers Karneades übernimmt – sozusagen die Vorstellung hatten, die Tiere erfüllten den Sinn ihres Daseins, wenn sie im Kochtopf landeten.[230] Man spürt bei Plutarch jene Ehrfurcht vor dem Leben, die Albert Schweitzer propagierte.

> Welche Mahlzeit, für die ein beseeltes Wesen getötet wird, kommt nicht teuer zu stehen? Betrachten wir denn die Seele als geringen Preis? Ich behaupte jetzt noch gar nicht, diese Seele könnte die der Mutter, des Vaters, eines Freundes oder der Kinder sein, wie Empedokles erklärte[231]; ich denke nur daran, daß ihr Wahrnehmung, nämlich Sehen und Hören, Vorstellung und Verstand (*synesis*) zukommen, die jedes Lebewesen von der Natur erhalten hat, um das Nützliche aufzusuchen und das Schädliche meiden zu können.[232]

Plutarch betont, daß der Genuß, den der Mensch durchs Fleischessen gewinnt, in keinem Verhältnis zum Verlust des Lebens der Tiere und ihrer psychischen Fähigkeiten steht. Sehr klar drückte diesen Gedanken kürzlich der vegetarische Philosoph Helmut Kaplan aus:

> Größere Interessen dürfen nicht kleineren Interessen geopfert werden ... Beim Fleischessen werden so gut wie alle tierlichen Interessen einem einzigen menschlichen Interesse geopfert.[233]

Zweitens vertrat Plutarch wohl auch als einziger antiker Denker den Grundsatz, man dürfe den Tieren nicht ungerechtfertigterweise Leid und Schmerz zufügen. Aristoteles hatte zwar in seiner Psychologie festgestellt, daß die Tiere wie wir Lust und Schmerz empfinden,[234] aber er hatte daraus keine Konsequenzen gezogen. Plutarch hingegen lehnt offenbar Jagd und Fischfang als Sport und grausame Spiele mit Tieren, wie sie z. B. in der römischen Arena vorkamen, deshalb ab, weil sie den Tieren Leid zufügen. In *De sollertia animalium* läßt er jedenfalls seinen Vater sagen:

> Wer spielt und sich belustigt, soll dies mit solchen zusammen tun, die fröhlich mitspielen ... So soll man denn auch nicht zum Sport Jagd und Fischfang betreiben und sich freuen, wenn die Tiere leiden und sterben und oft auf erbarmenerregende Weise von ihren Jungen weggezerrt werden.[235]

Noch an einer andern, bereits zitierten Stelle betont Plutarch das Leiden der Tiere. Er meint, es sei unsinnig, mit dem Pflanzenargument gegen den Vegetarismus zu kämpfen:

> Mit Tieren Pflanzen zu vergleichen ist erzwungen; denn jene können von Natur aus wahrnehmen, leiden, sich fürchten und geschädigt werden, diese jedoch nehmen nichts wahr, für sie ist also nichts widrig, schlimm eine Schädigung und ein Unrecht.[236]

Zu Recht wird die bahnbrechende Leistung des englischen Philosophen Jeremy Bentham betont, der 1789 das Leiden der Tiere zum zentralen Kriterium für das Verhalten ihnen gegenüber machte:

> Die Frage ist nicht: Können sie vernünftig denken? oder: Können sie sprechen? sondern: Können sie leiden?[237]

Doch bereits bei Plutarch wurde das Argument des Tierleidens – allerdings neben dem Argument der Tiervernunft – für die Tierethik bedeutsam.

Plutarch betonte, man dürfe die Tiere ebensowenig wie Sklaven als Dinge oder Sachen behandeln, bei denen allein der Nutzwert eine Rolle spiele, sondern solle ihnen Güte und Achtung entgegenbringen. In seiner Biographie des älteren Cato (234–149 v. Chr.), eines sehr strengen, konservativen Römers, erzählt Plutarch, wie dieser zunächst Sklaven wie Zugochsen ausnützte und sie dann im Alter wegjagte oder verkaufte und wie er das Pferd, das er bei seinen Feldzügen als Konsul geritten hatte, in Spanien zurückließ, damit der Staat keine Transportkosten bezahlen müsse. Plutarch meint dazu:

> Alt gewordenen Pferden das Gnadenbrot zu geben und Hunden nicht nur, wenn sie jung sind, sondern auch im Alter Pflege angedeihen zu lassen, ist Ehrenpflicht eines guten Menschen … Die Rennpferde Kimons, mit denen er dreimal in Olympia siegte, haben sogar Gräber dicht bei seiner Gruft. Hunde, die ihnen durch langes Zusammenleben lieb geworden waren, haben viele bestattet … Denn man darf mit lebenden Wesen nicht wie mit Schuhen oder Geräten umgehen, die man, wenn sie zerbrochen oder durch den Gebrauch verschlissen sind, wegwirft, sondern wenn aus keinem andern Grunde, dann um sich in der Menschenfreundlichkeit zu üben, muß man sich gewöhnen, gütig und mild mit ihnen zu sein. Ich möchte nicht einmal einen Zugochsen seines Alters wegen verkaufen, viel weniger einen alt gewordenen Menschen aus seiner langjährigen Umgebung … verstoßen.[238]

Wieder begegnet uns wie schon bei Aristoteles die Parallelisierung von Tieren und Sklaven. Für traditionelle Römer wie Cato oder Varro (116–27 v. Chr.), die sich beide mit Landwirtschaft beschäftigten, galten sowohl Sklaven als auch Haustiere als Dinge, als Werkzeuge: der Sklave als stimmbegabte Art Werkzeug (*instrumenti genus vocale*), der Ochse beispielsweise als halb stimmbegabte Art Werkzeug (*instrumenti genus semivocale*),[239] während man den Karren als stumme Art Werkzeug bezeichnete. Als Sache (*res*) erscheinen Tiere und Sklaven auch im römischen Recht.[240] In der Schweiz gibt es jetzt eine Verfassungsinitiative, die Tiere nicht mehr als Sachen einzustufen, sondern als empfindungsfähige Lebewesen, wie es in Deutschland bereits üblich ist.

Als drittes Argument für den Vegetarismus war natürlich auch für Plutarch die Überlegung wichtig, daß die Tiere genau wie der Mensch Verstand und alle damit zusammenhängenden Fähigkeiten wie Tugenden, Erinnerung, Affekte usw. besitzen. Dies weist er ja in *De sollertia animalium* auch ausführlich nach.[241] Allerdings scheint dies für Plutarch nicht das entscheidende Argument für Tierschonung und Vegetarismus gewesen zu sein. Vielmehr kämpfte er hier vor allem gegen die Peripatetiker und Stoiker, die behaupteten, die Tiere könnten allein schon deshalb keine Vernunft haben, weil sonst die Gerechtigkeit nicht mehr realisierbar wäre; denn dann müßten wir entweder Unrecht tun, indem wir die Tiere ausnützten, oder das Leben wäre für uns völlig unmöglich, wenn wir uns gegenüber den Tieren gerecht und menschenfreundlich verhielten.[242] Plutarch hingegen zeigt, daß diese ganze Überlegung falsch sei. Es sei sehr wohl möglich, den Verstand der Tiere anzuerkennen und sie trotzdem auszunützen, ohne das Recht zu verletzen. Wie Pythagoras gezeigt habe, dürfe man die schädlichen Tiere töten, die zahmen und unschädlichen aber dürfe man als Arbeitstiere einsetzen, dürfe sie melken und ihre Wolle scheren.[243]

In seinen zwei vegetarischen Reden erwähnt Plutarch viertens auch zweimal den Seelenwanderungsgedanken.[244] Bei ihm scheint es sich aber eher um ein Hilfsargument zu handeln. Plutarch betont, wenn man der Seelenwanderungsvorstellung keinen Glauben schenken wolle, so sei es doch sinnvoll, sich davor in acht zu nehmen. Wenn eine Frau gegen einen vermeintlichen Feind das Schwert erhebe und dann jemand sage, dies sei ihr Sohn, ein anderer aber sie auffordere zuzuschlagen, weil es sich wirklich um einen Feind handle, dann sei es doch sicher besser, aus Irrtum einen Feind zu verschonen als einen Mord am Sohn zu riskieren.[245] Ebenso verhalte es sich auch mit dem Töten und Essen von Tieren:

> Angenommen, nur für unsere Lust steht ein Opfertier mit zurückgebogenem Hals da und dann sagt der eine Philosoph: ›Schlag zu! Es ist

> ein unvernünftiges Lebewesen‹, der andere aber: ›Halt inne! Wie wäre es, wenn die Seele eines Verwandten oder Freundes dort hineingegangen wäre?‹ Dann ist, ihr Götter, die Gefahr ganz gleich groß, wenn ich jenem nicht gehorche und kein Fleisch esse, wie wenn ich diesem nicht gehorche und ein Kind oder einen andern Verwandten töte![246]

Plutarch wehrt sich dagegen, daß der Mensch auf Kosten der Tiere üppig lebt und bloß seine Lust befriedigt.[247] Deshalb ist ihm fünftens auch die häufig erwähnte Tatsache wichtig, daß Fleischessen für den heutigen Menschen, der Getreide und Früchte im Überfluß hat, überhaupt nicht mehr notwendig ist.[248] Die ersten Fleischesser, die Plutarch redend einführt, betonen, sie hätten nur aus Mangel und Notwendigkeit Fleisch zu sich genommen:[249]

> Welche Raserei und welche Verrücktheit aber treibt euch jetzige Menschen, denen soviel Nötiges im Überfluß zur Verfügung steht, zum Morden? ... Ihr nennt Schlangen, Panther und Löwen wild, aber ihr selbst auch mordet und steht ihnen an Rohheit nicht nach. Für jene bedeutet das Töten Nahrung, für euch aber einen Leckerbissen (*opson*).[250]

Ein sechstes Argument hat erst Dombrowski klar herauskristallisiert: Es findet sich zwar bei Porphyrios[251], aber in einer Partie, die wahrscheinlich auf Plutarch zurückgeht[252]. Dombrowski nennt es »the argument from marginal cases« (das Argument von Randerscheinungen oder Randexistenzen her):[253]

> Man sieht, daß viele Menschen nur aufgrund von Wahrnehmung leben, aber keine Vernunft (*nous*) und keinen Verstand (*logos*) haben, und daß viele durch Rohheit, Zorn und Habgier die schrecklichsten Tiere übertreffen, nämlich Kindsmörder und Vatermörder, Tyrannen und Diener von Königen. Inwiefern ist es da nicht unsinnig zu glauben, wir hätten ein Rechtsverhältnis gegenüber diesen Menschen, aber keines gegenüber dem pflügenden Stier, dem mit uns aufgewachsenen Hund und den Tieren, die uns mit ihrer Milch ernähren und mit ihrer Wolle kleiden – inwiefern ist dies nicht völlig absurd?

Wenn wir uns Menschen gegenüber rechtlich verpflichtet glauben, die zwar empfinden können, aber völlig vernunftlos leben – beispielsweise gegenüber ganz kleinen Kindern, geistig ganz eingeschränkten oder hirngeschädigten Menschen –, dann müssen wir konsequenterweise auch gegenüber jenen Tieren ein Rechtsverhältnis annehmen, die Empfindung haben, aber – wie zumindest die Stoiker behaupten – vernunftlos sind. Und wenn wir glauben, wir hätten sogar Verbrechern und Mördern gegenüber Rechtsverpflichtungen, dann müssen wir solche noch viel mehr gegenüber treuen und arbeitsamen Tieren akzeptieren.

Dieses Argument von menschlichen Randgruppen her findet sich laut Dombrowski ganz ähnlich wieder beim modernen vegetarischen Philosophen Peter Singer.[254] Man könne doch nicht behaupten, meint Singer, kriminelle Psychopathen wie Hitler und Stalin hätten eine höhere Würde als Elefanten, Schweine und Schimpansen.[255] Schwierige mathematische Probleme könnten zwar nur wir Menschen lösen, aber längst nicht alle Menschen seien dazu imstande.[256] Auch gebe es einige Menschen, »die eindeutig unterhalb des Niveaus von Bewußtsein, Selbstbewußtsein, Intelligenz und Empfindungsfähigkeit vieler nichtmenschlicher Tiere« lägen.[257]

> Der Haken … ist, daß jede Eigenschaft, die alle Menschen besitzen, nicht nur Menschen zukommt. Zum Beispiel können alle Menschen, aber nicht nur Menschen, Schmerzen empfinden.[258]

Die Grenzen zwischen Menschen und Tieren sind also fließend; Tiere können uns oft näher stehen als Menschen. Und dem muß man ethisch Rechnung tragen.

Neben jenen zentralen Argumenten für den Vegetarismus, die in erster Linie das Wohl der Tiere im Auge haben, finden sich bei Plutarch auch Argumente, die mehr vom Wohl des Menschen ausgehen und die größtenteils schon früher vorgebracht wurden. Sehr wichtig ist Plutarch erstens die Überlegung, Tierschonung sei eine Übung für die Mitmenschlichkeit. Wenn wir Tiere um unserer Lust willen töteten, stärkten wir die mörderische Tendenz in unserer Natur. Wenn wir hingegen mit den Pythagoreern freundlich zu den Tieren seien, übten wir damit Menschenliebe und Erbarmen.[259] Ganz ähnlich argumentierte später Kant, grausame Behandlung der Tiere stumpfe das Mitgefühl mit dem Leiden der Mitmenschen ab.[260] Zu Recht betont aber Colin Spencer in seiner Geschichte des Vegetarismus, die Tatsache, daß Hitler Vegetarier gewesen sei, habe das Argument, Vegetarier seien friedliebende, sanfte Menschen, endgültig widerlegt.[261]

Zweitens meint Plutarch, Fleischnahrung sei für den Menschen unnatürlich, schade seinem Körper und verursache Krankheiten, vor allem Verdauungsstörungen.[262] Wie begründet es Plutarch, daß Fleischgenuß für die Menschen nicht natürlich sei? Zunächst weist er auf die mangelnde körperliche Eignung, die Kleinheit des Mundes, die Feinheit der Zähne und die Magenprobleme hin. Weiter dürfte der Mensch kein Messer oder Beil anwenden, um Tiere zu töten, wenn ihm Fleischessen wirklich angeboren wäre. Und schließlich werde das Fleisch auch nicht roh genossen, sondern gekocht, gebraten und vielfach gewürzt.[263]

Drittens betont Plutarch, teilweise mit den Worten des Musonius, daß Fleischgenuß auch für die Seele und das Denken schädlich seien. So wie die Sonne durch feuchte Luft nicht klar und hell hindurchleuchten könne, so werde auch der Strahl der Seele abgestumpft, wenn der Körper durch Fleischnahrung belastet werde.[264]

Alle diese vielen Argumente würden eigentlich dafür sprechen, völlig auf Fleischgenuß zu verzichten. Aber Plutarch ist sich der Macht der Gewohnheit bewußt. So tritt er denn ähnlich wie Pythagoras gegenüber den Akusmatikern dafür ein, daß die Menschen wenigstens ihren Fleischkonsum einschränken.

> Wenn wir wegen der Gewohnheit nicht sündlos sein können, … werden wir zwar Fleisch essen, aber aus Hunger, nicht aus Schwelgerei. Wir werden zwar ein Tier töten, aber in Mitleid und Schmerz, nicht in Übermut und nicht unter Quälerei.[265]

Plutarch stellt sich vor, die Tiere selber äußerten die Bitte:

> »Töte mich, um zu essen, aber bring mich nicht um, um genußvoller zu essen!«[266]

7.4.3. Blieb Plutarch ein konsequenter Vegetarier?

Inwieweit hielt Plutarch selber sein ganzes Leben lang am Vegetarismus der Jugend fest? Der vegetarische Philosoph Dombrowski glaubt, Plutarch sei durchgehend Vegetarier geblieben.[267] Ich möchte aber – ähnlich wie Haußleiter[268] – annehmen, daß Plutarch im Laufe seines Lebens nicht mehr so konsequent für Vegetarismus eintrat wie in den beiden Reden, die ja wahrscheinlich der rhetorischen Jugendperiode entstammten.[269] Dies ergab sich allein schon aus seiner öffentlichen Tätigkeit: Als Priester in Delphi mußte er zwangsläufig an Opfern teilnehmen und ebenso als Beamter in Chaironeia.[270] Plutarch betonte auch selber, wie schön solche Opferfeste seien.[271]

Hinzu kommen seine Äußerungen in anderen Schriften. In seiner Schrift über die Gesundheit (*De tuenda sanitate praecepta*) sagt Plutarch, am besten wäre es, ganz auf Fleisch zu verzichten oder nur Geflügel und

Fische zu genießen. Wenn man aber doch Fleisch esse, solle man damit nicht die Begierde stillen, sondern es höchstens als Zukost verwenden.[272]

In den sogenannten Tischgesprächen (*Quaestiones convivales*), die wohl aus der Zeit stammen, wo Plutarch bereits etwa 55–60 Jahre alt war,[273] behandelte er in sehr liberaler Weise Fragen des Fleischgenusses. Mehrfach wird über die Zubereitung und den Geschmack von Fleisch diskutiert, ohne daß das Fleischessen irgendwie als problematisch erscheint. So wird etwa die Frage behandelt, weshalb Schweinefleisch im Mondschein mehr faule als im Sonnenschein.[274] Oder es wird darüber diskutiert, ob man eher das Fleisch von Landtieren oder Fischen essen solle.[275] Bei einem Freund Plutarchs namens Philinos wird anläßlich eines Festes in Rom ausdrücklich hervorgehoben, daß dieser sich allen Fleisches enthalten habe. Weil Plutarch selber bei diesem Gastmahl auch zugegen war, bedeutet dies, daß Plutarch selber Fleisch aß.[276] Beim gleichen Gastmahl wird auch zu begründen versucht, weshalb sich die Pythagoreer der Fische enthielten.[277] Also nicht einmal den Pythagoreern wird hier konsequenter Vegetarismus zugeschrieben! Auch bei einem andern Gastmahl spielt der Vegetarier Philinos eine Rolle: Er verteidigt die einfache Nahrung – gemeint ist damit wohl die Pflanzennahrung – als gesund, während ein anderer Teilnehmer des Gastmahls gerade die vielfältige Nahrung, die schmackhaft und lustvoll sei, als gesund bezeichnet.[278] Während früher Plutarch für Vegetarismus eintrat, fällt nun also nur noch der Freund Philinos als Vegetarier auf! Ist er sozusagen auf einer früheren Entwicklungsstufe Plutarchs stehen geblieben?

Vielleicht wäre das Bild eines geradlinig konsequenten Vegetariers Plutarch erfreulicher, um so mehr, als er viele überzeugende tierethische Gedanken vorbrachte; aber ich glaube, die Texte sprechen dagegen. Es kommt wohl noch öfters vor, daß jemand in seiner Jugend begeisterter Vegetarier ist und mit der Zeit etwas weniger konsequent ist. Auch beim Stoiker Seneca war es jedenfalls so.[279] Bei Plutarch kam noch die Einbindung ins öffentliche religiöse Leben hinzu. Aber das tierethische Bewußtsein hat er wohl nie ganz verloren. Allerdings glaube ich, Haußleiter harmonisiert etwas allzusehr, wenn er sagt, im Grunde seines Herzens sei Plutarch Vegetarier geblieben.[280] Der Eindruck einer gewissen Widersprüchlichkeit in der Nahrungsfrage läßt sich nicht wegdiskutieren.

8. Spätantike: Porphyrios und die Neuplatoniker

Die Mitte des dritten Jahrhunderts n. Chr. brachte eine Art Renaissance der platonischen Philosophie, den Neuplatonismus. Mit diesem war auch eine Neubelebung des Vegetarismus verbunden. Platoniker sympathisierten ja schon früher mit vegetarischen und tierethischen Gedanken, vor allem Xenokrates und Plutarch, in gewisser Weise auch Platon.[281]

Von Plotin aus Ägypten (ca. 205–270), dem Begründer des Neuplatonismus, der 244 in Rom seine Schule gründete, wissen wir, daß er kein Tierfleisch aß und auch keine Arzneien zu sich nahm, die aus Tieren gewonnen wurden, also tierische Gegengifte.[282] Über die Gründe erfahren wir aber nichts, auch nicht aus seinen eigenen Schriften.

Sein Schüler Porphyrios aus Tyros (ca. 234–ca. 301/5) hingegen schrieb ein ganzes Werk in 4 Büchern gegen die Fleischnahrung, das lateinisch unter dem Titel *De abstinentia* zitiert wird. Vier Dinge sind besonders bemerkenswert:

Erstens: Es ist die einzige aus der Antike erhaltene längere Schrift zum Vegetarismus – und bleibt auch die einzige bis in die Neuzeit hinein; sie umfaßt immerhin über 180 Seiten, während die beiden Reden Plutarchs für den Vegetarismus nur etwa 20 Seiten lang, allerdings dichter und gedrängter sind.

Zweitens ist *De abstinentia* im Unterschied zu Plutarchs vegetarischen Reden ein systematisches Werk mit einem klaren Aufbau. Im 1. Buch werden zunächst die Argumente der Antivegetarier ausführlich aufgezählt (3–26); dann erläutert Porphyrios sein Grundanliegen von der Gottähnlichkeit und zeigt, daß der Vegetarismus zu Besonnenheit und Reinheit führt. Im 2. Buch, das der Frömmigkeit gewidmet ist, wendet sich Porphyrios gegen die blutigen Tieropfer. Im 3. Buch geht es um die Gerechtigkeit; bei drei zentralen Tugenden, Besonnenheit, Frömmigkeit und Gerechtigkeit, wird die enge Beziehung zum Vegetarismus aufgezeigt. Porphyrios macht deutlich, daß das Töten unschädlicher Tiere ungerecht ist, weil auch die Tiere einen Anteil an Vernunft haben. Im 4. Buch schließlich berichtet Porphyrios von den Sitten vegetarisch lebender Völker.

Drittens: Porphyrios setzt sich noch stärker als Plutarch mit früheren Philosophen auseinander, kritisiert oder lobt sie und zitiert sie auch ausführlich. Dank *De abstinentia* kennen wir viele Gedanken früherer Philosophen, die sonst teilweise verloren wären: im 1. Buch die Überlegungen der Antivegetarier, im 2. und 3. Buch die Gedanken Theophrasts aus seiner verlorenen Schrift »Über die Frömmigkeit« und im 3. Buch die Überlegungen Plutarchs, wobei größtenteils aus *De sollertia animalium* zitiert wird.[283] Auch das 4. Buch enthält wertvolle ethnographisch-religionsgeschichtliche Informationen.

Viertens: Das ganz Besondere an Porphyrios ist, daß er vor allem von einem religiösen Standpunkt aus argumentiert. Das ist der stärkste Unterschied zu Plutarch, der zwar ebenfalls sehr religiös war, aber kaum religiöse Gedanken zugunsten des Vegetarismus äußerte. Porphyrios knüpft teilweise an Platon, in der Opferfrage aber vor allem an Theophrast an, den er ja auch ausführlich zitiert. Zugleich denkt Porphyrios aber auch von den Tieren her, will ihnen kein Unrecht antun, keinen Schaden zufügen. An einem bestimmten Punkt treffen sich dann die religiöse und die tierethische Komponente.

Religiös ist an Porphyrios zunächst sein eigentliches Lebensziel, die möglichst große Angleichung an Gott[284], ein Ziel, das bereits Platon formulierte[285]. Der Mensch ist seinem Wesen nach Geist und er soll dieses Geistige fördern.[286] Alles Sinnliche, alle Leidenschaften soll er soweit als möglich in Schranken halten. Weil das Fleisch die Leidenschaften begünstigt, soll er auf Fleisch verzichten; er soll dem Körper nur das Notwendige und zwar leichte Speisen geben.[287] Allerdings gilt dies nur für den Philosophen. Niedere Handwerker, Athleten, Soldaten, Seeleute, Rhetoren, überhaupt diejenigen, die ein tätiges Leben führen, dürfen auch Fleisch essen.[288] Wir finden wieder eine Zweiteilung zwischen konsequenten Vegetariern und solchen, für die diese strengen Gesetze nicht gelten, wie schon bei Pythagoras und ähnlich auch bei Apollonios von Tyana.

Wie stellt sich Porphyrios zu den Tieropfern? Hier beruft er sich weitgehend auf Theophrast. Für sich selber lehnt Porphyrios Tieropfer überhaupt, auch Opfer zur Eingeweideschau, konsequent ab.[289] Er betont aber zusätzlich, daß man auch dann, wenn man Tieropfer doch darbringe, trotzdem kein Fleisch essen solle, genauso wie man bei Menschenopfern auch nicht das Fleisch der Menschen esse.[290] Das Eigenartige und typisch Neuplatonische an der Konzeption des Poprhyrios ist aber, daß er eine Art Hierarchie des Göttlichen annimmt, dem eine Stufenfolge von Opfern entspricht. Der höchsten Gottheit, dem Einen, opfern die Philosophen nur reines Schweigen und reine Gedanken über ihn; alles Materielle wäre unrein. Den geistigen Göttern spende man mit der Stimme vorgebrachte Gesänge, während den sichtbaren Göttern im Himmel, der Sonne und den Gestirnen, bereits materielle Opfer dargebracht werden dürften: Feuer sowie Getreide, Honig und Blumen, aber auf keinen Fall Fleisch.[291] Nur den niedrigsten Gottheiten, den sogenannten Dämonen (*daimones*) wird auch Fleisch geopfert. Diese Dämonen freuen sich an Trankspenden und Fettdampf, also an den Opfern, die bei Homer erwähnt werden, weil dadurch ihr pneumatisches und körperliches Wesen gestärkt wird. Ob der Staat diese Dämonen durch Tieropfer besänftigen solle, gehe ihn – so betont Porphyrios – nichts an. Reine Seelen, also die Seelen der Philosophen, haben mit den Dämonen nichts zu tun.[292]

Die Ausführungen des dritten Buches scheinen zunächst rein diesseitig rechtlicher Natur zu sein. Porphyrios geht es hier um die Gerechtigkeit. Die Gegner des Vegetarismus, vor allem die Peripatetiker und Stoiker, behaupteten, die Gerechtigkeit erstrecke sich nur auf jene Wesen, die über Logos, also Verstand und Sprache verfügten.[293] Porphyrios beweist nun ausführlich, daß die Tiere auch Anteil am Logos haben. Wir besitzen aus der späteren Antike mehrere ähnliche Beweisführungen für den Logos der Tiere; aber nur diejenige bei Porphyrios steht im Rahmen eines vegetarischen Textes. Wie in anderen dieser Argumentationen gliedert Porphyrios nach dem im Innern sich bildenden Logos, also dem Verstand, und dem nach außen getragenen Logos, also der Sprache[294], wobei er zuerst nachzuweisen versucht, daß auch die Tiere eine Art Sprache haben, dann, daß sie auch über Verstand verfügen.[295] Porphyrios betont immer wieder, daß die Tiere zwar einen unvollkommenen Verstand besäßen, aber nicht völlig unverständig seien,[296] daß es also zwischen Menschen und Tieren (und den Tieren untereinander) nur quantitative seelische Unterschiede gebe. Und übrigens seien nach stoischer Ansicht auch nur ein oder zwei Menschen wirklich weise.[297] Porphyrios ist überzeugt, daß die Menschen bzw. die Philosophen den Tieren nur aus Egoismus, aus Lustbegierde den Logos absprechen.[298]

Gegen den Schluß des dritten Buches treffen sich die religiöse und die moralisch-rechtliche Komponente von Porphyrios' Vegetarismus. Porphyrios betont, Gott habe uns die Selbsterhaltung nicht auf Kosten von anderen Wesen ermöglicht, er habe in unsere Natur nicht das Prinzip der Ungerechtigkeit gelegt.[299] Fleischessen sei nicht notwendig wie Einatmen von Luft, Trinken von Wasser und Essen von Pflanzen; die Enthaltung von Fleisch beeinträchtige weder unser Leben noch unser Gut-Leben, d. h. unser Glück – wahrscheinlich zitiert Porphyrios hier Plutarch.[300] Und nun kommt das Entscheidende: Die Nicht-Schädigung der Tiere wird als ganz wesentlicher Teil der Angleichung an Gott interpretiert:

> Weil die Angleichung an Gott soweit wie möglich unser Ziel ist, wird die Nicht-Schädigung (*to ablabes*) in allem bewahrt … So ist der, welcher die Nicht-Schädigung nicht nur auf Menschen beschränkt, sondern auch auf die andern Lebewesen ausdehnt, Gott ähnlicher, und

wenn er sie bis auf die Pflanzen ausdehnen könnte, würde er das Vorbild noch mehr bewahren.[301]

Bei Porphyrios finden wir also eine religiöse Begründung des Vegetarismus, die uns bis jetzt noch nicht – oder nur in Ansätzen bei Musonius – begegnet ist: Der Mensch nähert sich durch seine Schonung der Tiere Gott an.

Gelegentlich wird behauptet, in der Antike habe man kaum vom Leid der Tiere gesprochen. Wie wir sahen, hat immerhin Plutarch darauf hingewiesen. Man muß aber betonen, daß das Postulat der Nicht-Schädigung (*ablabes*), das Porphyrios vertritt, umfassender ist als die Forderung, den Tieren kein Leid zuzufügen. Hier kann man immer von der idealen Aufzucht, den idealen Transporten zum Schlachthof und dem idealen Schlachthof sprechen, wo die Tiere keine Schmerzen erleiden müssen. Ebenso kann man ideale Tierversuche propagieren, wo den Tieren überhaupt kein Schmerz zugefügt wird. Aber auch unter diesen »idealen« Bedingungen geht es doch immer um die allergrößte Schädigung, den Raub der Seele oder des Lebens, und diese Schädigung am Leben will Porphyrios vermeiden. Sein zentrales Stichwort *to ablabes* entspricht dem indischen Prinzip der *ahimsâ*.

9. Ausblicke auf Altes Testament und antikes Christentum

Ich möchte den Bereich des Jüdisch-Christlichen nicht ganz aussparen, weil er ja gemeinsam mit dem Griechisch-Römischen die antike Grundlage unserer Kultur ausmacht. Es sollen aber nur kurze Hinweise gegeben werden. Besonders gilt dies für die alte Kirche, deren Quellen zum Thema Vegetarismus noch kaum bearbeitet wurden.[302]

9.1. Altes Testament[303]

Die wichtigsten Stellen zu unserem Thema stehen in der Genesis. Der Schöpfungsbericht des sogenannten Jahwisten aus dem 10. Jh. v. Chr. (Genesis 2) deutet eine gewisse Nähe und Vertrautheit von Mensch und Tier an: Damit der Mensch nicht so allein sei, erschafft Gott nach ihm die Tiere als »eine Hilfe, die zu ihm paßt«, und der Mensch darf ihnen die Namen geben.[304] Ein anderes Verhältnis zeigt sich in Genesis 1, im Schöpfungsbericht der sogenannten »Priesterschrift«, die im 6. Jh. v. Chr. abgefaßt wurde. Hier sagt Gott zu den Menschen, die er allein nach seinem Bilde geschaffen hat:

Seid fruchtbar und mehret euch und füllet die Erde und machet sie euch untertan, und herrschet über die Fische im Meer und die Vögel des Himmels, über das Vieh und alle Tiere, die auf der Erde sich regen!

In diesem berühmten Vers Genesis 1,28 scheint der anthropozentrische Gedanke vom Menschen als Krone der Schöpfung und seiner Herrschaftsstellung über die Tiere besonders klar ausgedrückt[305] – mehr als 100 Jahre vor dem xenophontischen Sokrates, bei dem sich ähnliche Gedanken wiederfinden.[306] Allerdings muß man auch die Fortsetzung betrachten. In den folgenden zwei Versen sagt Gott nämlich zu den Menschen:

Siehe, ich gebe euch alles Kraut, das Samen trägt, auf der ganzen Erde, und alle Bäume, an denen samenhaltige Früchte sind; das soll eure Speise sein. Aber allen Tieren der Erde und allen Vögeln des Himmels und allem, was sich regt auf der Erde, was Lebensodem in sich hat, gebe ich alles Gras und Kraut zur Nahrung.[307]

Das heißt doch wohl, daß die Menschen – und auch die Tiere – im Paradies vor dem Sündenfall vegetarisch lebten.[308] Wir finden also die gleiche Vorstellung von einem urzeitlichen Vegetarismus wie im Griechentum.[309] Übrigens wird beim Propheten Jesaja auch für die Zeit der Erlösung ein ähnlicher Zustand des Friedens zwischen den jetzt verfeindeten Tieren und zwischen Tier und Mensch vorausgesagt.[310] Was nun den Vers Genesis 1,28 betrifft, bezieht er sich sicher nicht vor allem auf die Zeit im Paradies, sondern gleichsam schon voraus auf die viel umfassendere Herrschaftsstellung des Menschen über die Tiere (und die Erde allgemein) nach dem Sündenfall. Dabei betonen die einen Bibelinterpreten mehr die despotische Verfügungsgewalt des Menschen, andere mehr die Aufgabe des friedlichen Hütens und Bewahrens.[311]

Nach dem Sündenfall werden dem Urpaar Kain und Abel geboren. Kain wird Ackerbauer und bringt Gott Feldfrüchte zum Opfer dar; Abel aber wird Schafhirt und opfert Gott von seinen Schafen. Interessant ist, daß Gott nur am Fleischopfer Freude hat, das vegetarische Opfer aber verworfen wird! In seinem Zorn über die Bevorzugung Abels erschlägt der Ackerbauer den Viehzüchter.[312]

Ganz explizit wird Fleischnahrung nach der Sintflut in den Worten Gottes an Noah und seine Söhne gerechtfertigt:

Furcht und Schrecken vor euch komme über alle Tiere der Erde, über alle Vögel des Himmels, über alles, was auf Erden kriecht, und über alle Fische im Meer; in eure Hand sind sie gegeben. Alles, was sich regt und lebt, das sei eure Speise; wie das Kraut, das grüne, gebe ich euch alles. Nur Fleisch, das noch Blut in sich hat, dürft ihr nicht essen.[313]

In diesen Versen, die ebenfalls aus der Priesterschrift stammen, wird dem Menschen wirklich eine sehr umfassende Herrschaft und Verfügungsgewalt über die Tiere gegeben, die so weit gehen soll, daß diese sich regelrecht vor ihm fürchten! Fleischnahrung wird jetzt ausdrücklich erlaubt. Allerdings wird zugleich betont, daß das Blut, in dem sich ja die Seele, das Leben des Tiers findet, nicht genossen werden darf[314] – ein Hinweis auf den jüdischen Ritus des Schächtens. Baranzke hat gezeigt, daß sich darin ein gewisser Respekt vor der Seele des Tiers, ein »lebensfreundlicher Geist« manifestiert.[315]

Gott gebietet im Alten Testament durchaus auch Fürsorge für die Tiere:

Sechs Tage sollst du deine Arbeit tun, am siebenten Tage aber sollst du feiern, damit dein Rind und dein Esel ruhen und der Sohn deiner Sklavin und der Fremdling aufatmen können.[316]

Du sollst dem Ochsen, wenn er drischt, das Maul nicht verbinden.[317]

9.2. Frühes Christentum

Es gibt Vegetarier, die behaupten, Jesus hätte auch vegetarisch gelebt.[318] Wir finden aber in den Evangelien keine Zeugnisse, daß Jesus selbst Vegetarier war. Seine ersten Jünger waren ja Fischer.[319] Das Fischen als solches und das Essen von Fischen wird nirgends zum Problem gemacht. Bei der Speisung der Fünftausend verteilt Jesus die fünf Brote und die zwei Fische, die zur Verfügung stehen, unter die Menge.[320] Und laut einer Wundergeschichte befiehlt Jesus dem Simon und seinen Leuten, nochmals auf den See von Genezareth hinauszufahren und die Netze auszuwerfen, nachdem sie den ganzen Tag nichts gefangen haben. Und tatsächlich fangen sie jetzt eine riesige Menge Fische, so daß die Netze zu zerreißen drohen.[321] Im berühmten Gleichnis vom verlorenen Sohn, das Jesus erzählt, läßt der Vater, der im Gleichnis für Gott steht, für den Zurückgekehrten ein Mastkalb schlachten.[322]

Schon in der Antike führte die Geschichte von der Heilung eines besessenen Geraseners zu Kontroversen; bekanntlich erlaubte Jesus dort den unreinen Geistern, in eine riesige Schweineherde zu fahren, die sich darauf den Abhang hinunter in den See stürzte und dort ertrank.[323] In seiner Schrift »Gegen die Christen« äußert Porphyrios sein Befremden darüber, daß die Geister nicht völlig gebannt werden konnten, sondern in die armen Schweine fahren mußten.[324] Augustin schrieb demgegenüber, die Geschichte zeige, daß Christus keine Rechtsgemeinschaft der Menschen mit den Tieren anerkannte.[325]

Ein Problem für sich ist die Geschichte vom letzten Mahl Jesu mit den Jüngern. Handelte es sich dabei tatsächlich um ein Passamahl, und aßen Jesus und seine Jünger das übliche Passalamm, wie es die Synoptiker Markus, Matthäus und Lukas nahelegen?[326] Oder fand dieses letzte Mahl am Tag vor dem Passafest statt, und starb Jesus noch – wie das Johannesevangelium berichtet – am Rüsttag vor dem Passamahl[327], an dem die Passalämmer geschlachtet werden? Das würde bedeuten, daß Jesus und seine Jünger tatsächlich damals kein Passalamm aßen. Aufgrund der Texte hat diese zweite Version einiges für sich,[328] und natürlich bevorzugen sie auch die vegetarischen Interpreten.[329] Doch darf man aus der Wahrscheinlichkeit, daß Jesus am Abend vor dem Passamahl feierte, nicht schließen, er habe »durch die Fleisch und Blut ersetzenden Symbole Brot und Wein« gleichsam bei seinem Abendmahl den Vegetarismus gestiftet.[330]

In den Paulusbriefen fällt vor allem eine Stelle auf:

> Im Gesetz des Mose steht ja geschrieben: »Du sollst einem Ochsen, wenn er drischt, das Maul nicht verbinden.« Kümmert sich Gott etwa um die Ochsen oder sagt er es ganz um unsertwillen? Um unsertwillen nämlich steht geschrieben, daß der Pflügende auf Hoffnung hin pflügen soll und der Dreschende auf Hoffnung hin dreschen soll …[331]

In der Bemerkung »Kümmert sich Gott etwa um die Ochsen…?« zeigt sich eine starke Mißachtung der Tiere, und die allegorische Deutung auf den Menschen hin wirkt ganz anthropozentrisch.

9.3. Die alte Kirche: Vegetarische Bewegungen und Anthropozentrismus

Die offizielle Kirche hatte eigentlich wenig Probleme mit dem Fleischessen. Außerkirchliche Kreise und solche, die für die normale Kirche als ketzerisch galten, überhaupt christliche Außenseiter, befürworteten hingegen häufig den Vegetarismus.

Jene religiöse Bewegung, die in der späteren Antike am nachhaltigsten für den Vegetarismus eintrat, war der Manichäismus.[332] Diese vom Perser Mani (216–276) begründete synkretistische Religion aus zoroastrischen, christlichen und teilweise auch buddhistischen Elementen war von einem radikalen Dualismus zwischen Licht und Finsternis, Gut und Böse geprägt. Ursprünglich waren Licht und Finsternis getrennt, aber dann brach die Finsternis ins Lichtreich ein, und unsere jetzige Welt bildet eine Mischung von Lichtpartikeln und Finsternis; im Menschen ist die Lichtseele wie in einem Gefängnis eingekerkert – ein ursprünglich orphischer Gedanke. Das Ziel des Weltprozesses besteht in der Entmischung und wieder völligen Trennung der beiden Mächte. Um zu diesem Erlösungswerk beizutragen, müssen die Menschen über ihre Situation aufgeklärt werden, und dafür wurden Zarathustra, Buddha, Christus und schließlich als Höchster Mani in die Welt gesandt.

Die manichäische Kirche gliederte sich in die Auserwählten (*electi*) und die Zuhörer (*auditores*). Die Auserwählten hatten ein streng asketisches Leben zu führen: Sie mußten auf Fleisch- und Weingenuß, auf Geschlechtsverkehr, Ehe und Fortpflanzung und auf persönlichen Besitz verzichten. Fleisch war ihnen vor allem deshalb verboten, weil es fast ausschließlich aus Finsternis, aus dunkler Materie besteht. Hingegen durften sie Pflanzen wie Melonen und Gurken, in denen besonders viel Lichtsubstanz enthalten war, sowie Weizenbrot essen. Die Zuhörer hingegen durften Fleisch und Wein genießen und auch Geschlechtsverkehr haben; nur mußten sie zu gewissen Zeiten streng fasten und die Nahrung für die Auserwählten beschaffen. Wir finden also wieder die Zweiteilung zwischen vegetarisch lebenden Vollkommenen und den Unvollkommenen, die sich ans gewöhnliche weltliche Leben anpassen. Beiden Schichten aber ist es verboten, das Tier- und Pflanzenleben zu schädigen, Pflanzen zu entwurzeln und Tiere zu schlachten. Die Tötung der Tiere wird den Ungläubigen überlassen, ähnlich wie in der indischen Religion.

Der Vegetarismus bei den Manichäern ist also bestimmt durch das dualistische Weltbild: Das Tierfleisch gehört zum Bösen, Finsteren, soll nicht eingenommen werden, weil es die persönliche Reinheit und die Erlösung und Rückkehr der Seele zum Lichtreich verunmöglicht. Die Zuhörer werden denn auch nicht gleich nach ihrem Tod erlöst, sondern müssen weitere Etappen einer Seelenwanderung durchmachen.

Mit seiner Missionstätigkeit und der Anpassung der Religion an die örtlichen Gegebenheiten hatte der Manichäismus großen Erfolg, konnte sich weit nach Osten und nach Westen ausbreiten. Der berühmteste Manichäer war der spätere Kirchenvater Augustin, von dem gleich die Rede sein wird.

Als zwei wichtige kirchliche Denker, die den Vegetarismus ablehnten, sollen hier der ostkirchliche Theologe Origenes und der westkirchliche Theologe Augustin erwähnt werden. Origenes (ca. 185–254) lebte noch vor Mani. Für unser Thema wichtig ist seine Auseinandersetzung mit dem platonischen Philosophen Kelsos (2. Hälfte 2. Jh. n. Chr.), der eine antichristliche Schrift »Wahre Lehre« (*alêthês logos*) verfaßt und darin unter anderem gegen den Anthropozentrismus polemisiert und auch den Tieren eine Art Vernunft zugebilligt hatte. Er behauptete, das Weltganze sei ebensowohl für die Tiere wie für die Menschen erschaffen worden.[333] Ob Kelsos auch ein Gegner blutiger Tieropfer und Vegetarier im Stile des Porphyrios war, ist unsicher.[334] In seiner polemischen Entgegnung »Gegen Kelsos« (*Contra Celsum*), dank der wir dessen Ansichten kennen, betont Origenes die Vernunftlosigkeit und Instinkthaftigkeit der Tiere und unterstreicht (mit Aristoteles und der Stoa), daß die göttliche Vorsehung die Pflanzen um der Menschen und Tiere willen und die Tiere selbst für den Menschen geschaffen habe.[335] Origenes vertritt also den extrem anthropozentrischen Standpunkt der Stoiker. In ihrer Einschätzung der Tiere und ihrer Tierethik fußt die christliche Kirche der Antike sowieso vor allem auf der stoischen Philosophie.

Der größte christliche Theologe der Antike war zweifellos Augustin (354–430). Wie er in seinen Selbstbekenntnissen (*Confessiones*) beschreibt, war er 10 Jahre lang Anhänger der manichäischen Kirche, von 373 bis ca. 382. Augustin war nur Zuhörer der Manichäer – er lebte ja zehn Jahre lang mit einer Konkubine und ihrer beider Sohn zusammen – und aß sicher auch Fleisch. In Mailand wurde er dann zunächst tief von der neuplatonischen Philosophie beeindruckt und legte unter deren Einfluß das dualistische Gedankengut der Manichäer ab. 386 entschied er sich zum christlichen Glauben (und zwar zu einem asketischen Christentum) und ließ sich 387 christlich taufen.

Mit dem Manichäismus setzte sich Augustin mehrfach auseinander. In seiner Streitschrift »Über die Lebensführung der katholischen Kirche und die Lebensführung der Manichäer« (*De moribus ecclesiae catholicae et de moribus Manichaeorum*) meint Augustin, nicht einmal die gewöhnlichen Manichäer dürften Tiere töten; denn diese machten durch ihre Schreie deutlich, daß sie unter Schmerzen stürben. Doch Augustin behauptet, man müsse sich nicht um dieses Leiden kümmern; denn weil die Tiere keinen Verstand hätten, seien sie auch nicht durch irgendeine Rechtsgemeinschaft mit uns verbunden.[336]

Ganz prinzipiell zur Erlaubtheit des Tiertötens äußert sich Augustin im Gottesstaat (*De civitate Dei*).[337] Er wirft die Frage auf, ob das Gebot »Du sollst nicht töten!« auch gegenüber den Tieren Gültigkeit habe, und meint dann im Sinne des alten Pflanzen-Arguments, dann dürften wir entsprechend der manichäischen Auffassung auch keine Pflanzen ausreißen, weil auch diese Leben in sich hätten. Doch gilt das Tötungsverbot nach Augustin ebensowenig für Pflanzen, weil sie keine Empfindung haben, wie für Tiere, weil sie nicht wie wir über Vernunft verfügen. Vielmehr sind die Tiere – alte anthropozentrische Überzeugung – uns unterworfen und wir dürfen sie lebend oder tot für uns ausnützen.

10. Schluß

Ich habe in der auf S. 56 folgenden Tabelle die Argumente, die in der Antike für den Vegetarismus vorgebracht wurden, nach systematischen Gesichtspunkten zusammengestellt und ihr Vorkommen bei nicht-christlichen Autoren festgestellt.

Zwei schwarze Punkte bedeuten, daß das betreffende Argument bei einem bestimmten Autor eine besonders große Rolle spielt.

Es fällt auf, daß jene Argumente, die vom Wohl der Tiere ausgehen, eher eine größere Rolle spielten als die Argumente, die vom Menschen ausgehen.

Ein Vergleich mit heute zeigt:

1. Die meisten heutigen Argumente kamen schon in der Antike vor.
2. Die religiösen Argumente, auch der Seelenwanderungsgedanke, hatten größeres Gewicht als heute.
3. Dafür war vom Leiden der Tiere in der Antike weniger die Rede als heute. (Aber vielleicht mußten die Tiere in der damaligen Viehwirtschaft doch auch weniger leiden!)
4. Gewisse Argumente spielten in der Antike noch überhaupt keine Rolle:
   - Das ökologisch-ökonomische Argument, daß den Tieren zuviel Getreide verfüttert werden muß, hatte noch keine Gültigkeit.
   - Massentierhaltung, grausame Tiertransporte waren noch kein Problem.
   - Es gab noch keine gesundheitsschädigenden chemischen Stoffe im Fleisch.

Die wichtigsten Argumente der Antike für Vegetarismus und Tierschonung

	Orphiker	Pythagoras	Empedokles	Xenokrates	Theophrast	Pythagoras bei Ovid	Apollonios	Musonius	Plutarch	Porphyrios
1. Man denkt vor allem an die Tiere und ihr Wohl.										
1.1. Die Tiere sind mit uns verwandt.		•	•	••	••	•			•	•
1.2. Die Tiere haben auch Logos (Verstand/Sprache).					•				••	••
1.3. Wir haben ein Rechtsverhältnis zu den Tieren.					•				•	••
1.4. Indem wir Tiere töten, fügen wir ihnen schweres Unrecht und schweren Schaden zu.					••				••	••
1.5. Man darf den Tieren nicht Leid und Schmerz zufügen.									•	
2. Man denkt zugleich ans Wohl der Tiere und der Menschen.										
2.1. Seelenwanderung: Seele bald in Mensch, bald in Tier.	•	••	••			••			•	
2.2. Tierschonung bedeutet Übung der Mitmenschlichkeit.						•			•	•
3. Man denkt vor allem an die Menschen und ihr Wohl.										
3.1. Fleischessen schädigt die körperliche Gesundheit.								•	•	
3.2. Fleischessen beeinträchtigt das Denken, den Verstand.								••	•	•
3.3. Vegetarismus bewirkt die Reinheit der Seele, ermöglicht Kontakt mit Göttlichem.	••						••			•
3.4. Vegetarismus bewirkt Angleichung an Gott.										••
3.5. Der Mensch hat neben Fleisch genügend andere Nahrung.					•	•		•	•	•

Nicht ganz ins systematische Schema paßt 4. »the argument from marginal cases«: (bei Plutarch/Porphyrios): Wir töten auch vernunftlose und unmenschliche Menschen nicht.

Anmerkungen

1 Für die Einladung zum Vortrag und damit für die Anregung zu diesem Artikel möchte ich Frau Manuela Linnemann ganz herzlich danken.

2 Ich nenne einige Beispiele: Singer erwähnt in seinem bahnbrechenden Werk *Animal Liberation* (erstmals 1975) im Kapitel »Die Herrschaft des Menschen. Eine kurze Geschichte des Speziesismus« (S. 301 ff.) Pythagoras und Plutarch nur je mit einem Satz (S. 305, 311). Regan, der andere große Philosoph des Vegetarismus, geht in seinem grundlegenden Werk *The Case for Animal Rights* nirgends auf die antiken Wurzeln des Vegetarismus ein, ebensowenig der vegetarische Philosoph Kaplan, der Haußleiter und Dombrowski auch nicht in der Bibliographie seines neuesten Werkes nennt (*Tierrechte,* Göttingen 2000). – Dagegen zitiert Linnemann in *Brüder–Bestien–Automaten* (Erlangen 2000) ausführlich antike Quellen (S. 13-43).

3 Das Werk von Haußleiter ist sehr viel ausführlicher als dasjenige von Dombrowski, enthält alle Belegstellen und ist im ganzen nüchterner und objektiver. Dombrowski hingegen ist engagierter, philosophischer, nimmt selber Stellung zu den einschlägigen Gedanken; dafür ist er manchmal ungenau. Sorabjis Werk gilt im 2. Teil den moralischen Aspekten (S. 107-219); es ist ebenfalls philosophisch und bezieht auch das Christliche mit ein. Kurz auf die antike Tierethik und den antiken Vegetarismus wird auch bei Dierauer 1977, S. 285-293, und Dierauer 1998 (hg. Münch), S. 75-83, eingegangen.

4 Vgl. Kapitel 3.4 und 9.1.

5 Schrenk, S. 53.

6 Schrenk, S. 79.

7 Schrenk, S. 94.

8 Schrenk, S. 95.

9 Burkert 1972, S. 24 f.

10 Meuli, S. 224-252. Vgl. Burkert 1972, S. 20-31, und zum ganzen Kapitel Dierauer 1977, S. 1-6.

11 Burkert 1972, S. 29.

12 Zitat Burkert 1972, S. 29. Vgl. zur ganzen Frage Lorenz 1974, der allerdings allein die Angst vor Rache und die Entschuld(ig)ung betont und so etwas wie Ehrfurcht vor dem Leben einer späteren Kulturstufe zuweist. – Ich würde eher von Respekt als von Ehrfurcht vor dem Leben sprechen (so z. B. auch Precht, S. 153).

13 Mit dieser Behauptung setzt sich Kaplan 1993, S. 189 f., treffend auseinander: Er betont, daß das Wesentliche am Menschen gerade nicht seine biologischen Grundlagen, sondern seine kulturellen Entwicklungen seien. »Jedenfalls habe ich noch niemanden sagen hören: ›Warum liest du ein Buch, das haben wir doch in der Steinzeit auch nicht gemacht.‹«

14 Precht, S. 157.

15 Zum Ablauf der griechischen Opferriten vgl. Burkert 1972, S. 10-14; Burkert 1977, S. 101-105.

16 Meuli; Burkert 1972, S. 20-31.

17 Burkert 1977, S. 102. Plutarch (Quaestiones convivales 729E/F) deutet diese Sitte als Zeichen der Bedenken und Schwierigkeiten, die schon die frühen Menschen beim Opfer von Tieren empfanden.
18 Vgl. dazu Burkert 1977, S. 101 ff.
19 Homer, Odyssee 3,65-68.
20 Vgl. Burkert 1977, S. 105.
21 Vgl. Burkert 1962, S. 160 f.
22 Vgl. Giebel, S. 72.
23 Vgl. dazu Kapitel 4.5.
24 Riedweg 1995, S. 44 ff.; vgl. Burkert 1977, S. 445; Zander, S. 58, 67.
25 Burkert 1977, S. 440.
26 Vgl. Platon, Kratylos 400c; Gorgias 493a.
27 Vgl. Platon, Politeia 364b-365a. Giebel, S. 71-74.
28 Daß die Orphiker Fleischgenuß und Tieropfer ablehnten, ist uns schon im 5. Jh. v. Chr. bezeugt: Aristophanes, Ranae 1032; Euripides, Hippolytos 952-54; Euripides, Kreter bei Porphyrius, De abstinentia 4,19; Platon, Nomoi 782c/d. Vgl. dazu Giebel, S. 72 f.
29 Ein Lebensbild aus vegetarischer Sicht verfaßte Baltzer 1868. Die wichtigsten neueren Werke stammen von Burkert (1962), Gorman (1979) und Riedweg (2001).
30 Die eine Biographie stammt vom Neuplatoniker Porphyrios (234–305), die andere, besonders ausführliche vom Neuplatoniker Iamblichos (240–325). Viele Nachrichten bringt auch Diogenes Laertius 8,1-50 (Mitte 3. Jh. n. Chr.).
31 Iamblichus, De vita Pythagorica 11.
32 Iamblichus, De vita Pythagorica 72.
33 Iamblichus, De vita Pythagorica 135; 140.
34 Porphyrius, Vita Pythagorae 23-25; Iamblichus, De vita Pythagorica 134.
35 Porphyrius, Vita Pythagorae 23/24.
36 Porphyrius, Vita Pythagorae 25.
37 Iamblichus, De vita Pythagorica 84.
38 Burkert 1962, S. 98-175.
39 Aristoteles, Metaphysik 985b23-986a2; Iamblichus, De vita Pythagorica 162.
40 Vgl. dazu Burkert 1962, S. 348 ff., der aber diese Musiktheorie Pythagoras abspricht.
41 Besonders ausführliche Darstellung bei Haußleiter, S. 97-150.
42 Iamblichus, De vita Pythagorica 107/8; 168/9; 68 = 225.
43 Dies (und auch, daß Pythagoras kein Fleisch aß,) berichtete Eudoxos von Knidos schon um 360 v. Chr. (Porphyrius, Vita Pythagorae 7).
44 Z. B. Cicero, De re publica 3,19; Ovid, Metamorphosen 15,75-95; Plutarch, De esu carnium 993A; Iuvenal, Saturae 15,173; Sextus Empiricus, Adversus mathematicos 9,127/8.
45 Diogenes Laertius 8,20 (Aristoxenos frg. 29a Wehrli).
46 Gellius, Noctes Atticae 4,11 (= Aristoxenos frg. 25 Wehrli).
47 Porphyrius, Vita Pythagorae 43; vgl. Diogenes Laertius 8,19.

48 Plutarch, Quaestiones convivales 8,8.
49 Diogenes Laertius 8,13.
50 Diogenes Laertius 8,22; Iamblichus, De vita Pythagorica 107.
51 Iamblichus, De vita Pythagorica 85.
52 Z. B. Diogenes Laertius 8,12.
53 So schon Aristoteles bei Diogenes Laertius 8,34.
54 Gellius, Noctes Atticae 4,11 (= Aristoxenos frg. 25 Wehrli).
55 Burkert 1962, S. 167-169.
56 Iamblichus, De vita Pythagorica 107-109; vgl. 150. So z. B. Haußleiter, S. 119 f.; Détienne; Gormann, S. 125-127; Sorabji, S. 173; Riedweg 2001, Pythagoras II.3.e.
57 Iamblichus, De vita Pythagorica 85.
58 Xenophanes VS 21 B 7 (Übersetzung von H. Fränkel).
59 Zum Seelenwanderungsglauben des Pythagoras vgl. v. a. Burkert 1962, S. 98-117; Zander, S. 57-74.
60 Diogenes Laertius 8,4/5 = VS 14 A 8.
61 Empedokles VS 31 B 117; dazu Kapitel 3.3.
62 So wird die Seelenwanderung der Ägypter von Herodot 2,123 vorgestellt.
63 So ist es bei Pindar (Olympien 2,56-75) und in den meisten Seelenwanderungsmythen Platons.
64 Iamblichus, De vita Pythagorica 85 (vgl. 98); diese Regel ist nach Haußleiter, S. 134 und 136, von Aristoteles überliefert.
65 Vgl. Porphyrius, De abstinentia 1,19 (nach Haußleiter, S. 135-137, von Herakleides von Pontos); Diodor 10,6; Pythagorasrede in Ovid, Metamorphosen 15, v. a. 156-175 (vgl. dazu die Zitate unter 6.1.); Sotion bei Seneca, Epistulae 108,19. Vgl. zum Ganzen Haußleiter, S. 133-139.
66 Iamblichus, De vita Pythagorica 168. Vgl. Porphyrius, Vita Pythagorae 19; Iamblichus, De vita Pythagorica 107/8 (Tiere sind *homophyê*); Sextus Empiricus, Adversus mathematicos 9,127-129 (Tiere sind *syngeneis* = Verwandte).
67 Vielleicht wurde der Verwandtschaftsgedanke erst von Theophrast oder schon von Xenokrates aufgebracht (vgl. dazu Kapitel 4.2. und 4.5.).
68 Vgl. Iamblichus, De vita Pythagorica 106/7. – Zu den Begründungen vgl. Tsekourakis, S. 370-379.
69 Iamblichus, De vita Pythagorica 68 = 225; vgl. 106/7; Diogenes Laertius 8,13.
70 Diogenes Laertius 8,13.
71 Plutarch, De sollertia animalium 959F/960A; Porphyrius, De abstinentia 1,23; Iamblichus, De vita Pythagorica 168/9.
72 Zusammen genannt werden sie z. B. bei Cicero, De re publica 3,19; Sextus Empiricus, Adversus mathematicos 9,127-129.
73 Empedokles VS 31 B 112.
74 Empedokles VS 31 B 115.
75 Eine andere Interpretation findet sich bei Balaudé: Nach ihm vertrat Empedokles nicht die Seelenwanderungsvorstellung, sondern nur die Idee von der Verwandtschaft alles Lebendigen (z. B. S. 40).

76 Empedokles VS B 115,13/4; B 117.
77 Empedokles VS 31 B 137; vgl. ebenso B 136 (Empedokles schrieb in Versen, in Hexametern, die hier nicht nachgeahmt sind.).
78 Empedokles VS 31 B 130.
79 Empedokles VS 31 B 128.
80 Im Kapitel 4.1.
81 Hesiod, Erga 109-119. Ebenso später Ovid, Metamorphosen 1,89-112. Bei Hesiod und Ovid steht direkt nichts von den Tieren.
82 Empedokles VS 31 B 128; Platon, Politikos 271c-272d; Theophrast bei Porphyrios, De abstinentia 2,5-7; 20-22; Ovid, Metamorphosen 15,96-103.
83 Genesis 1,29/30; vgl. dazu Kapitel 9.1.
84 Laut Theophrast (bei Porphyrios, De abstinentia 2,29) soll ein Mann namens Diomos oder Sostratos in Athen erstmals ein Rind getötet haben, als dieses die blutlosen Opfergaben teils aß, teils zertrampelte. Daraus entstand dann das Buphonienritual.
85 Ovid, Metamorphosen 15,203-226; Plutarch, De sollertia animalium 959E-960A.
86 Burkert 1995, Sp. 117.
87 Boehme, v. a. S. 204-217.
88 Zander, S. 69-72. Auch Riedweg ist bezüglich eines indischen Einflusses skeptisch (Riedweg 2001, Pythagoras II.3.c.).
89 Clemens Alexandrinus, Stromateis 1,15; Apollonius von Tyana bei Philostratus, Vita Apollonii 8,7. Zu den antiken Berichten über den Vegetarismus der Inder vgl. Haußleiter, S. 43-52.
90 Haußleiter, S. 144 mit Anm. 4.
91 Vgl. Schmithausen / Maithrimurthi, S. 192 f., 198 f.
92 Schmithausen / Maithrimurthi, S. 207 mit Anm. 226.
93 Zum Anthropozentrismus und seiner Bekämpfung vgl. vor allem Lanata 1994 und Parente.
94 Vgl. dazu Dierauer 1977, S. 39-47. Der erste, der betonte, der Mensch unterscheide sich durch sein »Verstehen« (*xynienai*) von den Tieren, war Alkmaion von Kroton: VS 24 A 5/B 1a. Wichtige weitere Stellen aus dem 5. Jh. v. Chr.: Euripides, Troerinnen 671/2; Euripides, Hiketiden 201-204.
95 Aeschylus, Prometheus 442-506; Archelaos VS 60 A 4,6; Sophokles, Antigone 332-366; Euripides, Hiketiden 201-215; Platon, Protagoras 320c-323a.
96 Vgl. Xenophanes VS 21 B 18; Aischylos, Prometheus 442-444; Euripides, Hiketiden 201-203. Zur Reflexion über die menschliche Kultur vgl. Dierauer 1977, S. 27-39, 40 f.
97 Sophokles, Antigone 342-352; Euripides, Fragment 27 (Tragicorum Graecorum fragmenta).
98 Xenophon, Memorabilia 1,4; 4,3.
99 Xenophon, Memorabilia 1,4,11-14. Weder ein Wesen mit Stierkörper und Menschenverstand noch ein Wesen mit Menschenkörper, aber ohne Verstand könnte tun, was es wollte.
100 Xenophon, Memorabilia 1,4,14.

101 Xenophon, Memorabilia 4,3,10.
102 Vgl. dazu z. B. Dierauer 1977, S. 71-80.
103 Dombrowski 1984 (Philosophy of Vegetarianism), S. 58-63; Dombrowski 1984 (Was Plato a Vegetarian?).
104 Haußleiter, S. 197 f.
105 Vgl. dazu Kapitel 3.3/4.
106 Platon, Politikos 271c-272d.
107 Platon, Politikos 272d-273d.
108 Platon, Politeia 372a-d.
109 Platon, Politeia 372e-373d.
110 Platon, Politeia 404b/c; 468d/e.
111 Clemens Alexandrinus, Stromateis 7,32,9 (Xenokrates frg. 100 Heinze).
112 Porphyrius, De abstinentia 4,22 (Xenokrates frg. 98 Heinze).
113 Xenokrates frg. 75 Heinze.
114 Clemens Alexandrinus, Stromateis 7,32,9.
115 Bezeichnenderweise werden die Akademiker bei Porphyrius, De abstinentia 1,3-26 nicht wie die Epikureer, Stoiker und Peripatetiker zu den Gegnern des Vegetarismus gerechnet.
116 Aristoteles, Politica 1256b15-22.
117 Aristoteles, Politica 1254b3-20.
118 Aristoteles, Politica 1254b16-1255a3.
119 Dombrowski 1984 (Philosophy of Vegetarianism), S. 67.
120 Vgl. dazu Dierauer 1977, S. 151-154.
121 Aristoteles, De partibus animalium 645a16-26.
122 Aristoteles, Politica 1333a21-23. Vgl. dazu Happ.
123 Porphyrius, De abstinentia 1,3-26.
124 Porphyrius, De abstinentia 1,13-26. Clodius wird De abst. 1,3 und 1,26 genannt, Herakleides nur 1,26.
125 Haußleiter scheidet fein säuberlich zwischen Herakleides (S. 201-204) und Clodius von Neapel (S. 288-296), wobei er die originelleren Gedanken im allgemeinen Herakleides zuweist. Ebenso scheidet auch Bouffartigue, Porphyre I, S. 25-30, zwischen den beiden, wobei er bei einzelnen Kapiteln zu anderen Schlüssen kommt. Wehrli hingegen hatte eine Polemik gegen das pythagoreische Fleischverbot für »unwahrscheinlich« (S. 70) gehalten.
126 Wir nennen hier nur Argumente, die sowohl Haußleiter wie Bouffartigue Herakleides zuweisen.
127 Porphyrius, De abstinentia 1,18; 23. Vgl. Sorabji, S. 102 f. Dieser meint aufgrund von Plutarch, Septem sapientium convivium 159B/C, es sei schon vom athenischen Staatsmann Solon (ca. 640 – ca. 560) formuliert worden. Doch scheint mir die Tatsache, daß Plutarch dies den Solon in seinem Gastmahl der sieben Weisen sagen läßt, historisch zu wenig stichhaltig.
128 Porphyrius, De abstinentia 1,6.
129 Epikureer: Porphyrius, De abstinentia 1,11/12; Skeptiker: Sextus Empiricus, Adversus mathematicos 9,127.

130 Augustin, De civitate Dei 1,20.
131 Empedokles VS 31 B 117.
132 Vgl. Empedokles VS 31 B 103; 107; 110; Platon, Timaios 77a/b.
133 Porphyrius, De abstinentia 1,21.
134 Porphyrius, De abstinentia 1,16; 20; 24. Diese Überlegung findet sich auch beim Epikureer Hermarchos (Porphyrius, De abstinentia 1,11/12).
135 Porphyrius, De abstinentia 1,19/20.
136 Theophrast bei Porphyrios, De abstinentia 2,12/3.
137 Porphyrius, De abstinentia 3,19 (wahrscheinlich Plutarch; vgl. dazu Anm. 283).
138 Theophrast bei Porphyrius, De abstinentia 2,13.
139 Porphyrius, De abstinentia 4,14 (angeblich Überlegungen der Juden).
140 Titel bei Diogenes Laertius 5,49: Peri zôôn phronêseôs kai êthous. Vgl. dazu Dierauer 1977, S. 162-169.
141 Theophrast bei Porphyrius, De abstinentia 3,25.
142 Die meisten Philologen nehmen letzteres an, Pötscher, S. 95-99, eher das erste. Fortenbaugh (S. 274-285 ausführliche Interpretation), S. 264 f., hält beides für möglich (hier auch weitere Lit.).
143 Darauf hat erstmals Jacob Bernays (1866) hingewiesen. Zu dieser Schrift und den Fragmenten daraus vgl. Pötscher; Dierauer 1977, S. 170-177; Fortenbaugh, S. 262-274.
144 Theophrast bei Porphyrius, De abstinentia 2,21; vgl. dazu Kapitel 3.3.
145 Theophrast bei Porphyrius, De abstinentia 2,5-7; 22.
146 Theophrast bei Porphyrius, De abstinentia 2,7; 27.
147 So schon Bernays, S. 121. Haußleiter, S. 243, findet, daß Theophrast dem Vegetarismus »wohlwollend gegenüberstand, falls er nicht selbst Vegetarier war. Denn wenn auch diätetische Fragen bei ihm ziemlich in den Hintergrund treten, so läuft doch sein Kampf gegen die blutigen Opfer, zumal diese im griechischen Bewußtsein mit den Mahlzeiten in engstem Zusammenhang standen, praktisch auf eine Unterstützung des Vegetarismus hinaus.« Ähnlich Regenbogen, Sp. 1515; Pembroke, S. G.: »Oikeiosis«. In: Long, A. A. (ed.): Problems in Stoicism. London 1971, S. 115-159, v. a. S. 136; Sorabji, S. 175.
148 Theophrast bei Porphyrius, De abstinentia 2,15; 19.
149 Theophrast bei Porphyrius, De abstinentia 2,12/13.
150 Theophrast bei Porphyrius, De abstinentia 2,22-24.
151 Theophrast bei Porphyrius, De abstinentia 2,23/24.
152 Theophrast bei Porphyrius, De abstinentia 2,22. Davon schreibt Kaplan weder in seiner Zitatensammlung *Tiere haben Rechte* (1998) noch in *Tierrechte* (2000).
153 Aristoteles, Ethica Nicomachea 1161b1-3.
154 Epikur bei Diogenes Laertius 10,150.
155 Porphyrius, De abstinentia 1,11/12.
156 Diogenes Laertius 10,130/1.
157 Porphyrius, De abstinentia 1,51/2.
158 Diogenes Laertius 6,79.
159 Haußleiter, S. 177.

160 Diogenes Laertius 6,73.
161 Diogenes Laertius 6,34.
162 Dion von Prusa, Orationes 6,25.
163 Diogenes Laertius 6,76; ebenso Athenaius 8,341E.
164 Zur Bezeichnung *aloga zôa* vgl. Dierauer 1977, S. 33 mit Anm. 7.
165 Vgl. Dierauer 1977, S. 224-238.
166 Plutarch, De sollertia animalium 961E/F.
167 Die wichtigste Stelle ist Cicero, De natura deorum 2,154-162; vgl. auch Stoicorum veterum fragmenta (ed. v. Arnim) II 1152ff. Für Poseidonios vgl. Diogenes Laertius 7,138.
168 Cicero, De natura deorum 2,159.
169 Cicero, De natura deorum 2,160.
170 Cicero, De finibus 5,38. Weitere Stellen Stoicorum veterum fragmenta (ed. v. Arnim) II 723.
171 Porphyrius, De abstinentia 3,20.
172 Vgl. dazu Kapitel 4.1.
173 Vgl. z. B. Marc Aurel 6,23,1.
174 Vgl. z. B. Cicero, De finibus 3,67; Plutarch, De esu carnium 999A/B; Diogenes Laertius 7,129.
175 Vgl. Kapitel 4.4.
176 Porphyrius, De abstinentia 1,15.
177 Porphyrius, De abstinentia 1,17.
178 Porphyrius, De abstinentia 1,13.
179 Porphyrius, De abstinentia 1,23.
180 Porphyrius, De abstinentia 1,22; 25.
181 Augustus, Res gestae 22. Die folgenden Zahlen finden sich bei Toynbee, S. 9.
182 Seneca polemisierte Epistulae morales 7 nur gegen die blutigen Gladiatorenspiele.
183 Plinius, Naturalis historia 8,20/21.
184 Cicero, Ad familiares 7,1,3.
185 Plutarch, De sollertia animalium 965A/B.
186 Ovid, Metamorphosen 15,75-478.
187 Ovid, Metamorphosen 15,88-90 (Übersetzung nach R. Suchier, Goldmann Klassiker).
188 Ovid, Metamorphosen 15,96-126; vgl. dazu Kapitel 3.4.
189 Ovid, Metamorphosen 15,155-175; 455-462.
190 Ovid, Metamorphosen 15,174/5 (Übersetzung von H. Breitenbach, Zürich 1958).
191 Dombrowski 1984 (Philosophy of Vegetarianism), S. 85f., wo auch über Williams referiert wird.
192 Philostratus, Vita Apollonii 1,7ff.
193 Haußleiter, S. 299f.
194 Philostratus, Vita Apollonii 8,7.
195 Philostratus, Vita Apollonii 4,11; 5,25; 7,11; 8,7.

196 Apollonius, Epistulae 52; Philostratus, Vita Apollonii 2,37; 6,11; 8,7.
197 Philostratus, Vita Apollonii 8,7.
198 Philostratus, Vita Apollonii 2,7.
199 Philostratus, Vita Apollonii 1,20; 4,3.
200 Musonius, oratio 18B, S. 99,4-105,9; v. a. S. 102,7-11 (zitiert nach C. Musonii Rufi reliquiae, ed. O. Hense. Leipzig 1905).
201 Musonius, or. 18A, S. 94,8-10.
202 Musonius, or. 18A, S. 95,10/11.
203 Musonius, or. 18A, S. 95,11-96,10.
204 Musonius, or. 18A, S. 96,1-10.
205 Musonius, or. 18A, S. 97,3-14; or. 18B, S. 104,12-105,9.
206 Die wichtigste zusammenfassende Monographie stammt von Ziegler (Artikel »Plutarchos von Chaironeia«).
207 Vgl. Goessler.
208 Von diesen Werken, die mir Prof. Fritz Wehrli 1966 als Thema meiner Dissertation gab, gingen meine Studien zur Tier-Mensch-Thematik in der Antike aus.
209 So erstmals Krauss, S. 77 ff. Ebenso Ziegler, Sp. 717 (»in den 70er Jahren, spätestens den 80er Jahren«), Sp. 734 f.
210 So Ziegler, Sp. 735.
211 Man denkt hier unwillkürlich an den Titel von Helmut F. Kaplans Buch *Leichenschmaus* (1993).
212 Plutarch, De esu carnium 993A/B.
213 Plutarch, De esu carnium 994E (»Schlauheit« *panurgia psychês*; »Übermaß an Verstand« *peritton en synesei*); 997E (»eine Seele, die an Verstand [*synesis*] Anteil hat«).
214 Plutarch, De esu carnium 999A; vgl. 998F, wo zwei gegnerische Philosophen, wohl der Stoiker und der Pythagoreer, einander gegenüberstehen.
215 Plutarch, De esu carnium 997E; Empedokles wird 993E und 998C zitiert.
216 Plutarch, De esu carnium 996B; 997F/998A.
217 Als Gegner genannt sind die Stoa 960B und 963F und der Peripatos 963F; doch wird gegen viele stoische Begriffe und Vorstellungen polemisiert (z. B. 961B-F; 964C; 966B).
218 Pythagoreer in Plutarch, De sollertia animalium 959F; Empedokles und Heraklit 964D; Pythagoras 964E.
219 Plutarch, De sollertia animalium 964D.
220 Plutarch, De sollertia animalium 959B. Mit früheren Philologen nimmt Ziegler an, daß man sich Plutarch selber als Verfasser dieser Lobrede auf die Jagd vorstellen muß (Sp. 739).
221 Plutarch, De sollertia animalium 965A/B.
222 Wie Ziegler, Sp. 709, meint, »muß das Gespräch nicht allzulange nach 79, also jedenfalls noch in den 80er Jahren stattfindend gedacht und wohl auch verfaßt sein.« Er betont Sp. 739: »Übrigens arbeitet die Schrift mit der ganzen Gelehrsamkeit des gereiften Verfassers« und zählt all die vielen Autoren auf, die genannt sind.

223 Eine Analyse des Dialoges bringt Dierauer 1977, S. 187-193, 279-285.
224 Zur Tapferkeit: Plutarch, Bruta ratione uti 987B-988E; zur Mäßigkeit: 988F-991D.
225 Plutarch, Bruta ratione uti 991A-C.
226 Plutarch, Bruta ratione uti 961D-992C.
227 Vgl. dazu Dierauer 1977, S. 187-193.
228 So urteilte schon Dyroff, S. 42.
229 Plutarch, De esu carnium 994C.
230 Vgl. wohl Plutarch in Porphyrios, De abstinentia 3,20 (S. 210,4-10 Nauck).
231 Plutarch nimmt hier natürlich Bezug auf die Seelenwanderungslehre.
232 Plutarch, De esu carnium 997D/E.
233 Kaplan 2000, S. 67.
234 Aristoteles, De anima 413b21-24; 414b4-6.
235 Plutarch, De sollertia animalium 965A/B.
236 Plutarch bei Porphyrius, De abstinentia 3,19 (vgl. dazu Kapitel 4.4.).
237 The question is not, Can they reason? nor, Can they talk? but, Can they suffer? (Jeremy Bentham, Introduction to the Principles of Morals and Legislation, Kap. 17, zitiert bei Linnemann 1998, Sp. 1218).
238 Plutarch, Cato Maior 5 (Übersetzung von Konrat Ziegler).
239 Varro, Res rusticae 1,17,1.
240 Vgl. Gaius, Institutiones 2,14-22; 1,119/120. Gaius unterscheidet zwischen *res mancipi*, Sachen, die durch eine besonders feierliche Übergabe verkauft werden – dazu gehören jene Tiere, die am Rücken oder Hals gebändigt werden (Rinder, Pferde, Maultiere, Esel) –, und *res non mancipi*. Vgl. dazu Lanata 1998.
241 Vgl. z. B. Plutarch, De sollertia animalium 966B.
242 Plutarch, De sollertia animalium 963F-964C; De esu carnium 999B.
243 Plutarch, De sollertia animalium 964C-965B.
244 Plutarch, De esu carnium 996B/C; 998C-F.
245 Plutarch, De esu carnium 998D/E.
246 Plutarch, De esu carnium 998F.
247 Plutarch, De esu carnium 996F; 997B; 997D; 999A/B.
248 Plutarch, De esu carnium 993D; 994A. Ähnlich schon Ovid, Metamorphosen 15,76-82.
249 Plutarch, De esu carnium 993C/D.
250 Plutarch, De esu carnium 994A/B.
251 Porphyrius, De abstinentia 3,19.
252 Vgl. dazu Anm. 283!
253 Dombrowski 1984 (Vegetarianism and the Argument); Dombrowski 1984 (Philosophy of Vegetarianism), S. 78 f.
254 Singer, S. 378-383. Vgl. z. B. auch Kaplan 2000, S. 113-115, zu den »Marginal Cases«.
255 Singer, S. 380 f.
256 Singer, S. 378.
257 Singer, S. 381.

258 Singer, S. 378.
259 Plutarch, De sollertia animalium 959D-960A; De esu carnium 996A/B. Ähnlich schon Ovid, Metamorphosen 15,463-469 und später Porphyrios, De abstinentia 2,31; 3,26.
260 I. Kant, Die Metaphysik der Sitten, 2. Teil, I. Ethische Elementarlehre § 17 (zitiert bei Gräfrath, S. 386).
261 Spencer, S. 309 (zu Hitler als Vegetarier: S. 304-309).
262 Plutarch, De esu carnium 995C; 998C; ebenso in De tuenda sanitate praecepta 131E/F.
263 Plutarch, De esu carnium 994F-995D; 998C.
264 Plutarch, De esu carnium 995D-996A.
265 Plutarch, De esu carnium 996E/F.
266 Plutarch, De esu carnium 994E.
267 Dombrowski 1984 (Philosophy of Vegetarianism), S. 88; ähnlich Passmore, S. 207.
268 Haußleiter, S. 227.
269 Vgl. Ziegler, Sp. 734 f.
270 Vgl. Plutarch, Quaestiones convivales 2,9, 642F. Auch Ingensiep / Baranzke schließen aus der Priestertätigkeit Plutarchs, daß er Tieropfer vornahm und Tierfleisch aß (S. 42).
271 Plutarch, Non posse suaviter vivi secundum Epicurum 1101E.
272 Plutarch, De tuenda sanitate praecepta 131D–132A.
273 So Ziegler, Sp. 713.
274 Plutarch, Quaestiones convivales 3,10. Vgl. auch 2,9; 6,10.
275 Plutarch, Quaestiones convivales 4,4.
276 Plutarch, Quaestiones convivales 8,7.
277 Plutarch, Quaestiones convivales 8,8. In 4,5 wird die Frage verhandelt, weshalb die Juden sich des Schweinefleisches enthielten, ob aus Ehrfurcht oder Verachtung.
278 Plutarch, Quaestiones convivales 4,1.
279 Seneca, Epistulae morales 108,22.
280 Haußleiter, S. 227.
281 Zu Platon und Xenokrates vgl. Kapitel 4.2.
282 Porphyrius, Vita Plotini 2,5.
283 Porphyrius, De abstinentia 3,18-20 (S. 207,5-211,7 Nauck) stammt höchstwahrscheinlich auch von Plutarch; die Einleitung S. 207,5/6 beweist, daß das Folgende plutarchisch ist, die Schlußbemerkung S. 220,13-15 besagt, daß vorher Plutarch zitiert wurde, und die letzten 9 Seiten dieser ganzen Partie sind Plutarch, De sollertia animalium 959E-963F entnommen. Daraus geht doch wohl klar hervor, daß auch die ersten vier Seiten dieser Partie von Plutarch stammen.
284 Porphyrius, De abstinentia 1,37; 2,43; 3,27.
285 Plato, Theaetetus 176b. Porphyrios zitiert De abstinentia 1,36 aus dem Theaetet (173c-174a).
286 Porphyrius, De abstinentia 1,30.

287 Porphyrius, De abstinentia 1,33; 38.
288 Porphyrius, De abstinentia 1,27/28.
289 Das geht aus den Theophrastzitaten hervor (vgl. den Schluß Porphyrius, De abstinentia 2,32) sowie aus De abstinentia 2,33/34: zur Eingeweideschau 2,51-53.
290 Porphyrius, De abstinentia 2,2; 44; 53.
291 Porphyrius, De abstinentia 2,34-36.
292 Zu den Opfern an die Dämonen Porphyrius, De abstinentia 2,42/43.
293 Porphyrius, De abstinentia 3,1; 18.
294 *endiathetos logos* (Verstand) / *prophorikos logos* (Sprache). Ähnlich gegliedert wird bei Philo, De animalibus (ed. A. Terian) in der Alexanderrede (De animalibus 10-75) und bei Sextus Empiricus, Pyrrhôneioi hypotypôseis 1,63-75. Auf dieses Argumentationsschema wurde zuerst von Tappe hingewiesen.
295 Sprache: Alexander bei Philo, De animalibus 13-15; Sextus Empiricus, Pyrrhôneioi hypotypôseis 1,73-75; Porphyrius, De abstinentia 3,3-6.
Verstand: Alexander bei Philo, De animalibus 16-71; Sextus Empiricus, Pyrrhôneioi hypotypôseis 1,65-72; Porphyrius, De abstinentia 3,7-18. Zu den Übereinstimmungen in der Disposition vgl. nochmals Tappe.
296 Porphyrius, De abstinentia 3,18; 3,2; 3,8 (Porphyrios bestreitet völlige *sterêsis*, = völliges Fehlen des Logos).
297 Porphyrius, De abstinentia 3,2.
298 Porphyrius, De abstinentia 3,2; 16. Von der Lust als Ziel der Antivegetarier spricht auch De abstinentia 3,26.
299 Porphyrius, De abstinentia 3,26; 3,18.
300 Porphyrius, De abstinentia 3,18 (Plutarch ist 3,18 S. 207,5/6 genannt).
301 Porphyrius, De abstinentia 3,27 (S. 225,6/7;16-19).
302 Haußleiter befaßte sich in seinem umfassenden Werk ja nur mit der heidnischen griechisch-römischen Antike, ebenso Dombrowski. Ein paar wichtige Hinweise zur Tierethik bei den Juden und Christen finden sich bei Sorabji, S. 195-207.
303 Für wertvolle Anregungen und Hinweise zu diesem Bereich möchte ich Frau Heike Baranzke (Essen) ganz herzlich danken. – Versehen gehen selbstverständlich auf mein Konto.
304 Genesis 2,18-20.
305 Vgl. z. B. Singer, S. 303-305; sehr kritisch zum Alten Testament Precht, S. 167-178.
306 Vgl. dazu Kapitel 3.1.
307 Genesis 1,29/30.
308 Keel, S. 46. Auch Singer, S. 303 f., nimmt dies an.
309 Vgl. dazu Kapitel 3.4.
310 Jesaja 11,6-9.
311 Eine ausführliche Darstellung der Wirkungsgeschichte und der sehr verschiedenen Interpretationen bringen Baranzke / Lamberty-Zielinski.
312 Genesis 4,1-8.
313 Genesis 9,2-4.
314 Vgl. dazu Leviticus (= 3. Mose) 17,3-14; Deuteronomium (= 5. Mose) 12,20-28.

315 Baranzke 1999 (Zitat S. 259).
316 Exodus (= 2. Mose) 23,12.
317 Deuteronomium (= 5. Mose) 25,4.
318 Z. B. Rosen, S. 51-55. Beim Kongreß äußerte sich auch eine Teilnehmerin in diesem Sinne.
319 Markus 1,16-20.
320 Markus 6,35-44. Vgl. die Speisung der Viertausend, bei der neben den sieben Broten auch ein paar kleine Fische verteilt werden (Markus 8,1-9). Bei Rosen, S. 51 f., wird versucht, die Fische wegzuinterpretieren.
321 Lukas 5,4-11.
322 Lukas 15,23.
323 Markus 5,1-13. Nach Markus sind es 2000 Schweine!
324 Porphyrius, Adversus Christianos frg. 49 Harnack (Sorabji, S. 181).
325 Augustin, De moribus ecclesiae catholicae et de moribus Manichaeorum 2,17,54 (vgl. Sorabji, S. 195 f.).
326 Markus 14,12-25.
327 Johannes 19,31.
328 So sprach sich etwa Bornkamm in seinem Jesusbuch (S. 140-143) für diese Version aus. Ein wichtiges Argument ist Markus 14,2, wo die Hohepriester und Schriftgelehrten erklären, sie wollten Jesus noch vor dem Fest ergreifen – d. h. also am Abend vor dem Passamahl –, damit kein Aufruhr entstehe.
329 Als Vegetarier bevorzugt natürlich auch Rosen, S. 53-55, die zweite Version.
330 Rosen, S. 54.
331 Paulus, 1. Korinther 9,9/10.
332 Vgl. u. a. Widengren (für uns besonders wichtig S. 98); Colpe, Artikel »Manichäismus«; Spencer, S. 136-145; Ingensiep / Baranzke, S. 49-51.
333 Origenes, Contra Celsum 4,74-99 (Übersetzung bei Linnemann 2000, S. 32-35.). Vgl. dazu Lanata 1997, S. 299-324.
334 Lanata ebd., S. 314. Haußleiter, S. 230: Die Gedanken über das Verhältnis Mensch–Tier »könnten sehr wohl in einer Schrift zur Empfehlung der Pflanzennahrung gestanden haben.«
335 Origenes, Contra Celsum 4,74-99.
336 Augustin, De moribus ... Manichaeorum 2,17,59.
337 Augustin, De civitate Dei 1,20 (Übersetzung bei Linnemann 2000, S. 42 f.). Vgl. Sorabji, S. 196-198.

Bibliographie

Balaudé, Jean-François: Parenté du vivant et végétarisme radical: le »défi« d'Empédocle. In: Cassin / Labarrière (éd.) 1997, S. 31-53.

Baltzer, Eduard: Pythagoras der Weise von Samos. Ein Lebensbild. Nordhausen 1868. (Nachdruck Heilbronn 1987).

Baranzke, Heike: »Das Blut ist der Sitz der Lebensseele. Von einem Ethos des Schlachtens und Schächtens der Tiere«. In: Joerden, J. C. / Busch, B. (Hg.): Tiere ohne Rechte? Berlin 1999, S. 235-265.

Baranzke, Heike / Gottwald, Franz-Theo / Ingensiep, Hans Werner: Leben, Töten, Essen – anthropologische Dimensionen. Stuttgart 2000.

Baranzke, Heike / Lamberty-Zielinski, Hedwig: »Lynn White und das dominium terrae (Gen. 1,28b). Ein Beitrag zu einer doppelten Wirkungsgeschichte«. Biblische Notizen 76 (1995), S. 32-61.

Bernays, Jacob: Theophrastos' Schrift über Frömmigkeit. Ein Beitrag zur Religionsgeschichte. Berlin 1866.

Bodson, Liliane: »Attitudes towards Animals in Greco-Roman Antiquity«. International Journal for the Study of Animal Problems 4 (1983), S. 312-320.

– »L'animale nella morale collettiva e individuale dell'antichità greco-romana«. In: Castignone / Lanata (ed.) 1994, S. 51-85.

Boehme, Angelika: Die Lehre von der Seelenwanderung in der antiken griechischen und indischen Philosophie. Ein Vergleich der philosophischen Grundlegung bei den Orphikern, bei Pythagoras, Empedokles und Platon mit den Upanishaden, dem Urbuddhismus und dem Jainismus. Diss. Düsseldorf 1989.

Bornkamm, Günther: Jesus von Nazareth, Stuttgart 1956.

Burkert, Walter: Weisheit und Wissenschaft. Studien zu Pythagoras, Philolaos und Platon (Erlanger Beiträge zur Sprach- und Kulturwissenschaft 10). Nürnberg 1962.

– Homo Necans. Interpretationen altgriechischer Opferriten und Mythen. Berlin / New York 1972.

– Griechische Religion der archaischen und klassischen Epoche (Die Religionen der Menschheit 15). Stuttgart 1977.

– Artikel »Seelenwanderung. Antike«. In: Historisches Wörterbuch der Philosophie IX. Basel 1995, S. 117-120.

Cassin, Barbara / Labarrière, Jean-Louis (éd.): L'animal dans l'antiquité (actes du congrès de 1994). Bibliothèque d'histoire de la philosophie. Paris 1997.

Castignone, Silvana / Lanata, Giuliana (ed.): Filosofi e animali nel mondo antico. Centro di Bioetica. Genova 1994.

Colpe, Carsten: Artikel »Manichäismus«. In: Religion in Geschichte und Gegenwart (3. Aufl.), IV, Sp. 714-722.

Détienne, Marcel: »La cuisine de Pythagore«. Archives de Sociologie des Religions 29 (1970), S. 141-162.

Dierauer, Urs: Tier und Mensch im Denken der Antike. Studien zur Tierpsychologie, Anthropologie und Ethik (Studien zur antiken Philosophie 6). Amsterdam 1977.

Dierauer, Urs: »Mensch und Tier im griechisch-römischen Denken«. In: Münch (Hg.) 1998, S. 37-86.
– Artikel »Tier/Tierseele. Antike«. In: Historisches Wörterbuch der Philosophie X. Basel 1998, S. 1195-1205.
Dombrowski, Daniel A.: The Philosophy of Vegetarianism. Amherst 1984.
– »Vegetarianism and the Argument from marginal Cases in Porphyry«. Journal of the History of Ideas 45 (1984), S. 141-143.
– »Was Plato a Vegetarian?«. Apeiron 18 (1984), S. 1-9.
– »Porphyry and Vegetarianism: A Contemporary Philosophical Approach«. In: Haase, W. / Temporini, H. (Hg.): Aufstieg und Niedergang der römischen Welt 36,2. Berlin / New York 1987, S. 774-791.
Dyroff, A.: Die Tierpsychologie des Plutarchos von Chaironeia (Programm des Neuen Gymnasiums zu Würzburg für das Studienjahr 1896/7).
Fontenay, Elisabeth de: »La philanthrôpia à l'épreuve des bêtes«. In: Cassin / Labarrière (éd.) 1997, S. 281-298.
Fortenbaugh, William W.: Quellen zur Ethik Theophrasts. Studien zur antiken Philosophie. Amsterdam 1984.
Giebel, Marion: Das Geheimnis der Mysterien. Antike Kulte in Griechenland, Rom und Ägypten. Zürich / München 1990.
Goessler, L.: Plutarchs Gedanken über die Ehe. Zürich 1962.
Gorman, Peter: Pythagoras. A Life. London 1979.
Gräfrath, Bernd: »Zwischen Sachen und Personen. Über die Entdeckung des Tieres in der Moralphilosophie der Gegenwart«. In: Münch (Hg.) 1998, S. 383-405.
Happ, Heinz: »Die scala naturae und die Schichtung des Seelischen bei Aristoteles«. In: Festschrift F. Altheim I. Berlin 1969, S. 220-244.
Haußleiter, Johannes: Der Vegetarismus in der Antike (Religionsgeschichtliche Versuche und Vorarbeiten 24). Berlin 1935.
Hughes, Donald: »The Environmental Ethics of the Pythagoreans«. Environmental Ethics 3 (1980), S. 195-213.
Ingensiep, Hans Werner / Baranzke, Heike: »Einführung«. In: Baranzke / Gottwald / Ingensiep, S. 22-66.
Kaplan, Helmut F.: Leichenschmaus. Ethische Gründe für eine vegetarische Ernährung. Reinbek 1993.
– Tiere haben Rechte. Argumente und Zitate von A–Z (Tierrechte – Menschenpflichten 1). Erlangen 1998.
– Tierrechte. Die Philosophie einer Befreiungsbewegung. Göttingen 2000.
Keel, Othmar: »Das Tier in der Bibel«. In: Svilar, Maja (Hg.): Mensch und Tier. Collegium generale. Universität Bern. Bern 1985, S. 33-54.
Krauss, Friedrich: Die rhetorischen Schriften Plutarchs und ihre Stellung im Plutarchischen Schriftenkorpus. Diss. München 1912.
Lanata, Giuliana: »Antropocentrismo e cosmocentrismo nel pensiero antico«. In: Castignone / Lanata (ed.) 1994, S. 15-49.
– »Thèmes animaliers dans le platonisme moyen. Le cas de Celse«. In: Cassin / Labarrière (éd.) 1997, S. 299-324.

Lanata, Giuliana: »Les animaux dans la jurisprudence romaine«. In: Les animaux exotiques dans les relations internationales: espèces, fonctions, significations (Colloques d'histoire des connaissances zoologiques 9). Liège 1998.
Linnemann, Manuela: Artikel »Tierrecht«. In: Historisches Wörterbuch der Philosophie X. Basel 1998, S. 1217-1221.
– (Hg.) Brüder – Bestien – Automaten. Das Tier im abendländischen Denken (Tierrechte – Menschenpflichten 3). Erlangen 2000.
Lorenz, Günther: Die Einstellung der Griechen zum Tier. Ihre Entwicklung von Homer bis Theophrast. Diss. Innsbruck 1972 (Maschinenschrift).
– »Ehrfurcht vor dem Leben der Tiere bei frühen Griechen und Römern und bei den Naturvölkern?«. Innsbrucker Beiträge zur Kulturwissenschaft 18 (1974), S. 211-241.
Meuli, Karl: »Griechische Opferbräuche«. In: Phyllobolia (Festschrift Peter von der Mühll). Basel 1946, S. 185-288.
Münch, Paul (Hg.): Tiere und Menschen. Geschichte und Aktualität eines prekären Verhältnisses. Paderborn 1998.
Parente, Margherita Isnardi: »Le radici greche di una filosofia non anthropocentrica«. In: Castignone, Silvana (ed.): Etica dell'ambiente. Napoli 1994, S. 85-99.
Passmore, John: »The Treatment of Animals«. Journal of the History of Ideas 36 (1975), S. 195-218.
Pötscher, Walter: Theophrastos Peri eusebeias (hg. und eingel.). Leiden 1964.
Porphyre: De l'abstinence. Edition Les belles lettres. Tome I: Introduction par Jean Bouffartigue et Michel Patillon. Livre I. Texte établi e traduit par Jean Bouffartigue. Paris 1977.
– Tome II: Livres II et III. Texte établi et traduit par Jean Bouffartigue et Michel Patillon. Paris 1979.
– Tome III: Livre IV. Texte établi et traduit par Alain Segonds. Paris 1993.
Precht, Richard David: Noahs Erbe. Vom Recht der Tiere und den Grenzen des Menschen. Reinbek 2000.
Regan, Tom: The Case for Animal Rights. Berkeley / Los Angeles 1983.
Regenbogen, O.: Artikel »Theophrastos«. In: Pauly Realencyclopädie Suppl. VII, Sp. 1354-1562.
Riedweg, Christoph: »Orphisches bei Empedokles«. Antike und Abendland 41 (1995), S. 34-59.
– Pythagoras (im Druck, erscheint voraussichtlich München 2001).
Rosen, Steven: Die Erde bewirtet euch festlich. Vegetarismus und die Religionen der Welt. Satteldorf 1992.
Santese, Giuseppina: »Animali e razionalità in Plutarco«. In: Castignone / Lanata (ed.) 1994, S. 139-170.
Schmithausen, Lambert / Maithrimurthi, Mudagamuwe: »Tier und Mensch im Buddhismus«. In: Münch (Hg.) 1998, S. 179-224.
Schrenk, Friedemann: Die Frühzeit des Menschen. Der Weg zum Homo sapiens. München 1997.
Singer, Peter: Animal Liberation. Die Befreiung der Tiere. Reinbek 1996 (dt. Übers. der 2. Aufl. London 1990; 1. Aufl. 1975).

Sorabji, Richard: Animal Minds and Human Morals. The Origins of the Western Debate. London 1993.

Spencer, Colin: The Heretic's Feast. A History of Vegetarianism. London 1993.

Springer, Robert: Enkarpa. Culturgeschichte der Menschheit im Lichte der pythagoräischen Lehre. Hannover 1884.

Tappe, G.: De Philonis libro Alexandrôi ê peri tou logon echein ta aloga zôia quaestiones selectae. Diss. Göttingen 1912.

Toynbee, J. M. C.: Tierwelt der Antike. Mainz 1983 (Übersetzung von: Animals in Roman Life and Art. London 1973).

Tsekourakis, Damianos: »Pythagoreanism or Platonism and Ancient medicine? The Reasons for Vegetarianism in Plutarch's ›Moralia‹«. In: Haase, W. / Temporini, H. (Hg.): Aufstieg und Niedergang der römischen Welt 36,1. Berlin / New York 1983, S. 350-393.

Wehrli, Fritz: Die Schule des Aristoteles VII. Herakleides Pontikos. Basel / Stuttgart 1969.

Widengren, Geo: Mani und der Manichäismus. Stuttgart 1961.

Williams, Howard: The Ethics of Diet. London 1907.

Zander, Helmut: Geschichte der Seelenwanderung in Europa. Alternative religiöse Traditionen von der Antike bis heute. Darmstadt 1999.

Ziegler, Konrat: Artikel »Plutarchos von Chaironeia«. In: Pauly Realencyclopädie 21,1, Sp. 636-962.

Vegetarismus und Tierethik im 18. und 19. Jahrhundert – Wandel der Motive und Argumente der Wegbereiter

Hans Werner Ingensiep

Seit dem 17. Jahrhundert beginnen sowohl der Vegetarismus als auch die Tierethik im abendländischen Denken nach langer Zeit der Abstinenz wieder zarte neue Wurzeln zu schlagen, um sich im 18. Jahrhundert als kleines Pflänzchen weiter zu entfalten und im Verlaufe des 19. Jahrhunderts eine erste Blütezeit zu erleben. Jedenfalls kann man im 19. Jahrhundert schon von einer Bewegung in Sachen Vegetarismus und Tierethik sprechen, wenngleich der gesellschaftliche Niederschlag unterschiedlich stark ausgeprägt ist und der Tierschutz gesellschaftlich stärker verankert ist als der Vegetarismus. Einige Früchte dieser Entwicklung trägt das 20. Jahrhundert ein, nicht zuletzt im letzten Drittel, wo Vegetarismus und Tierethik wieder ein neues Bündnis eingehen und auf eine breitere gesellschaftliche Resonanz stoßen. Beide Strömungen polarisieren und politisieren nach wie vor, wie beispielsweise die neuerliche Diskussion um die Verankerung des Tierschutzes als Staatsziel zeigt.

Obgleich es zwar diverse historische Parallelentwicklungen gibt, ist zu beachten, daß die ideengeschichtlichen Hintergründe des Vegetarismus einerseits und der Tierethik andererseits von den ersten Regungen im 17. Jahrhundert bis ins 19. Jahrhundert nicht ohne weiteres zur Deckung zu bringen sind. Hat man einen strengen Vegetarismus und eine strenge Tierethik vor Augen – streng soll hier bedeuten, daß also beide auch ein strenges Tötungsverbot von Tieren einschließen –, so kann man im Rückblick auf diesen Zeitraum vielmehr festhalten: Die wenigsten Vertreter des Vegetarismus verstanden sich gleichermaßen als radikale Tierethiker, und die wenigsten Tierethiker proklamierten einen strengen Vegetarismus. Dies liegt daran, daß die Grundmotive der Mehrheit der Anhänger beider Richtungen recht verschieden waren, was insbesondere in der Anfangsphase der Manifestierung beider Bewegungen deutlich wird. Im folgenden werde ich die Ausdrücke ›Vegetarismus‹ und ›Tierethik‹ meist in einer weiten Bedeutung verwenden und im Einzelfall weitere Differenzierungen vornehmen.

Ausblick auf neuzeitliche Wenden

Überblickt man den Zeitraum vom 17. bis zum 20. Jahrhundert, so lassen sich in der verwirrenden Vielfalt der Ansätze, Motive und Strömungen grob gesehen drei argumentative Wenden bzw. Verschiebungen von Motivationszentren ausmachen, die ich im Hinblick auf den Zusammenhang zwischen Vegetarismus und Tierethik in den Vordergrund meiner Betrachtungen stellen möchte. Ich möchte diese Wenden bzw. Verschiebungen zunächst generell umreißen und später anhand von Fällen und Entwicklungen der Realgeschichte weiter verdeutlichen.

Die erste Wende zeichnet sich ab, als im Zeitalter der Renaissance und des Humanismus antikes Erbe und neue Gedanken eine Verbindung eingehen, in deren Folge zunächst Einzelne für die Erneuerung einer diätetischen bzw. moralischen Lebensführung und für die Hochschätzung der Natur eintreten wie beispielsweise Paracelsus (1493–1541) oder Michel de Montaigne (1533–1592). Wissen zum antiken Vegetarismus und zur Tierethik ist präsent, beispielsweise zu Pythagoras oder Plutarch, und ohnehin christliches Gedankengut zur Askese und zum spirituellen Fasten. Dieses Wissen wird in reformerischer Absicht zunächst von religiös motivierten Einzelgängern und Kleingruppen seit dem 17. Jahrhundert eingesetzt, die meist in Opposition zur Staatskirche stehen, welche weder ein vegetaristisches noch ein tierethisches Anliegen vertritt. Eine wichtige gemeinsame Grundlage dieser religiösen Reform- und Oppositionshaltung liefert ein mehr oder weniger stark ausgeprägtes spirituelles Menschenbild, im Hinblick auf welches Askese, Reinheit, Unschuld und Barmherzigkeit neu eingefordert werden. Gespeist wird diese Spiritualität primär aus christlichen Quellen, z. B. im angelsächsischen Sprachraum bei Tryon und Wesley, aber auch antike und außereuropäische (indische) Quellen machen sich bemerkbar.

Im Verlaufe des 18. und 19. Jahrhunderts bleibt diese spirituelle Kernmotivation in unterschiedlichen weltanschaulichen Varianten durchaus erhalten, aber es treten verstärkt säkulare Motive und Argumentationen im Zeitalter der Aufklärung hinzu. Kurz, Naturalismus und Rationalismus bilden die Brennpunkte dieser säkularen Wende. In Sachen Vegetarismus und Tierethik beruft man sich nun stärker auf die Besonderheit der menschlichen Natur und auf die aufgeklärte Vernunft. Waren es also zunächst vorwiegend spirituelle, religiöse Motive, die Vegetarismus und Tierethik in Zusammenhang brachten, so ist es nun das neue naturalistische und rationalistische Menschenbild, auf das sich eine natürliche oder vernünftige Begründung für Vegetarismus bzw. Tierethik stützt. So dreht sich die Diskussion seit dem 18. Jahrhundert einerseits verstärkt um die Frage, ob der Mensch von Natur aus Pflanzenköstler oder Fleischköstler ist, und andererseits geht es darum, ob und welche Art von Vernunftpflichten der Mensch in Ansehung der Ernährung und der Tiere hat. Die Verschiebung vom spirituellen Menschenbild hin zum säkularen, naturalistischen bzw. rationalistischen Menschenbild führt zudem zu einer gewissen Aufspaltung der Diskurse – sei es über die gesunde Ernährung des Menschen, wie sie in der medizinischen Diätetik angestrebt wird, sei es über das rechte sittliche Verhalten gegenüber Tieren. So werden gleichsam unterschiedliche Argumentationskreise eröffnet, in denen Vegetarismus und Tierethik nicht mehr zwangsläufig verbunden erscheinen wie im spirituellen Menschenbild. Im 18. Jahrhundert ist für ein Abheben auf die wahre physische Natur des Menschen Rousseau als Vertreter eines aufgeklärten Naturalismus paradigmatisch, andererseits Kant, der für einen aufgeklärten Rationalismus steht. Rousseaus Rückgriff auf den Naturzustand und den edlen Wilden sowie seine Ansicht, die Menschen seien ursprünglich Pflanzenköstler gewesen, entspringt keinem tierethischen Anliegen, sondern dient seiner Zivilisationskritik und Gesellschaftsphilosophie. Kant postuliert aus Vernunftgründen eine Kultivierung und Moralisierung des Menschen, in deren Dienst auch diätetisches Verhalten und die Befolgung indirekter Pflichten in Ansehung der Tiere stehen. Bei diesem Übergang vom spirituellen zum säkularen, naturalistischen und rationalistischen Menschenbild spielen diverse politische und ökonomische Faktoren eine Rolle. Geistesgeschichtlich ist im Vorfeld der neuzeitlichen Tierethik, weniger des Vegetarismus, insbesondere die cartesianische Tierautomatentheorie zu nennen, die zum Widerspruch herausfordert und insofern das besondere Augenmerk auf den Status der Tierseele lenkt, womit auch neue theologische und ethische Probleme aufgeworfen werden.

Bereits angesichts derartiger komplexer Diskurse wäre es verfehlt, sich in einem verengten Rückblick auf die Beziehungsgeschichte dieser vermeintlichen Zwangsehe zwischen Vegetarismus und Tierethik nur der Gemeinsamkeiten zu versichern. Wenn beispielsweise gegenwärtig Vegetarismus als rationale Konsequenz einer utilitaristischen und pathozentrischen Tierethik[1] angesehen wird, so kann man im Rückblick auf die lange Beziehungsgeschichte beider Strömungen in der Neuzeit bereits von der Endphase nach einer dritten Wende sprechen. Diese dritte Wende besteht in der Abkehr von Verankerungen der Motive und Argumente in einem exklusiven spirituell-religiösen oder säkularen, naturalistischen bzw. rationalistischen Menschenbild und in einer Hinwendung zu originär tierethischen Begründungen, die das Tier als Tier um seiner selbst willen in den Mittelpunkt der Motive und Argumente stellen. Diese Richtung deutet sich schon in der gängigen Anthropozentrik-Kritik seit dem 18. Jahrhundert an und artikuliert sich deutlich im 19. Jahrhundert, indem zunehmend gegen das exklusive christliche, naturalistische und rationalistische Menschenbild Stellung bezogen wird, beispielsweise im deutschen Sprachraum durch Schopenhauer. Verstärkt treten insbesondere im angelsächsischen Sprachraum naturalistische Motive für den Vegetarismus auf wie bei Ritson oder Shelley, sowie eine ureigenste tierethische Begründung für den Vegetarismus, die am Ende auch wirkliche Rechte für Tiere um ihrer selbst willen einfordert wie bei Gomperz oder Salt. Man greift nun zunehmend auf die Natur der Tiere, deren Empfindungs-, Schmerz- und Leidensfähigkeit und auf die vernünftige Einsicht, das Mitgefühl oder die Tierliebe des Menschen zurück und ist insofern immer noch rationalistisch und naturalistisch motiviert. Aber man läßt sich jedenfalls dem Selbstverständnis nach – wie wir heute sagen würden – nicht mehr nur von anthropozentrischen oder, moderner gesprochen, nicht mehr bloß von speziesistischen Argumenten leiten, wenn es um den moralischen Status der Tiere geht. Diese moderne Perspektive auf die Beziehung zwischen Vegetarismus und Tierethik gewinnt im europäischen Denken allerdings erst im 20. Jahrhundert an Boden und darf nicht den Leitfaden für den Rückblick abgeben, zumal auch heute noch diverse spirituelle, religiöse bzw. säkulare, naturalistische und rationalistische Argumente für und gegen eine Beziehung zwischen Vegetarismus und Tierethik angeführt werden. Andernfalls würde man eine anachronistische Sieger-Beziehungsgeschichte zwischen Vegetarismus und Tierethik verfassen. Die reale Geschichte und die Ideengeschichte zeigen, daß diese Beziehung wie jede menschliche ihre besonderen Tücken hat. Ich möchte daher im folgenden nicht bloß auf die Gemeinsamkeiten der ›harmonischen‹ Ehe zwischen Vegetarismus und Tierethik eingehen, sondern auch auf die Differenzen und Schwierigkeiten, die beide Partner miteinander hatten.

In zwei Teilen soll von der Beziehungsgeschichte zwischen Vegetarismus und Tierethik in der Neuzeit berichtet werden. Im ersten Hauptteil (I) werde ich den angezeigten Wandel der Motive und Argumente anhand einiger wichtiger Wegbereiter des Vegetarismus und der Tierethik in der Neuzeit verdeutlichen und Hintergrundinformationen zu den jeweiligen Bewegungen liefern. Im zweiten, spezielleren Teil (II) werden dann einige Standpunkte und die Rolle deutscher Philosophen im 19. Jahrhundert angesprochen.

I. Wegbereiter des Vegetarismus und der Tierethik in der Neuzeit

Zunächst also einige exemplarische Informationen zur Realgeschichte des Vegetarismus mit tierethischen Ambitionen im Zeitraum vom 17. bis 19. Jahrhundert, insbesondere die Namen und Lebensdaten einiger Wegbereiter im angelsächsischen und deutschen Sprachraum.[2]

Einige Wegbereiter des Vegetarismus mit tierethischen Ambitionen:

Im angelsächsischen Sprachraum:
Thomas Tryon (1634–1703)
John Wesley (1703–1791)
John Oswald (1730–1793)
Joseph Ritson (1752–1803)
Percy Bysshe Shelley (1792–1822)
Lewis Gomperz (1779–1861)
Henry S. Salt (1851–1939)

Im deutschen Sprachraum:
Gustav von Struve (1805–1870)
Eduard Baltzer (1814–1887)
Richard Wagner (1813–1883)
Magnus Schwantje (1877–1959)

Der erste Blick auf die Lebensdaten macht bereits klar, daß die englische Bewegung früher einsetzt und tiefer verwurzelt ist als die deutsche, die erst nach Mitte des 19. Jahrhunderts anhebt und gegen Ende des Jahrhunderts ihre Blüte erlebt, wobei dies nicht darüber hinwegtäuschen darf, daß es sich immer noch um die Bewegung einer verschwindenden gesellschaftlichen Minderheit handelt. Einige der genannten Wegbereiter verfaßten auch tierethisch bedeutsame Hauptschriften, so John Oswald, Lewis Gomperz und Henry S. Salt. Im Hinblick auf die Tierethik ist im letzten Drittel des 18. Jahrhunderts im englischen Sprachraum noch Humphry Primatt (1725–1780) mit seiner Schrift: *The Duty of Mercy and the Sin of Cruelty to Brute Animals* (1776; 1834) hervorzuheben.

Tierethische Schriften im deutschen Sprachraum gegen Ende des 18. Jahrhunderts:

Humphry Primatt (1725–1780)
Über Barmherzigkeit und Grausamkeit gegen die thierische Schöpfung (1778)

Wilhelm Dietler (gest. 1797)
Gerechtigkeit gegen Thiere. Appell von 1787 (1787)

Christian Gotthelf Schmeiser (geb. 1758)
Das thierische Elend. Ein Versuch zur Linderung desselben (1789)

Lauritz Smith (1754–1794)
Versuch eines vollständigen Lehrgebäudes der Natur und Bestimmung der Thiere und der Pflichten des Menschen gegen die Thiere (1793)

Johann Friedrich Ludwig Volckmann (1757–1815)
Menschenstolz und Thierqualen. Eine Vertheidigung der seufzenden Creatur vor dem Richterstuhle der Menschlichkeit (1799)

Für den deutschen Sprachraum möchte ich auf die frühe deutsche Übersetzung der Schrift von Primatt hinweisen und auf heute weniger bekannte tierethische Schriften von Wilhelm Dietler[3] (gest. 1797), Christian Gotthelf Schmeiser (geb. 1758), Johann Friedrich Ludwig Volckmann (1757–1815) und auf die Übersetzung der umfangreichen Schrift des Dänen Lauritz Smith (1754–1794). Diese Schriften belegen deutlich die Präsenz und das Aufleben eines tierethischen Interesses und Engagements in einem relativ kurzen Zeitraum um 1800.[4]

Unterschiedliche Motive und Begründungen deuten sich bereits in den Titeln an. Ein religiöser Grundimpetus im Vokabular ist erkennbar – wie Barmherzigkeit gegen die Kreatur –, sowie Gedankengut des Rationalismus, des Humanismus und der Philanthropie – wie Pflichten, Gerechtigkeit und menschliches Mitgefühl. Dieser religiöse und humanistische Impetus pflanzt sich ins 19. Jahrhundert fort und spielt eine wichtige Rolle bei der praktischen Durchsetzung des Tierschutzgedankens im ersten Drittel des 19. Jahrhunderts. Von England her schlägt sich der Tierschutzgedanke gesellschaftlich im Vereinswesen und im Recht nieder. Impulse liefern das englische Tierschutzgesetz von 1822 und die erste englische Tierschutzgesellschaft, gegründet im Jahre 1824. Erst später etabliert sich der Vegetarismus, in England im Jahre 1847, als die erste vegetarische Gesellschaft in Manchester entsteht, und in Deutschland im Jahre 1867 im Verein für natürliche Lebensweise, begründet durch Eduard Baltzer (1814–1887). Im Jahre 1892 wird der Deutsche Vegetarier-Bund gegründet.[5] Daß bis um 1900 im übrigen Tierschützer darüber hinaus keinesfalls strenge Vegetarier sein mußten, verdeutlicht allein schon die historische Tatsache, daß erst die »Gesellschaft zur Förderung des Tierschutzes und verwandter Bestrebungen« zu Berlin unter Magnus Schwantje (1877–1959), gegründet im Jahre 1907, als einziger deutscher Tierschutzverein auch satzungsmäßig die Förderung des Vegetarismus zur Hauptaufgabe erklärte.[6] So weit eine erste Rahmeninformation, der nun eine exemplarische Vertiefung anhand einiger Wegbereiter und Probleme folgt.

Tryon und Wesley: Christlicher Spiritualismus und Vegetarismus

Der Engländer Thomas Tryon (1634–1703) setzt sich in einer Vielzahl von Schriften im letzten Drittel des 17. Jahrhunderts aus religiösen Gründen mit Fragen der Diätetik und Tierethik auseinander. Der Sohn eines Schäfers und Autodidakt Tryon gilt als »der größte Pythagoräer des 17. Jahrhunderts und der größte Träger des Antriebs für Vegetarismus«[7]. Tryon steht unter dem Einfluß von Schriften des deutschen Schuhmachermeisters, Philosophen und Mystikers Jakob Böhme (1575–1624). In der Schrift: *Der Weg zu Gesundheit, langem Leben und Glück* (1683) ist zu lesen, was geschieht, wenn der Mensch vom gewohnten Tiermord, der Grausamkeit und dem Fleischverzehr Abstand nimmt: »Alsdann hört aller Hader auf; kein Schreckensschrei oder klägliches Ächzen wird mehr vernommen, weder von Menschen noch Thieren.«[8] Es sind Askese, Reinheit, Unschuld, Friedfertigkeit, Mäßigkeit – eben spirituelle Tugenden, die den frommen Christen zur Erkenntnis Gottes führen sollen. Gemäß Genesis II wird die Ursache des Übels in der Welt im Abfall des Menschen von der paradiesischen Unschuld gesehen. Wäre die Menschheit im »primitive state of Innocence and Unity« verblieben, würde es keinen Haß, keine Unterdrückung, kein Kämpfen und Morden und auch kein Töten der Tiere zwecks Fleischverzehr geben.[9] Ein utopischer paradiesischer Urzustand, ein Friedensreich im Zustand des Urvegetarismus, ist also für Tryon erkenntnis- und handlungsleitend. Davon ist der ursprünglich gute Mensch durch Sünde, durch Brauch und Gewohnheit abgekommen. Die Vertierung des Menschen durch Fleischgenuß soll verhindert werden. Fleischessen mache brutal. Tiermord führe zu Menschenmord, lautet die klassische These, die hier in religiösem Kontext auftritt und letztlich einem spirituellen Menschenbild dient. Im Hinblick darauf stellen mäßige Ernährung bzw. Fleischverzicht höheres Erlösungswissen dar. Schon bei Tryon gelten aber auch Pythagoras und indische Brahmanen als weitere Vorbilder. Die Empfehlung des Vegetarismus ist also nicht primär naturalistisch oder tierethisch motiviert. Vielmehr sind beide, Vegetarismus und tierethisches Anliegen, Mittel zum Zweck der Erreichung menschlichen Heils, nicht primär um der menschlichen Gesundheit bzw. der Tiere willen geboten. Tryon ist der Verfasser zahlreicher Schriften und gründet die Gesellschaft der Tryonisten, deren Mitglieder durch eine Gesetzessammlung auf einen Idealzustand zivilisierter Menschheit verpflichtet wurden.[10]

John Wesley (1703–1791), der Begründer des Methodismus, gilt seinerzeit als einflußreichster Vertreter eines religiös motivierten Vegetarismus.[11] Unter dem Einfluß einer diätetischen Schrift des schottischen Arztes und Schriftstellers George Cheyne (1671–1743)[12] wird Wesley im Jahre 1724 Vegetarier und verfaßt selbst im Jahre 1747 eine medizinisch-diätetische Schrift »Primitive Physick«, die schon 1781 in 20. Auflage erscheint. In einer Predigt fragt er nicht nur nach dem ursprünglichen Zustand der tierischen Schöpfung, sondern auch nach der Seele der Tiere und nach deren Dasein nach dem Tode. Barmherzigkeit und Mitleid mit den Tieren sei geboten. Durch Wesleys Schriften und Predigten verbreiten sich die Gedanken des Vegetarismus und des Tierschutzes im angelsächsischen Freikirchentum.[13]

Primatt: Humanistische und religiöse Tierethik ohne Vegetarismus

Humphry Primatt (1725–1780) hat im Jahre 1776 die heute in tierethischen Kreisen wohl bekannteste Schutzschrift verfaßt. Primatt war ein englischer Geistlicher, der in seiner Schrift zwar zunächst gemäß »Grundsätzen der natürlichen Religion, der Gerechtigkeit, der Ehre und der Menschlichkeit«[14] argumentiert, dann aber außer diesen humanistischen Gründen sehr umfangreich Belege und Deutungen der Bibel hinzuzieht. Auch tierfreundliche Vorschriften des Judentums im mosaischen Recht werden registriert, die im deutschsprachigen Raum durch den Orientalisten und protestantischen Theologen Johann David Michaelis (1717–1791) in den 70er Jahren ausführlich dargelegt werden.[15] Nach Primatt sind es Barmherzigkeit, Demut und Gerechtigkeit, die gerade dem Christen auferlegen, Grausamkeit gegenüber Tieren abzulehnen und Schmerzzufügung so weit wie möglich zu mindern. Allerdings ist die Tötung von Tieren zur Speise zwecks Selbsterhaltung erlaubt, und eine Tendenz zum Vegetarismus fehlt diesem Vorkämpfer des Tierschutzgedankens. Gemäß der göttlichen Einrichtung der Welt müssen die unschuldigen Tiere einander töten und zur Speise für den Menschen sterben. Aber nicht Gott, sondern der Sündenfall des Menschen wird letztlich für die seufzende Natur und die damit verbundenen Übel verantwortlich gemacht. »Wenn also die Thiere durch unsere Sünden leiden, so liegt die Schuld von ihrem Elende auf uns: Wir sind ganz die Ursache davon.«[16] Soweit zur Theodizee in Anbetracht der Tiere und zur Schuldabtragung im spirituellen Menschenbild.

Oswald: Humanismus, Brahmanismus und Vegetarismus

Der englische Dichter und Republikaner John Oswald (1730–1793) kommt in Indien mit dem Brahmanismus und in Frankreich mit der französischen Revolution in Berührung. Im Jahre 1791 verfaßt er die Schrift *The Cry of Nature*, worin er seinen Standpunkt im Zeichen des indischen Brahmanismus erläutert und Barmherzigkeit, Menschlichkeit und Gerechtigkeit gegen Tiere einfordert. Oswald lehnt aus tierethischen Gründen animalische Nahrung ab.[17]

Ritson und Shelley: Naturalismus und Vegetarismus

Ein entschiedener Gegner aller kirchlichen Organisation, ein Freidenker und Atheist war Joseph Ritson (1752–1803). Im Jahre 1772 wird er durch die Bienenfabel (1705/14) des englischen Arztes und Schriftstellers Bernard de Mandeville (1670–1733) dazu gebracht, animalische Nahrung zu verwerfen. Seine Auffassung findet sich in dem *Essay on Abstinence from Animal Food as a Moral Duty* (1802).[18] Ritson repräsentiert bereits deutlich einen neuen Typus, der zwar immer noch alte Argumente nutzt, aber unter dem starken Einfluß von Rousseaus Gesellschaftskritik und der französischen Revolution ein anderes Kultur- und Menschenbild zugrunde legt. Nicht spirituelle, religiöse, sondern politische, soziale und naturalistische Aspekte sind ausschlaggebend. Wie bei Rousseau ist das natürliche Vorbild der vornehme Wilde, der im Naturzustand gesund und zufrieden allein von pflanzlicher Nahrung lebt. Es ist also Natur, die auf den Vegetarismus führt, während Kultur den degenerierten Fleischköstler seine Bestimmung verfehlen läßt. Fleischfresser sind brutal, Pflanzenfresser friedlich. Alle negativen sozialen und kulturellen Aktivitäten des Menschen werden in diesem Sinne monokausal erklärt, wie schon die Kapitelüberschriften anzeigen: »Animal food not natural to man« – »Animal food the cause of cruelty and ferocity« – »Animal food the cause of human sacrificees« – »Animal food pernicious«. Wie schon Rousseau greift auch Ritson auf die Naturgeschichte der Menschenaffen und den Orang-Utan zurück, um dieses naturalistische Menschenbild zu stützen.

Ritsons Essay wurde weitgehend vergessen und findet sich nicht einmal bei Salt, aber offenkundig gibt es Einflüsse auf einen wirkmächtigen Vertreter des Vegetarismus im 19. Jahrhundert – auf Percy Bysshe Shelley (1792–1822).[19] Für den englischen Dichter Shelley sind naturalistische Argumente ausschlaggebend: »Die vergleichende Anatomie lehrt uns, daß der Mensch in Allem den pflanzenfressenden, in Nichts den fleischfressenden Thieren gleicht«, und der »Orangutang ist der menschenähnlichste unter dem Affengeschlechte, welches sich ausschließlich von Früchten ernährt«.[20] Wir Menschen seien daher von Natur aus Fruchtesser, heißt es in den *Anmerkungen zur Königin Mab* (1813). *A Vindication of Natural Diet* (1813) scheint auf die Kurzformel gebracht werden zu können, daß die großen Übel dieser Welt einer unnatürlichen fleischhaltigen Ernährung zu verdanken sind, womit wir einen Präzedenzfall der naturalistischen Wende vor uns haben.

Naturalistische Diskurse um die ursprüngliche Natur des Menschen

Angesichts derartiger naturalistischer Argumente, die sich auf eine bestimmte Natur des Menschen berufen, waren Mediziner und Naturwissenschaftler aufgefordert, sich einzuschalten. Bereits der deutsche Arzt Johann August Unzer (1727–1799) verteidigt in der von ihm begründeten ersten deutschen medizinischen Wochenzeitschrift *Der Arzt* 1769 den Fleischgenuß und spottet gegen tierethische Gelehrtengespräche bei einem Rinderbraten.[21] Der berühmte Arzt und Diätetiker Christoph Wilhelm Hufeland (1762–1836) ist in seiner *Makrobiotik oder die Kunst das menschliche Leben zu verlängern* (1796) zurückhaltender und bevorzugt pflanzliche Nahrung gegenüber der Fleischspeise, die zur Fäulnis neige und das Leben verkürze.[22] Im Verlaufe des 19. Jahrhunderts gewinnt die Naturwissenschaft an Boden. Der Prototyp des materialistischen Ernährungsphysiologen in der Mitte des 19. Jahrhunderts, der Chemiker Jakob Moleschott (1822–1893), hat in seiner *Lehre der Nahrungsmittel für das Volk* (1850) und in seiner Programmschrift *Der Kreislauf des Lebens* (1852) keine Probleme mehr, aus physiologischen Gründen Gemischtkost anzuempfehlen. Weder reine Pflanzenkost, wie Rousseau meine, noch reine Fleischkost, wie der Materialist Helvetius meine, entspreche der Physiologie des Menschen.

In der Gründerzeit der deutschen Vegetarierbewegung spricht sich der seinerzeit bekannte Darwinist und Zoologe Gustav Jäger (1832–1916) in einem umfangreichen Zeitungsartikel offen gegen die anatomische Begründung des »Vegetarianismus« aus, die auch im Rückgriff auf die Autorität des vergleichenden Anatomen Georges Cuvier erfolgt, und führt dagegen Verhaltensbeobachtungen zu fleischfressenden Affen an.[23] In dieser Zeit wird der vermeintlich schreckliche Gorilla wiederentdeckt und zum nächsten Verwandten des Menschen erhoben – ein darwinistischer Prototyp für den Kampf ums Dasein. Angesichts dessen war es nicht mehr so einfach, sich auf eine ursprünglich vegetarische und friedliche Affennatur zu berufen, wie es im Anfang des 19. Jahrhunderts noch Ritson und Shelley taten. Nach Darwins Selektionstheorie (1859) stand hinter der ursprünglich vegetarischen und friedlichen Natur des Menschen ein großes Fragezeichen. Es half daher im Jahre 1868 dem wichtigsten Theoretiker und Organisator des Vegetarismus, Eduard Baltzer, wenig, zur Verteidigung des Vegetarismus »Briefe an Virchow« herauszugeben, um damit auf die Schrift *Über Nahrungs- und Genußmittel* (1868) dieser medizinischen und politischen Autorität zu reagieren.[24] Der Rückgriff auf die Natürlichkeit des Vegetarismus und die Widernatürlichkeit des Tiermordes in einer harmonischen Schöpfung oder auf den Vegetarismus eines Pythagoras, Plutarch oder Porphyrios mußte den Naturwissenschaftlern seiner Zeit ohnehin antiquiert erscheinen.[25] Gerade in dem Disput zwischen Vegetarianern und Naturwissenschaftlern zeigt sich, daß spirituelle Motive nicht mehr tragen und naturalistische Argumente ihre Tücken haben.

Gomperz und Salt: Radikale Tierethik und Vegetarismus

Zwei wichtige Träger der angelsächsischen Bewegung für Vegetarismus und Tierschutz sind noch zu nennen – Lewis Gompertz (1779–1861) und Henry S. Salt (1851–1939).

Gomperz kann als radikaler Tierethiker und Vegetarier gelten, insofern er nicht nur gegen die Indienstnahme, sondern auch gegen die Tötung von Tieren Einspruch erhebt. In seinen *Moral Inquiries on the Situation of Man and of Brutes* (1824)[26] greift er auf die Ähnlichkeit zwischen Mensch und Tier sowie auf den Urzustand zurück, analysiert die zivilisierte Gesellschaft und die anthropozentrischen Grundlagen der Moral in praktischer Absicht. Gomperz, seit 1826 engagiert im Londoner Tierschutzverein, verwirft jede animalische Nahrung, auch Milch und Eier. Der Jude Gomperz kommt in den Verdacht, Pythagoreischen Lehren anzuhängen, und wird sogar 1832 ausgeschlossen, da diese Lehren dem Christentum feindlich seien. Gomperz gründet aber erfolgreich eine neue Gesellschaft.[27] Hauptgrund für sein Anliegen ist kurz und bündig »It injures the animals«, also ein originär tierethischer Grund. Außerdem würden die Gefühle von Personen verletzt, Menschen würden grausamer und es sei auch ein Verstoß gegen Gott – womit also weitere menschen- und gottbezogene Gründe gegen die Tiertötung und für den Vegetarismus hinzutreten.

Als letzter bedeutender Tierethiker des 19. Jahrhunderts tritt der englische Lehrer Henry S. Salt in seinen *Animals' Rights* (1892) vehement für Tierrechte ein und spricht sich gegen die Tiertötung zwecks Fleischnahrung aus. Gegen eine göttliche Erlaubnis der Tiertötung ohne unnötige Schmerzzufügung fragt Salt an: »Aber wenn man ohne Fleischkost auskommen kann, wie kann man anders schliessen, als dass der Schmerz, der vom Schlachten unzertrennlich ist, auch unnötig sei?«[28] Auch hier zeigt sich, daß zwar die physische Natur des Menschen eine Rolle spielt, sei es, daß sie ohne Fleisch auskommen können muß, sei es, daß sie empfindungs- und mitleidsfähig sein muß. Aber das eigentliche Argument gegen die Tiertötung ist originär pathozentrisch. Salt verfaßte auch eine Schrift *The logic of vegetarianism: essays and dialogues* (London 1899). Der praktizierende Vegetarier gründete im Jahre 1891 die »Humanitarian League«, die dem Grundsatz folgte, »daß es ungerecht ist, irgendeinem empfindenden Wesen vermeidlichen Schmerz zuzufügen«.[29]

Hier endet der Einblick in die angelsächsische Tradition. Nun zur Entwicklung und zu Motiven der Bewegungen im deutschen Sprachraum, zunächst zur Tierschutzbewegung.

Von den Anfängen der deutschen Tierschutzbewegung

Ich erwähnte bereits den Aufschwung der Tierschutzliteratur im ausgehenden 18. Jahrhundert in Deutschland, vertreten durch die Schriften des Mainzer Philosophen Wilhelm Dietler *Gerechtigkeit gegen Thiere* (Mainz 1787), des Geistlichen Christian Gotthelf Schmeiser *Das thierische Elend. Ein Versuch zur Linderung desselben* (Altenburg 1789) und die Schrift des deutschen Juristen Johann Friedrich Ludwig Volkmann *Menschenstolz und Thierqualen. Eine Vertheidigung der seufzenden Creatur vor dem Richterstuhle der Menschlichkeit* (Helmstädt 1799).[30]

Zu Beginn des 18. Jahrhunderts liefert der Wuppertaler Schriftsteller Johann Heinrich Eichholz[31] (geb. ca. 1775) *Einige Winke über Aufklärung und Humanität nebst einer kleinen Abhandlung über die Bestimmung und die Pflichten gegen Thiere* (Mannheim 1805). Perty erwähnt die Schrift des Predigers J. C. W. Scherer *Die Leiden der Thiere. Ein Buch für Jedermann, besonders für die Jugend und ihre Freunde zur gerechten und liebreichen Be-*

handlung der Thiere (2. Aufl. 1808).[32] Wirkmächtig ist vor allem die *Bitte der armen Thiere, der unvernünftigen Geschöpfe, an ihre vernünftigen Mitgeschöpfe und Herrn, die Menschen* (Tübingen 1822) des Geistlichen Christian Adam Dann (1758–1837), der in seiner Person den erheblichen Einfluß des Protestantismus und Pietismus auf die Anfänge der deutschen Tierschutzbewegung verkörpert.[33]

In diesen Schriften werden konkrete praktische Mißstände, insbesondere die Tierquälerei, beklagt. Außer dem kantischen bzw. humanistischen Verrohungsargument finden sich vor allem theologische Gründe für den Tierschutz wie Barmherzigkeit und Geschöpflichkeit. So ist von Tieren als »Mitgeschöpfen«, »Mitwesen« und von »Gerechtigkeit« die Rede – wie bei Dietler – oder von einer geschöpflichen »Würde« der Tiere, aber auch schon von echten Pflichten gegen Tiere – wie bei dem dänischen Geistlichen Smith. Schmeiser, der 1789 wohl als erster deutscher protestantischer Geistlicher eine umfangreiche Tierschutzschrift verfaßt, grenzt seine spirituell-religiöse Motivation noch ausdrücklich vom Naturalismus ab:

> Daß Gott barmherzig ist, und ein jedes seiner lebendigen Geschöpfe, nicht zur Marter, sondern zur Glückseligkeit geschaffen hat, zeigt uns ein Blick in die Natur, lehret uns die große, von Engeln und Menschen nie ganz zu durchschauende Haushaltung Gottes, welche uns in der Ewigkeit, nach unserer letzten großen Verwandlung mehr bekannt werden wird; wo wir erfahren werden, daß hier der schärfste Blick eines Linnaeus, Haller's, Loewenhoecks, Bonnet's, Swammerdam's, Reimarus, Reaumuers und anderer Naturforscher, beinahe noch Blindheit war; und daß Gott unnötige Verstümlung, den Mißbrauch seiner Werke nicht unbestraft lasse. Was werdet ihr dann erfahren, ihr Freunde der Natur!«[34]

Die Motivationsquelle ist hier nicht das naturalistische Menschenbild der Philosophie und der Naturforschung, die im 18. Jahrhundert Fuß gefaßt hatte, sondern das spirituelle Menschenbild.

Außer diesen Monographien spielen um 1800 diverse philanthropische Schul- und Erziehungsschriften eine Rolle bei der Verbreitung und Verankerung vom Tierschutzgedanken, der quasi beiläufig vermittelt wird wie in der vielfach aufgelegten Schrift des seinerzeit bekannten Schulmannes Karl Traugott Thieme[35] (1745–1802) *Gutmann oder der Sächsische Kinderfreund* (1793; 9. Aufl. Leipzig 1824). Darin werden Kinder mittels Vorführung grausamer Martern zur humanistischen Tugend geführt. Beispielsweise fängt ein Junge Hunde, Katzen oder Mäuse, um sie aufzuhängen, dann Kopf oder Füße abzuschneiden, und um sie schließlich mit Nadeln in den Augen in der Sonne braten zu lassen.[36] Derartige Schriften verfolgen kein vegetarisches Grundanliegen, sondern wie gesagt ein humanistisches Erziehungsideal, tragen aber tierfreundliche Gedanken in weite Gesellschaftskreise.

Eine besondere Rolle bei der Gründung der Tierschutzvereine kommt unter den christlichen Religionen dem Protestantismus und Pietismus zu.[37] So wurde der organisierte Tierschutz durch Pfarrer Christian Adam Dann in Deutschland so weit vorangetrieben, daß sein Nachfolger Pfarrer Albert Knapp am 17. Juni 1837 in Stuttgart den ersten deutschen Tierschutzverein gründen konnte.[38] Knapp verfaßte eine Schrift über »Das ängstliche Harren der Kreatur (Röm. 8,18 - 23)« für *Christoterpe. Ein Taschenbuch für christliche Leser auf das Jahr 1843* (S. 59 - 122).[39] Bereits seit den 30er Jahren werden die Pfarrer in Verordnungen zur Aufklärung über Tierquälerei angewiesen. Eine Verordnung vom 6. November 1838 nimmt sogar den Gedanken der biologischen Wesensverwandtschaft von Mensch und Tier auf und den theologischen Welterschaffungsgedanken aus der Ethik des sächsischen Oberhofpredigers Christoph Friedrich von Ammon (1766–1850), der als einflußreicher Theologe kantische Grundsätze aufnimmt.[40] Es macht sich hier also auch das rationalistische und naturalistische Menschenbild wieder mehr bemerkbar. Erziehungswesen, Rechtspflege, Theologie und die Regierungen tragen seinerzeit mit zur weiteren Verbreitung des Tierschutzanliegens bei.

Angestoßen durch die frühere Entwicklung in England nimmt in der Gründungsphase der deutschen Tierschutzvereine die Literatur der Programm- und Flugschriften weiter zu. So verfaßt der Advokat und spätere Legationsrat Heinrich Wilhelm von Ehrenstein, Begründer des Dresdener Tierschutzvereins, die Schrift *Schild und Waffen gegen Thierquälerei* (Leipzig 1840)[41] und J. Zagler die Schrift *Pflichten gegen die Thiere* (München 1844), die vom Münchener Tierschutzverein zu 100 000 Exemplaren gedruckt und kostenlos verteilt wird.[42] Schließlich wirken auch die vielen kleine Heftchen wie die *Erzählungen für die Jugend zur Veredlung des Herzens zunächst aber zur Verhütung der Tierquälerei* (1844), die von Eduard Waldau, früher Begründer des Tierschutzvereins in Nürnberg, herausgegeben werden oder *Die Pfennigbilder mit Geschichten für Kinder* (München 1846). So werden tierethische Gründe aus Nützlichkeit, Humanität oder Geschöpflichkeit an Kinder herangetragen. »Um gegen die Thierquälerei, aus welcher nicht selten auch Menschenquälerei und Menschenmord hervorgeht, anzustreben, macht es sich notwendig, schon in dem kindlichen Gemüth Erbarmen gegen die Thierwelt zu erwecken, also Belehrung in der Schule über die Schändlichkeit der Thierquälerei« heißt es im Conversations-Lexikon von Brockhaus 1847.[43] Außerdem geben die Vereine Vereinsschriften heraus, wie die in Dresden seit 1844 erscheinende Zeitschrift *Der Menschenfreund in seinen Beziehungen zur belebten Welt.*[44]

In dieser Gründungsphase vergrößern die Tierschutzvereine ihre Basis in Deutschlands Städten, so stellt zum Beispiel der 1842 in München gegründete Tierschutzverein schon um 1850 mit 5000 Mitgliedern den größten in Europa dar.[45] Regierungen fördern die Vereine, zumal sie meist von der gehobenen Mittelschicht getragen werden, von reichen Damen, Kaufleuten, Lehrern, Ärzten, Pfarrern, Regierungsangestellten und vom Adel. Die erste Gründungswelle verstärkt eine besondere Verankerung im Strafrecht. Der erste Gesetzesentwurf für das Kriminalrecht wurde schon 1821 für das Königreich Sachsen vorgelegt. Im Rahmen dieser Verrechtlichung wird manchmal auch schon von »Tiermißhandlung« statt von Tierquälerei gesprochen, was damit begründet wird, daß »die Tiere um ihrer selbst willen und nicht mit Rücksicht auf menschliche Herrschaft geschützt werden sollen«.[46] In diesem sprachlichen Indiz klingen also theoretisch bereits originär tierethische Gründe an, die weder im spirituellen noch rationalistischen oder naturalistischen Menschenbild verortet werden, wenngleich dies wohl für die Praxis kaum eine Rolle gespielt haben dürfte.

Nach der Gründungszeit verebbt zunächst das Interesse, aber bald treten neue Schutzthemen hinzu, in der zweiten Jahrhunderthälfte vor allem der Vogelschutz und die Frage der Vivisektion zwecks Erwerbung wissenschaftlicher Erkenntnisse. »Dem humanen und moralischen schließt sich der ökonomische Tierschutz an, dessen Aufgabe darin besteht, das gestörte Gleichgewicht im Haushalt der Natur durch den Schutz nützlicher Tiere nach Möglichkeit wiederherzustellen. Zu ihm gehört der Vogelschutz (...)« heißt es im Brockhaus von 1886,[47] der dann im einzelnen auf den Erhalt größerer Säugetiere wie Wisent, Elch, Steinbock, Biber oder Robben hinweist. In dieser Zeit existieren bereits zahlreiche Tierschutz-Zeitschriften und auch die speziellen Vogelschutzschriften C. W. L. Glogers und H. Freih. von Berlepsch finden Verbreitung. Hier gelten vor allem Nützlichkeitsargumente.

Im tierethischen Kontext der Vivisektion wird auch der Vegetarismus wieder verschärft thematisiert, wie der Fall Wagner zeigt (siehe unten). In Deutschland wird das Thema durch die Schrift Ernst von Webers

(1830–1902) über *Die Folterkammern der Wissenschaft. Eine Sammlung von Thatsachen für das Laienpublikum* (Leipzig 1879) derart aufbereitet, daß die Vivisektionsfrage heftig bewegt und auch Gegenschriften von Naturforschern erscheinen wie die Schrift von F. Goltz *Wider die Humanaster. Rechtfertigung eines Vivisektors* (Straßburg 1883).

Um 1900 wird die ursprünglich mehr konservativ geprägte Tierschutzbewegung mit neuen Sozial- und Reformbewegungen konfrontiert und setzt sich vorsichtig dazu in Beziehung. Dies ist beispielsweise dem Titel einer *Rede* des Geschäftsführers des Berliner Tierschutz-Vereins, Magnus Schwantje, *gehalten am 8. Juni 1909 auf dem Internationalen Tierschutz- und Antivivisektions-Congress in London* (Berlin 1909) zu entnehmen:

> »Die Beziehungen der Tierschutzbewegung zu den andern ethischen Bestrebungen, insbesondere zu denen der Vereine für sociale und strafrechtliche Reformen, für die Bekämpfung des Alkoholismus, für Erhaltung des Friedens, für die Erweiterung der Frauenrechte, für Kinderschutz und Erziehungsreform, für Reform der Lebens- und Heilweise, der christlichen, der theosophischen und der monistischen Vereine u.s.w.«[48]

Eben diese aufgeschlossene Berliner Gesellschaft war es auch, die als »der einzige deutsche Tierschutz-Verein vegetarischer Tendenz« auftrat. Nach diesen allgemeinen Einblicken in die Anfänge der deutschen Tierschutzbewegung nun wieder zur besonderen Beziehung zwischen Vegetarismus und Tierschutz im 19. Jahrhundert.

Vegetarismus und Tierschutz in Deutschland

Bis gegen Ende des 19. Jahrhunderts standen sich Tierschutzvereine und Vegetariervereine distanziert bis unfreundlich gegenüber, was wohl aus der Sicht der Tierschützer auch mit dem emphatischen Auftreten einiger Vegetarier als Lebensreformer bzw. mit ihrer öffentlichen Wahrnehmung als Sektierer und Missionare für eine neue Weltanschauung zusammenhing.[49] Aber auch umgekehrt waren noch um 1900 die Mitglieder von Vegetariervereinen nur zum geringsten Teil rein tierethisch motiviert, sondern bis zu 90 Prozent waren aus gesundheitlichen Gründen zum Vegetarismus gestoßen.[50] Realgeschichtlich betrachtet war insofern die theoretische Verbindung, die einige Vertreter des Vegetarismus und der Tierethik im 19. Jahrhundert herstellten, nicht sonderlich erfolgreich gewesen. Daß im späten 19. Jahrhundert nach der spektakulären Gründerphase ein Aufblühen des Vegetarismus in Deutschland zu verzeichnen ist, hat auch damit zu tun, daß der lebensreformerische Zeitgeist die Frage nach dem richtigen naturgemäßen Leben und nach der richtigen Ernährung in den Mittelpunkt stellte.[51] Welchen Standpunkt nahmen nun die Gründerväter der Vegetarierbewegung ein? Kurz, die vegetarische Bewegung um die Jahrhundertmitte folgte durchaus tierethischen Motiven, die aber unterschiedlich inspiriert und eingebettet waren, wie sich exemplarisch verdeutlichen läßt.

Struve

Der Anwalt und Publizist Gustav von Struve (1805–1870), der 1868 die »Vegetarische Gesellschaft Stuttgart« gründete, war antireligiös eingestellt und war schon 1832 durch die Lektüre von Rousseau bzw. Plutarch aus tierethischen Gründen Vegetarier geworden. Mit den mehr religiös gefärbten englischen Vegetariervereinen trat Struve nicht in Kontakt.[52] Struve bekannte sich zu einer alle Lebewesen achtenden Ethik in seinem Buch *Pflanzenkost. Grundlage einer Weltanschauung* (Stuttgart 1869). Der zweite Gründervater, Wilhelm Zimmermann, war ebenfalls durch Rousseau, aber auch durch Shelley angeregt worden. Zimmermann verfaßte während einer Englandreise das kulturkritische Buch *Der Weg zum Paradies* (Quedlinburg 1843), wodurch er zum frühesten Vermittler der angelsächsischen Richtung nach Deutschland wurde.[53]

Baltzer

Der bereits mehrfach erwähnte, seinerzeit bekannteste und einflußreichste Verbreiter des Vegetarismus, Eduard Baltzer (1814–1887), war als liberaler Theologe, Gelehrter und Politiker wohl durch einen Pietisten inspiriert worden, sich im Jahre 1866 von allem Fleischgenuß loszusagen. Baltzer gründet dann 1867 den »Verein für natürliche Lebensweise«, der sich 1869 in »Deutscher Verein für naturgemäße Lebensweise (Vegetarianer)« umbenennt.[54] In seinem umfangreichen Schrifttum zeigt er sich mit theologischen Fragen, beispielsweise auch mit dem tierethischen Anliegen im mosaischen Recht vertraut, verfaßt auch eine Schrift zum *Vegetarianismus in der Bibel* (Nordhausen 1872), kritisiert aber mit Schopenhauer die negative Einstellung des Christentums zur Tierethik. Baltzer trägt zudem durch Schriften wie *Pythagoras. Der Weise von Samos* (Nordhausen 1868) und seine Übersetzungen der Schlüsselschriften des Plutarch und Porphyrios wieder zur Verbreitung des antiken Vegetarismus bei. In seinen *Ideen zur socialen Reform* (Nordhausen 1873) behauptet Baltzer, der Mensch sei schon aufgrund seines reißzahnlosen Gebisses von Natur aus ein Fruchtesser. Nur eine blutlose Lebensweise führe zu Reinheit, Glück und sozialem Gleichgewicht, im übrigen eine Ansicht, die auch Wagner inspirierte.[55] Hier hat Baltzer mehr eine natürliche Lebensweise im Geiste Rousseaus im Auge und verbindet damit in seiner Person Elemente eines christlichen sowie antiken spirituellen Menschenbildes mit einem naturalistischen Menschenbild sowie einer tierethischen Motivation aus Mitleidsgründen. In Sachen Tierethik mußte er sich zudem gegen den seinerzeit und auch heute noch beliebten Vorwurf wehren, einer schwächlichen Sentimentalität anzuhängen.[56] Blicken wir von hier aus nochmals auf die Zeit um 1900.

Schwantje: Radikale Tierethik und Vegetarismus

Erst Magnus Schwantje (1877–1959) rückt wie erwähnt als wichtiger Vermittler zwischen Vegetarismus und Tierethik von der Bezugnahme auf ein spirituelles und naturalistisches Menschenbild ab und stellt ähnlich wie im angelsächsischen Raum Henry S. Salt tierethische Gründe für den Tierschutz und Vegetarismus in den Vordergrund. Schwantje sieht als »Quelle aller Moral das Mitgefühl« an, »die Fähigkeit, das Leid und das Glück anderer Wesen als sein eigenes zu fühlen«.[57] Nicht von ungefähr erscheint daher die erste und bislang einzige deutsche Übersetzung von Salts *Animals' Rights* (London 1892) im Jahre 1907 im Kommissionsverlag des Geschäftsleiters der Berliner Gesellschaft zur Förderung des Tierschutzes Magnus Schwantje und bestätigt die »radikale Richtung«[58] in der Tierschutzbewegung (1909 waren über 2000 Exemplare verbreitet). Eben von dieser Gesellschaft werden auch die Schriften eines anderen populären Vermittlers zwischen Vegetarismus und Tierethik verbreitet – nämlich von Richard Wagner. In einem Flugblatt *Aufruf an alle Verehrer Richard Wagner's* im Jahre 1909 (bereits 48 500 Exemplare waren ausgegeben) versteht sich die »Gesellschaft« als der Verein, dessen Kommen Wagner in seinem Aufsatz *Religion und Kunst* (1880) vorausgesagt hatte, eben zwecks sittlicher und leiblicher »Regeneration der Menschheit«.[59]

Allerdings muß sich nicht nur schon Wagner, sondern auch die radikale Tierschutzbewegung in Deutschland nach 1900 gegen den Einfluß Nietzsches wehren, nämlich gegen »die weit verbreitete Verachtung des

Mitleids, die Ansicht, daß Mitleid und Gerechtigkeitsgefühl wesentlich voneinander verschieden seien und daß ein lebhaftes Gerechtigkeitsgefühl ohne Mitleid bestehen könne, die Ansicht, daß das Mitleid etwas Unnatürliches, ein Zeichen der Schwäche und der Entartung sei«.[60] So registriert Schwantje seinerzeit diese »unsinnigen Ansichten« und reklamiert dagegen den Ursprung des Gerechtigkeitsgefühls im Mitleid. Mitleid sei keine Schwäche, sondern die Quelle alles heldenhaften Opfermutes. Von der philosophischen Diskussion wird noch die Rede sein.

Abschließend soll der Hinweis genügen, daß sich im Rückblick auf die Beziehungen zwischen Vegetarismus und Tierethik im 19. Jahrhundert ein Trend erkennen läßt, der im 20. Jahrhundert sogar auf den einflußreichen Gründervater des deutschen Vegetarismus, Eduard Baltzer, zurückschlägt. Magnus Schwantje legt im Jahre 1935 als radikaler Tierethiker Wert darauf, daß sich seine Schriften gerade in dem Punkt von früheren Verteidigern des Vegetarismus wie Baltzer unterscheiden. Schwantje verwirft das Fleischessen nicht, »weil es ›unnatürlich‹ ist, sondern nur deshalb, weil es anderen Wesen mehr Leiden verursacht, als die fleischlose Ernährung.« Jedes leidende Wesen sei ein »Rechtssubjekt«.[61]

II. Deutsche Philosophen im 19. Jahrhundert zu Vegetarismus und Tierethik

Weithin bekannt und mehrfach angesprochen sind für das 18. Jahrhundert die Ansichten und Einflüsse der Philosophen Rousseau auf den Vegetarismus und in England von Jeremy Bentham auf die Tierethik. Wenig bekannt sind die Standpunkte der deutschen Philosophen seit der Neubegründung der sogenannten Naturrechtslehre im 17. Jahrhundert, die durch Kant im letzten Drittel des 18. Jahrhunderts endgültig in eine reine Vernunftrechtslehre transformiert wird. Deren Begründer im 17. Jahrhundert sind im deutschen Sprachraum Samuel Pufendorf (1632–1694) und Christian Thomasius (1655–1728). Als dominierender Aufklärungsphilosoph in der ersten Hälfte des 18. Jahrhunderts hängt ihr Christian Wolff (1679–1754) an und in der zweiten Hälfte in streng rationalistischer Ausprägung eben Immanuel Kant (1724–1804). Anfangs wurde noch unter dem Einfluß von Hobbes in Sachen Tierethik auf einen kriegsähnlichen Naturzustand im Verhältnis zwischen Mensch und Tier verwiesen wie bei Pufendorf, um so den Anspruch des Menschen auf Tiere zur beliebigen Nutzung legitimieren zu können. Andererseits wurden in dieser Tradition bezüglich der Tiere aber auch Pflichten gegen Gott und indirekte Menschenpflichten ›in Ansehung‹ der Tiere reklamiert, die ihnen einen begrenzten Schutz zubilligten. Kant will in seiner Tugendlehre (§ 17) nur noch eine indirekte Pflicht in ›Ansehung der Tiere‹ – eben als Pflicht gegen sich selbst – weder gegen Gott noch gegen Tiere als Tiere, die dann auch Rechtssubjekte sein müßten, gelten lassen.[62] So schwach auch diese ratiozentrische Begründung erscheint, sie wird neben der religiösen Motivierung eine wichtige tierethische Grundlage für die reale Tierschutzbewegung in Deutschland abgeben. Die Tierschutzvereine im 19. Jahrhundert folgen nämlich angesichts von Grausamkeit und Mißhandlung außer religiösen Motiven wie Barmherzigkeit auch rationalistischen Argumenten wie dem Verrohungsargument.

Rousseau wirkt in Deutschland im geschichts- und naturphilosophischen Rahmen auf Johann Gottfried Herder (1744–1803), der eine gewisse Sympathie für Pflanzenfresser unter den Tieren zeigt und diese auch zu ›Brüdern‹ des Menschen erhebt. Durch beide wird auch der einzige deutsche Philosoph dieser Zeit, der eine engagierte Tierschutzschrift verfaßte, Wilhelm Dietler (gest. 1797), inspiriert. Aber keiner der genannten Philosophen spricht sich gegen ein radikales Tiertötungsverbot und für originäre Tierrechte analog zu Menschenrechten aus, geschweige denn für den Vegetarismus.

Der tierethisch wirkmächtigste Philosoph des 19. Jahrhunderts in Deutschland war bekanntlich Arthur Schopenhauer (1788–1860), hinter dem die Ansichten und die Wirkung des wenig bekannten Philosophen Karl Christian Friedrich Krause (1781–1832) deutlich zurücktreten.[63] Von besonderem Interesse ist die philosophische Behandlung des Vegetarismus und der Tierethik in der zweiten Hälfte des 19. Jahrhunderts. Hier zeigt sich nämlich deutlich, daß es sich um eine problematische und spannungsreiche Beziehung handelt. Bedeutende deutsche Philosophen wie Eduard von Hartmann (1842–1906) und Friedrich Nietzsche (1844–1900) schalten sich mit unterschiedlichen Argumenten als kritische Beobachter ein. Im Schnittpunkt der Diskussion steht der Komponist und Lebensphilosoph Richard Wagner (1813–1883). Weniger bekannt, aber in diesem Kontext aufschlußreich, sind Äußerungen von Ignaz Bregenzer, dem Verfasser eines umfangreichen Werks über *Thier-Ethik* (Bamberg 1894). Im einzelnen werden folgende Standpunkte vertreten.

Deutsche Philosophie im 19. Jahrhundert zu Tierethik und Vegetarismus:

Immanuel Kant (1724–1804): Indirekte Vernunftpflichten
Karl Christian Fr. Krause (1781–1832): Panentheistische Vernunft
Arthur Schopenhauer (1788–1860): Mitleid ohne Vegetarismus
Richard Wagner (1813–1883): Mitleid und Vegetarismus
Friedrich Nietzsche (1844 –1900): Weder Mitleid noch Vegetarismus
Eduard von Hartmann (1842–1906): Gerechtigkeit ohne Recht
Ignaz Bregenzer: »Thier-Ethik« (1894) ohne Vegetarismus

Schopenhauer: Mitleid ohne Vegetarismus

Karl Christian Friedrich Krause ist der einzige Philosoph, der sich im ersten romantischen Drittel des 19. Jahrhunderts im Rahmen seiner panentheistischen Vernunftmetaphysik tierethisch äußert und von Rechten der Tiere spricht, diese aber menschlichen Vernunftzwecken unterwirft. Krause bleibt wirkungslos. Erst Arthur Schopenhauer (1788–1860) verschafft den Tieren innerhalb seiner Willensmetaphysik nachdrücklich Eingang in die Naturphilosophie und Ethik. Schopenhauers tierethische Überlegungen fallen in die Gründungszeit der deutschen Tierschutzvereine. Sie sind außerdem bis in die Gegenwart die bekanntesten eines deutschen Philosophen und lieferten seinerzeit bis heute Ansätze und Reibungspunkte für die Tierethik im deutschsprachigen Raum.[64]

Der theoretische Intellekt tritt bei Schopenhauer zugunsten eines Lebenswillens zurück, der Mensch und Tier gleichermaßen einschließt. Schon in seinem Hauptwerk *Die Welt als Wille und Vorstellung* (Leipzig 1819, 3. Aufl. 1859) ist es »jener Wille zum Leben, welcher das Wesen jeglichen Dinges ausmacht und in Allem lebt, ja, daß dieses sich sogar auf die Thiere und die Ganze Natur erstreckt, daher wird er auch kein Thier quälen«.[65] In der *Preisschrift über die Grundlage der Moral* aus dem Jahre 1840 (erschienen Frankfurt 1841) sieht Schopenhauer seinen Ansatz bestätigt und weist die bisherigen vermeintlich jüdisch-christlichen, cartesianischen und kantischen Lehren ab, nach denen »gegen Thiere« aufgrund des fehlenden Selbstbewußtseins keine Pflichten existierten.[66] Der tierische »Egoismus« bezeuge, »wie sehr die Thiere sich ihres Ichs, der Welt oder dem Nicht-Ich gegenüber, bewußt sind. Wenn so ein Kartesianer sich zwischen den Klauen eines Tigers befände, würde der aufs deutlichste inne werden, welchen scharfen Unterschied ein solcher zwischen seinem Ich und Nicht-Ich setzt.«[67] In bezug auf die Vernunft bleibt Schopenhauer allerdings auf kantischen Wegen, denn das Tier besitze nur Verstand, der Mensch dagegen ein begriffliches Abstraktionsvermögen und die Sprache. Infolge ihres geringeren Erkenntnisvermögens leiden Tiere nach Schopenhauer auch weniger, da sie sich zum Beispiel nicht den Tod als solchen vorstellen können. Schopenhauer kritisiert allerdings auch die seinerzeit in Deutschland aufkommenden Tierschutzgesellschaften, die in ihrer Argumentation immer noch dem Nützlichkeits- und dem kantischen Verrohungsargument folgten. Die metaphysische Mitleidsmoral begründet aber nicht nur ein bloß tugendethisches, sondern auch ein Rechtsverhältnis zwischen Mensch und Tier, wonach Tiere wirkliche Rechte gegen den Menschen hätten wie auch der Mensch gegen das Tier. Im Rahmen einer allgemeinen Leidensabwägung kommt Schopenhauer allerdings dazu, nicht nur den Tiergebrauch, sondern auch das Fleischessen zu rechtfertigen. »Daß übrigens das Mitleid mit den Thieren nicht so weit führen muß, daß wir, wie die Brahmanen, uns der thierischen Nahrung zu enthalten hätten, beruht darauf, daß in der Natur die Fähigkeit zum Leiden gleichen Schritt hält mit der Intelligenz; weshalb der Mensch durch die Entbehrung der thierischen Nahrung, zumal im Norden, mehr leiden würde, als das Thier durch einen schnellen und stets unvorhergesehenen Tod, welchen man jedoch mittelst Chloroform noch mehr erleichtern sollte.«[68] Vivisektion soll dagegen nur bei weniger leidenden niederen Tieren erlaubt sein. Wie im panentheistischen Intellektualismus Krauses wirkt auch noch im metaphysischen Voluntarismus Schopenhauers die vordarwinsche Teleologie nach. Mitleid bleibt bei Schopenhauer letztlich ein im universalen Lebenswillen metaphysisch fundiertes Prinzip, aus dem Sympathie, Liebe und Humanität fließen sollen. Zwar kann Schopenhauer auch als Wegbereiter einer originär tierethischen Argumentation angesehen werden, in der angewandten Tierethik werden dann aber deutlich Kompromisse geschlossen, weshalb Schopenhauers Neuansatz bis in die Gegenwart in unterschiedlicher Weise kritisch rezipiert wird und sicherlich nicht als Grundlage für einen tierethisch begründeten Vegetarismus taugt.[69]

Von Hartmann: Gerechtigkeit ohne Recht

Eduard von Hartmann (1842–1906), beeinflußt von Kant, vom deutschen Idealismus und Schopenhauer, aber auch von den nachdarwinschen positiven Naturwissenschaften, hat als einer der wenigen Philosophen in der zweiten Hälfte des 19. Jahrhunderts zu tierethischen Themen klar Stellung bezogen. Von Hartmann war mit seiner *Philosophie des Unbewußten* (Berlin 1869) zum Modephilosophen seiner Zeit geworden. In dem Aufsatz »Unsere Stellung zu den Thieren« (1886) geht er von einem psychophysisch nur graduellen Unterschied zwischen Mensch und Tier aus.[70] Er behauptet sogar, auch das Tier sei ein »moralisches Rechtssubjekt, d. h. das Subjekt derjenigen moralischen Forderungsrechte, welche den moralischen Pflichten des Menschen ihm gegenüber korrespondieren«,[71] und leitet aus der kantischen Rechte-Pflichten-Symmetrie ab, daß beide – Tier und Mensch – Rechte und Pflichten gegeneinander hätten. So ergibt sich ein Rechtsanspruch der Tiere auf ihre konkrete Nutzung einerseits bzw. Schonung andererseits. Allerdings besteht für von Hartmann trotz des Zugeständnisses der prinzipiellen Rechtsfähigkeit von Tieren – ähnlich wie im Falle »blödsinniger Menschen«[72] – kein dringendes Bedürfnis nach Verrechtlichung, zumal ohnehin Menschen advokatorisch ihre Rechte vertreten müßten. Der Hinweis auf die Gemeingefährlichkeit eines rohen Charakters reicht für von Hartmann aus, um ein indirektes juridisches Verhältnis zwischen Mensch und Tier zu begründen. Nicht Mitleid wie bei Schopenhauer, sondern Gerechtigkeit bestimmt die Grenzlinie des Verhaltens gegen Tiere, »welche dem Thiere giebt, was des Thieres ist, aber auch dem Menschen giebt, was des Menschen ist, und welche Pflichten gegen die Menschheit und den Naturhaushalt der Erde als die höheren im Vergleich mit den Pflichten gegen die Thiere anerkennt«.[73] Diese protoökologisch anmutende Vorstellung zu »höheren« Haushaltspflichten wurzelt ideengeschichtlich betrachtet noch in der älteren physikotheologischen, harmonischen Gleichgewichtsvorstellung von der Natur,[74] wird aber in der hobbesianischen Tradition der Vorstellung eines natürlichen Kriegszustandes zwischen Mensch und Tier im Zeichen des Darwinismus neu interpretiert.[75] Wir seien nämlich »nicht nur berechtigt, sondern auch verpflichtet, den Kampf ums Dasein der Menschheit gegen die Thierwelt mitzukämpfen, also die schädlichen und unnützen Mitbewerber um die irdischen Bedingungen des Lebens zu tödten«.[76]

Daß sich von Hartmann den positiven Naturwissenschaften verbunden fühlt, zeigt sich vor allem in der Vivisektionsfrage, deren Entscheidung er den Fachleuten überlassen möchte. Unnütze Grausamkeit sei allerdings zu vermeiden. Daß von Hartmann sich vor diesem Hintergrund gegen jede Art eines absoluten Tiertötungsverbots und gegen den Vegetarismus ausspricht, wird nicht mehr verwundern. In dem Aufsatz »Was sollen wir essen?« (1886) ist er bemüht, sämtliche naturalistischen und humanitären Argumente für den »Vegetarianismus« zu entkräften, um nur noch die Berufung auf das »Gefühl« zuzulassen. Aber, »wenn mir mein vegetarianischer Nachbar vorwirft, mein Fleischessen sei ein inhumaner, barbarischer Kannibalismus, so weise ich ihn mit der Entgegnung zurück, sein vegetarianisches Gefühl sei eine verschrobene, zimperliche Sentimentalität ohne objektive Begründung«.[77]

Wagner: Mitleid und Vegetarismus

Die Vivisektionsfrage bietet dem kulturphilosophisch engagierten Komponisten Richard Wagner (1813–1883) die Möglichkeit, ein »Offenes Schreiben an Herrn Ernst von Weber« (1879) zu verfassen und sich kultur- und wissenschaftskritisch über Vivisektion zu äußern.[78] Da auch Friedrich Nietzsche und im Hintergrund die Schopenhauersche Philosophie involviert sind, liegt hier ein philosophisches Paradebeispiel für die seinerzeitige Reflexion an der Schnittstelle zwischen Kulturphilosophie, Tierethik und Vegetarismus vor.[79]

Wagner wendet sich in dem genannten Schreiben gegen den »Nützlichkeits-Kultus« in der Wissenschaft und wie schon Schopenhauer gegen das Nützlichkeitsprinzip als Tierschutzargument, das sich gerade in der Vivisektionsfrage als untauglich erweise.[80] Es bedürfe des Antriebs des »Mitleidens«. Mit Schopenhauer wird »Mitleid als die einzige wahre Grundlage aller Sittlichkeit« angesehen – nicht Offenbarung oder Vernunft.[81] Darwins Erkenntnis von der Gleichheit und Abstammung leite am sichersten dazu an, »unser Verhältnis zu den Tieren in einem unfehlbar richtigen Sinne zu würdigen, da wir vielleicht nur auf diesem Wege wieder zu einer wahrhaften Religion (...) der Menschenliebe gelangen möchten«.[82] Bezüglich der Menschenwürde schließt Wagner, »daß diese genau erst auf dem Punkte sich dokumentiere, wo der Mensch vom Tiere sich durch das Mitleid auch mit dem Tiere zu unterscheiden vermag, da wir vom Tiere andrerseits selbst das Mitleiden mit dem Menschen erlernen können, sobald dieses vernünftig und menschenwürdig von uns behandelt wird«.[83] Wagner, der seit 1854 unter dem Einfluß Schopenhauers steht, stellt entsprechend die anthropologische und humanitäre Dimension des Mitleids und der Moral heraus.[84] Wagner war schon durch die frühe Vegetarierbewegung inspiriert worden und legte nicht nur Lippenbekenntnisse ab, sondern war auch aktiv an der Gründung des ersten vegetarischen Speisehauses in Deutschland im Jahre 1871 in Bayreuth beteiligt.[85]

Nietzsche: Weder Mitleid noch Vegetarismus

Friedrich Nietzsche (1844–1900) hat sich, zunächst angesichts des Vegetarismus, später anläßlich der Vivisektionsdebatte, beiläufig zu tierethischen Fragen aus kulturphilosophischer Perspektive geäußert. In einem Brief vom 28. September 1869 an Carl von Gersdorff hält Nietzsche »die Paradoxie der Pflanzenkost« als Ganzes für eine »Marotte« und bezieht sich auf einen, »der jahrelang dieselbe Abstinenz geübt hat und davon reden darf« – Richard Wagner.[86] »Das wichtigste für mich ist, daß hier wieder ein Stück jenes Optimismus mit Händen zu greifen ist, der unter den wunderlichsten Formen, bald als Socialismus, bald als Todtenverbrennung – nicht Begrabung, bald als Pflanzenkostlehre und unter unzähligen Formen immer wieder auftaucht: als ob nämlich mit Beseitigung einer sündhaft-unnatürlichen Erscheinung das Glück und die Harmonie wiederhergestellt sei. (...) Gewiß ist die Achtung vor dem Thiere ein den edlen Menschen zierendes Bewußtsein: aber die so grausame und unsittliche Göttin Natur hat eben mit ungeheurem Instinkt uns Völkern dieser Zonen das Entsetzliche, die Fleischkost angezwungen, während in den warmen Gegenden, wo die Affen von Pflanzenkost leben, auch die Menschen, nach demselben ungeheuren Instinkte, mit ihr sich genügen lassen.« Nietzsche trägt seine pessimistische Kulturanalyse und naturalistische Lebensphilosophie vor und stützt sich auf vermeintliche Naturtatsachen wie den »Instinkt«, um die Tiertötung zu legitimieren. Denn auch »bei uns ist, bei besonders kräftigen und stark körperlich thätigen Menschen, eine reine Pflanzenkost möglich, indeß nur mit gewaltigem Auflehnen gegen die Natur: die sich auch in ihrer Art rächt, wie es Wagner persönlich auf das allerstärkste empfunden hat. Einer seiner Freunde ist sogar das Opfer des Experiments geworden, und er selbst glaubt längst nicht mehr zu leben, wenn er in jener Ernährungsart fortgefahren wäre. Der Canon, den die Erfahrung auf diesem Gebiete giebt, ist der: geistig productive und gemüthlich intensive Naturen müssen Fleisch haben.«[87] Geist braucht Fleisch. Nietzsche steht in dieser Zeit noch im Bann Schopenhauers und Wagners, mit denen er später in *Der Fall Wagner* (Leipzig 1888) klar gebrochen hat. Darin heißt es: Der »Philosoph der décadence« – also Schopenhauer – gebe dem »Künstler der décadence«[87] – also Wagner – das Wort und führe dessen Ansichten als kranke Kunst und Instinktschwäche vor. »Definition eines Vegetariers: ein Wesen, das eine korroborierende Diät nötig hat. (...) Den Erschöpften lockt das Schädliche: den Vegetarier das Gemüse.«[89] Im Epilog wird abgerechnet: »Der Fall Wagner ist für den Philosophen ein

Glücksfall«, eine »Vivisektion vollzogen an ihrem lehrreichsten Fall«.[90] Nietzsche sieht in der »narkotischen« Denk- und Gefühlsweise der Vegetarier eine kulturphilosophische Gefahr und ist zugleich ein Gegner des Vegetariertums aus Erfahrung. Heilige, Rationalisten, Darwinisten, Mitleidsphilosophen oder dekadente Künstler mögen Mitleid mit den Tieren haben, ein Zarathustra vermag daraus keinen Lebensgewinn zu ziehen. Zarathustra ist ein Lämmerfresser. Mitleid untergräbt für Nietzsche den Lebenswillen des Über-Tieres Mensch und entpuppt sich nicht nur gegenüber Menschen in Form der christlichen Mitleidsmoral als ekelhafte Sentimentalität. Zwar ist festzuhalten, daß aus dieser Kulturkritik Nietzsches keine tierfeindliche Haltung abgeleitet werden kann, aber von der klaren Ablehnung des Mitleidsprinzips und des Vegetarismus sind insbesondere seinerzeit führende ›radikale Tierethiker‹ wie der erwähnte Magnus Schwantje, der sich auch auf Schopenhauer und Wagner stützte, betroffen.

Bregenzer: »Thier-Ethik« ohne Vegetarismus

Abschließend sei noch einmal aus tierethischer Perspektive auf die Auswirkungen des Wandels im Menschenbild der Neuzeit zurückgeblickt, wie er sich gerade auch gegen Ende des 19. Jahrhunderts in der Beziehung zwischen Vegetarismus und Tierethik bemerkbar macht. Welche Einwände seitens fachkundiger Tierethiker gegen den Vegetarismus erhoben werden, zeigt die klassische Schrift über *Thier-Ethik* von Ignaz Bregenzer im Jahre 1894, einer ansonsten recht sorgfältigen Bestandsaufnahme. In dieser Schrift schreibt Bregenzer, Vegetarier behaupteten, Fleischessen sei »unnatürlich, ungesund und unsittlich«.[91] Als Antwort auf diese Behauptung werden Experten zitiert, die die Thesen von der anatomisch und physiologisch begründeten Unnatürlichkeit und die Gesundheitsschädlichkeit von Fleisch widerlegen. Der Mensch wird sachverständig als Allesfresser ausgewiesen, der offenbar im Daseinskampf siegreich hervorgegangen ist. Fleischnahrung sei ein »nothwendiges Lebensbedürfnis der die moderne Kultur repräsentirenden Völker«, weshalb Bregenzer »ein menschliches Nothstandsrecht« auf den Verzehr von Tieren vertritt[92]. Für diese »relative Notwendigkeit« nennt er auch die Philosophen Krause, Schopenhauer und von Hartmann als Gewährsleute.[93] Im übrigen bildeten Vegetarier noch eine verschwindende Minderheit, die erst einmal beweisen müsse, daß ihr Ideal zu einer besseren Gesellschaft führe. Was schließlich das Argument der Unsittlichkeit angeht, insbesondere das fehlende Recht des

Menschen zur Tiertötung und den Vorwurf des Kannibalismus, fällt auch dem Tierethiker Bregenzer nichts anderes mehr ein, als den Vegetarismus als »eine psychologisch-pathologische Erscheinung der modernen Ueberkultur« abzuqualifizieren und Vegetariern eine »ungesunde sentimentale Färbung« sowie eine »unhaltbare exzentrische Richtung« vorzuwerfen.[94] Selbst ein aufgeschlossener Analytiker der Tierethik, der ansonsten für Tierliebe und gegen übermäßigen Fleischgenuß eintritt, beteiligt sich also an der kulturphilosophischen Denunziation des Vegetarismus und bestätigt das herrschende Ressentiment.

Von den Lehren der Geschichte

Hier endet der Rückblick auf die neuere Geschichte der prekären Beziehung zwischen Vegetarismus und Tierethik. Die Frage bleibt, was aus dieser Geschichte gelernt werden kann. Zunächst sind bei aller Vielfalt die Wenden im Menschenbild und in der Argumentation als solche zu beachten, und man muß sich auf Gegenpositionen einrichten. Einem spirituellen christlichen Menschenbild wird nach Kant und Nietzsche das Motto der Neuzeit entgegengehalten werden: Zur Erkenntnis Gottes reicht die Vernunft nicht aus und außerdem ist Gott tot! Wer sich dagegen heute auf ein naturalistisches Menschenbild beruft, der muß mit den Naturwissenschaftlern als Entscheidungsexperten rechnen, die im Extremfall den Menschen als Sieger in der natürlichen Selektion oder – wie der Soziobiologe Richard Dawkins – zu einer egoistischen Genmaschine erklären. Wer ferner bloß im engeren Sinne tierethisch arumentiert und die Empfindungsfähigkeit bestimmter Lebewesen in den Mittelpunkt stellt, der setzt sich dem Einwand aus, andere Lebewesen als Menschen und höhere Tiere auszugrenzen und den Rest der Welt zur beliebigen Nutzung freizugeben.

Doch die abendländische Geschichte kann noch zu tieferen Einsichten verhelfen. Vergegenwärtigen wir den antiken Mythos vom Goldenen Zeitalter oder den biblischen vom Paradies – beides wichtige Leitbilder im abendländischen Denken über Vegetarismus und Tierethik. Im Rückblick darauf ist im Verlaufe der Neuzeit ein allmählicher Abschied von großen Utopien zu verzeichnen – zunächst von einem spirituellen und religiösen Menschenbild, dann nach der Blüte aber auch von einem säkularen naturalistischen und rationalistischen Menschenbild, neuerdings auch von einem sozialistischen Gesellschaftsbild. Weder das Paradies im Himmel noch das Paradies auf Erden scheinen im Rückgriff auf Vegetarismus und

Tierethik hergestellt werden zu können. Je nach Standpunkt hat man bewußt oder unbewußt versucht, Utopien zu entkräften, indem man sie in die Realgeschichte verlegte, um sie dann durch Ideologisierung oder Psychologisierung ihres sinnstiftenden Potentials zu berauben.[95] Dem status quo wird damit eine kritische Instanz als Vergleichspunkt entzogen. Der Vegetarismus als Lebensform kann auf diese Weise aber nicht diskreditiert werden, und seien die antivegetaristischen Einsprüche noch so heftig und gravierend. Sowohl für einen religiös motivierten als auch für einen säkular rein tierethisch begründeten Vegetarismus kann sich das Individuum immer noch entscheiden und vermag sich so von einer kleinen Utopie leiten zu lassen, nämlich derjenigen, wenigstens als Individuum in moralischer Hinsicht nach Unschuld und Reinheit zu streben. Allerdings ist auch das Individuum ein Lebewesen, das von anderem Leben lebt – wenn nicht von Tieren, dann von Pflanzen. Die Geschichte gibt hier den kleinen Wink, sich nicht argumentativ in verengte Diskurse treiben zu lassen, an deren Ende die Exklusivität eines ethischen Clubs aus Menschen und anderen höheren Tieren steht. Der Vegetarismus kann auch im abendländischen Denken auf eine lange und variantenreiche Tradition zurückblicken, zudem auf ein Vermögen, heterogene Motive und Argumente zu integrieren. In diesem toleranten Pluralismus und der Offenheit für aktuelle und drängende Probleme liegt auch das Potential für seine Zukunft. Insbesondere die Verbindung von Vegetarismus und Tierethik spiegelt gegenwärtig einen solchen drängenden Problembestand in einer gespaltenen Gesellschaft, die sich einerseits zu Hause und in den Medien tierfreundlich gibt, aber hinter den Kulissen der Zivilisation, in der industrialisierten Massentierhaltung und in den Schlachthöfen, unendlich viel Leid und Töten zuläßt. Hier kann der Vegetarismus allerdings ein Zeichen setzen und eine provokative Antwort auf die Frage: Was ist (ißt) der Mensch? liefern.

Anmerkungen

1 Vgl. Singer Peter. Animal Liberation. Die Befreiung der Tiere. Reinbek 1996.

2 Spezielle Literaturhinweise: Gharpure, Narhar Kashinath: Tierschutz, Vegetarismus und Konfession (eine religions-soziologische Untersuchung zum englischen 17. und 18. Jahrhundert). München 1935; Spencer, Colin: The Heretic's Feast. A History of Vegetarismus. Hanover / London 1995. Teuteberg, Hans-Jürgen: »Zur Sozialgeschichte des Vegetarismus«. Vierteljahrschrift für Sozial- und Wirtschaftsgeschichte 81 (1994), S. 33-65; »Eduard Baltzer. 120 Jahre Deutsche Vegetarierbewegung.« Der Vegetarier, 38. Jg. (1987), Nr. 1. Zur Geschichte der Lebensreformbewegung vgl. Baumgartner, Judith: Ernährungsreform – Antwort auf Industrialisierung und Ernährungswandel. Frankfurt a. M. 1992. Zur allgemeinen Entwicklung des Tierschutzes und der Tierethik vgl.: Bregenzer, Ignaz: Thier-Ethik. Darstellung der sittlichen und rechtlichen Beziehungen zwischen Mensch und Thier. Bamberg 1894; Juchem, Theodor Hans: Die Entwicklung des Tierschutzes von der Mitte des 18. Jahrhunderts bis zum Reichsstrafgesetzbuch von 1871. Diss. Köln 1940; Jung, Martin H.: »Die Anfänge der deutschen Tierschutzbewegung im 19. Jahrhundert«. Zeitschrift für Württembergische Landesgeschichte 56 (1997), S. 205-239; Hermand, Jost: »Gehätschelt und gefressen. Das Tier in den Händen der Menschen«. In: ders.: Im Wettlauf mit der Zeit. Anstöße zu einer ökologiebewußten Ästhetik. Berlin 1991, S. 53-74; Ingensiep, Hans Werner: »Der Mensch im Spiegel der Tier- und Pflanzenseele. Zur Anthropomorphologie der Naturwahrnehmung im 18. Jahrhundert«. In: Schings, H.-J. (Hg.): Der ganze Mensch. Anthropologie und Literatur im 18. Jahrhundert. Stuttgart 1994, S. 54-79; ders.: »Tierseele und tierethische Argumentationen in der deutschen philosophischen Literatur des 18. Jahrhunderts«. NTM (Internationale Zeitschrift für Geschichte und Ethik der Naturwissenschaften, Technik und Medizin) N. S. 4 (1996), Nr. 2, S. 103-118; ders.: »Zur Lage der Tierseele und Tierethik im Deutschland des 19. Jahrhunderts«. In: Niewöhner, Friedrich / Seban, Jean-Loup (Hg.): Die Seele der Tiere. Wiesbaden 2001. Zu Frankreich vgl.: Agulhon, Maurice: »Das Blut der Tiere. Das Problem des Tierschutzes im Frankreich des 19. Jahrhunderts«. In: ders.: Der vagabundierende Blick. Für ein neues Verständnis politischer Geschichtsschreibung. Frankfurt a. M. 1995, S. 114-153. Einschlägige Quellentexte und weitere Literaturhinweise zum Thema finden sich in: Linnemann, Manuela (Hg.): Brüder – Bestien – Automaten. Das Tier im abendländischen Denken. Erlangen 2000; ferner in: Baranzke, Heike / Gottwald, Franz-Theo / Ingensiep, Hans Werner (Hg.): Leben Töten Essen. Anthropologische Dimensionen. Stuttgart 2000.

3 Dietler, Wilhelm: Gerechtigkeit gegen Thiere. Appell von 1787. (Reprint: Bad Nauheim 1997).

4 Vgl. Ingensiep 1996; Linnemann 2000.

5 Vgl. Der Vegetarier, 38. Jg. (1987), Nr. 1, und 43. Jg. (1992), Nr. 3.

6 Vgl. Schwantje, Magnus: Die Beziehungen der Tierschutzbewegung zu anderen ethischen Bestrebungen. Berlin 1909, S. 28 f., und Der Vegetarier (1977), Nr. 1.

7 Gharpure 1935, S. 37.
8 Zit. nach Linnemann 2000, S. 82.
9 Vgl. Gharpure 1935, S. 41.
10 Gharpure 1935, S. 102-106.
11 Gharpure 1935, S. 64 f.
12 Vgl. Linnemann 2000, S. 105-107.
13 Gharpure 1935, S. 110.
14 Primatt, Humphry: Ueber Barmherzigkeit und Grausamkeit gegen die thierische Schöpfung. Halle 1778, S. 51.
15 Michaelis, Johann David: Mosaisches Recht. Biehl 1777, Zweyter Theil, S. 97-139.
16 Primatt 1778, S. 169.
17 Gharpure 1935, S. 65 ff.
18 Vgl. Einführung zum Reprint von Ritsons Essay durch Keith Tester. The Kinship Library. Fontwell/Sussex (Manuskript).
19 Vgl. D.L. Clark: »The Date and Source of Shelley's A Vindication of Natural Diet«. Studies in Philology 36 (1939), S. 70-76.
20 Zit. nach Linnemann 2000, S. 179.
21 Vgl. Ingensiep 1996 und den Auszug aus Unzer in Baranzke / Gottwald / Ingensiep 2000, S. 285-290.
22 Vgl. Teuteberg 1994, S. 42.
23 Vgl. »Der Vegetarianismus« in Baranzke / Gottwald / Ingensiep 2000, S. 309-312.
24 Vgl. »Eduard Baltzer und Rudolf Virchow«. Der Vegetarier, 38. Jg. (1987), Nr. 1, S. 31-34; Teuteberg 1994, S. 55 und 59.
25 Vgl. Teuteberg 1994, S. 51 ff.
26 Vgl. Gomperz, Lewis: Moral Inquiries on the Situation of Man and of Brutes. Ed. by Peter Singer. The Kinship Library. Fontwell/Sussex 1992.
27 Gharpure 1935, S. 95.
28 Salt, Henry S.: Die Rechte der Tiere. Übers. v. Gustav Krüger. Berlin 1907, S. 51.
29 Salt 1907, S. v.
30 Vgl. Ingensiep 1996.
31 Vgl. Jung, Martin H.: »Tierschutzgedanken in Pietismus und Aufklärung. Der Elberfelder Schriftsteller Johann Heinrich Eichholz als früher Vertreter der Tierschutzidee in Deutschland«. Zeitschrift des Bergischen Geschichtsvereins 97 (1995/6), S. 109-123.
32 Perty, Maximilian: Ueber das Seelenleben der Tiere. Tatsachen und Betrachtungen. 2. Aufl. Leipzig / Heidelberg 1876, S. 199.
33 Vgl. Jung 1997 und den Auszug aus Dann in Baranzke / Gottwald / Ingensiep 2000, S. 249-257.
34 Schmeiser, Christian Gotthelf: Das thierische Elend. Ein Versuch zur Linderung desselben. Altenburg 1789, S. 22.
35 Vgl. Artikel »Thieme«. In: Allgemeine deutsche Real-Encyklopädie für die gebildeten Stände (Conversations-Lexikon). 7. Aufl., 11. Bd., Leipzig: Brockhaus 1827, S. 196 f.

36 Thieme, Karl Traugott: Gutmann oder der Sächsische Kinderfreund. Ein Lesebuch für Bürger- und Land-Schulen. Sechste verbesserte Auflage besorgt durch Johann Christian Dolz. Leipzig 1813; vgl. zweiter Theil, S. 212 ff.
37 Vgl. Jung 1995/6 und 1997.
38 Vgl. Jung 1997; Teutsch, Gerhard M.: Mensch und Tier. Lexikon der Tierschutzethik. Göttingen 1987, S. 209.
39 Zit. nach Teutsch 1987, S. 277 und 285.
40 Juchem 1940, S. 28; Artikel »Ammon«. In: Allgemeine deutsche Real-Encyklopädie für die gebildeten Stände (Conversations-Lexikon). 7. Aufl., 1. Bd., Leipzig: Brockhaus 1827, S. 258 f.
41 Schaefer, Gustav: Die geschichtliche Entwicklung des Thierschutzes. Festgabe zur 50jährigen Jubelfeier des unter dem Protectorates Sr. Maj. Des Königs Albert von Sachsen stehenden Dresdner Vereins zum Schutze der Thiere. Verlag des Dresdner Vereins zum Schutze der Thiere. Dresden 1889, S. 14.
42 Juchem 1940, S. 9 und 36.
43 Artikel »Thierquälerei«. In: Allgemeine deutsche Real-Encyklopädie für die gebildeten Stände. Conversations-Lexikon. 9. Aufl., 14. Bd., Leipzig: Brockhaus 1847, S. 234.
44 Vgl. Schaefer 1889, S. 23.
45 Juchem 1940, S. 36.
46 Juchem 1940, S. 47.
47 Artikel »Tierschutz«. In: Brockhaus' Conversations-Lexikon. Allgemeine deutsche Real-Encyklopädie. 13. vollständig umgearbeitete Aufl., 15. Bd., Leipzig 1886, S. 693.
48 Schwantje 1909, S. 28.
49 Teuteberg 1994, S. 54.
50 Vgl. Teuteberg 1994, S. 58.
51 Vgl. Baumgartner 1992.
52 Vgl. Teuteberg 1994, S. 45.
53 Teuteberg 1994, S. 46.
54 Vgl. Teuteberg 1994, S. 48 f.; Der Vegetarier, 38. Jg. (1987), Nr. 1.
55 Vgl. Hermand 1991, S. 81.
56 Der Vegetarier, 38. Jg. (1987), Nr. 1, S. 35 f.
57 Schwantje 1909, S. 7.
58 Schwantje 1909, S. 30.
59 Schwantje 1909, S. 30; vgl. Hermand 1991, S. 84 ff.
60 Schwantje 1909, S. 7 f.
61 Brief von M. Schwantje vom 28. Januar 1935 in: Der Vegetarier (1977), Nr. 1, S. 26.
62 Vgl. Ingensiep 1996, S. 112 f.
63 Vgl. dazu und zum folgenden die Quellentexte in Linnemann 2000 und Baranzke / Gottwald / Ingensiep 2000.
64 Zur Wirkung von Schopenhauer im 19. Jahrhundert vgl. Bregenzer 1894, § 28; Bamberger, Herz: Das Tier in der Philosophie Schopenhauer's. Diss. Würzburg

1897. Kap. III. b) Die Stellung des Tieres in der Natur in ethischer Hinsicht. Speziell zur allgemeinen Nachwirkung Schopenhauers in der Tierschutz- und Tierrechtsbewegung im 20. Jahrhundert vgl.: Schwantje, Magnus: Schopenhauers Ansichten von der Tierseele und vom Tierschutz. Berlin 1919; Schweitzer, Albert: Kultur und Ethik. Kulturphilosophie. Zweiter Teil. 4. Aufl. München 1923; Juchem 1940, Abschnitt B. 4.; Zoebe, G.: Sind die Tier rechtlos? Schopenhauer Jahrbuch, Bd. 48 (1967), S. 24-35; Wolf, Ursula: Das Tier in der Moral. Frankfurt a. M. 1990; Wolf, Jean-Claude: Willensmetaphysik und Tierethik. Abhandlungen zur Tierethik. Schopenhauer Jahrbuch, Bd. 79 (1998), S. 85-100.

65 Schopenhauer, Arthur: Die Welt als Wille und Vorstellung. I. Bd., 4. Buch, § 66. 3. Aufl. Leipzig 1859.

66 Zum antijüdischen Affekt Schopenhauers, der durch Richard Wagner im Tierschutz bzw. in die Anti-Schächtbewegung weitervermittelt wird, vgl. Brumme, Martin Fritz: »›Mit dem Blutkult der Juden ist endgültig in Deutschland Schluß zu machen‹. Anmerkungen zur Entwicklung der Anti-Schächtbewegung«. Abhandlungen zur Geschichte der Medizin und der Naturwissenschaften 81 (1997), S. 378-397; Baranzke, Heike: »Das Blut ist der Sitz der Lebensseele. Von einem Ethos des Schlachtens und Schächtens der Tiere«. In: Joerden, Jan C. / Busch, Bodo (Hg.): Tiere ohne Rechte? Berlin / Heidelberg / New York 1999, S. 235-265.

67 Schopenhauer, Arthur: Preisschrift über die Grundlage der Moral, 1840 § 19, 7.

68 Schopenhauer, Arthur: Preisschrift ebd.

69 Vgl. Perty 1876, S. 30; Bregenzer 1894, § 28; Schwantje 1919; Juchem 1940, S. 319; Zoebe 1967; U. Wolf 1990; J. C. Wolf 1998.

70 von Hartmann, Eduard: »Unsere Stellung zu den Thieren«. Vom Fels zum Meer Jg. 1884/1885, Heft I, S. 398 ff., abgedruckt in ders.: Moderne Probleme. Leipzig 1886, S. 21-36; vgl. Bregenzer 1894, S. 223, Anm. 2.

71 von Hartmann 1886, S. 23.

72 Ebd.

73 von Hartmann 1886, S. 32.

74 Theoretisch ist die Rede von Pflichten und Rechten auch auf das Verhältnis von Tieren und Pflanzen übertragbar, was Linné in seiner Schrift »Politia naturae« (1760) ansatzweise vornimmt (vgl. dazu Baranzke / Gottwald / Ingensiep 2000, S. 90-93). Auch der erste deutsche Philosoph und Tierrechtler Wilhelm Dietler bezieht sich in seiner Schrift »Gerechtigkeit gegen Thiere« (1787) auf die natürliche Haushaltsordnung, zu der Pflanze, Tier und Mensch beizutragen haben. Vgl. Ingensiep 1996, S. 114 f.

75 Vgl. Hobbes, Thomas: Vom Bürger. 8. Kap., 10. In: ders.: Vom Menschen. Vom Bürger. (Elemente der Philosophie II/III). Eingel. u. hg. v. Günter Gawlick. Hamburg 1977, S. 165.

76 von Hartmann 1886, S. 32.

77 Vgl. von Hartmann, Eduard: Was sollen wir essen?, S. 20. In: ders.: Moderne Probleme. Leipzig 1886, S. 1-20.

78 Wagner, Richard: »Offenes Schreiben an Herrn Ernst von Weber« (1879). In: Voss, Egon (Hg.): Richard Wagner. Schriften. Stuttgart 1978, S. 181-194.

79 Zu Wagner vgl. Hermand 1991, S. 75-92.
80 Wagner 1978, S. 181 f.
81 Wagner 1978, S. 183.
82 Wagner 1978, S. 189.
83 Wagner 1978, S. 194.
84 Vgl. Wagner 1978, S. 210, Anm. 1.
85 Hermand 1991, S. 81.
86 Nietzsche, Friedrich: Briefe. April 1869–Mai 1872. In: Nietzsches Briefwechsel. Kritische Gesamtausgabe. Hg. von Giorgio Colli und Mazzino Montinari. 2. Abt., 1. Bd., Berlin / New York 1977, S. 57 f.
87 Nietzsches Briefwechsel 1977, S. 58.
88 Nietzsche, Friedrich: Sämtliche Werke Bd. 6. Der Fall Wagner. München 1988, S. 18.
89 Nietzsche 1988, S. 19.
90 Nietzsche 1988, S. 46.
91 Bregenzer 1894, S. 388.
92 Bregenzer 1894, S. 390.
93 Bregenzer 1894, S. 388.
94 Bregenzer 1894, S. 391.
95 Vgl. die Einführung in Baranzke / Gottwald / Ingensiep 2000, S. 47-59.

Vegetarisch im 20. Jahrhundert – eine moderne und zukunftsfähige Ernährung

Judith Baumgartner

Zunächst möchte ich mich ganz herzlich bedanken, hier im Rahmen des Kongresses »Vegetarisch in das neue Jahrtausend« das 20. Jahrhundert vertreten zu können. Der Vortrag war insofern eine Herausforderung für mich, als ich mir nicht einen bloß ereignisgeschichtlichen Beitrag vorstellte, sondern mir vorgenommen habe, die Komplexität und Ganzheitlichkeit der vegetarischen Idee darzustellen. Allerdings muß ich mich hierbei auf einige Schwerpunkte beschränken und kann keineswegs eine vollständige Gesamtschau über das 20. Jahrhundert geben. Mein Vortrag gliedert sich in folgende Schwerpunkte:

- Als Ernährungshistorikerin möchte ich auf die Stellung der Ernährung innerhalb der Gesellschaft eingehen. Dieser wichtige Bereich wurde und wird in der Forschung vernachlässigt und erfährt erst seit kurzem insbesondere von seiten der Soziologie Beachtung. Gerade hier liegen jedoch viele Ansatzpunkte, um die vegetarische Idee auch in das nächste Jahrtausend zu übernehmen.
- Nicht fehlen darf in einem Überblicksvortrag ein chronologischer Abriß des Vereinswesens und der Aktivitäten, wobei ich mich im wesentlichen auf Deutschland beschränken und auch hier nur die wichtigsten Fakten nennen kann.
- Als dritten Bereich möchte ich an einigen wenigen Beispielen auf die im allgemeinen nur wenig bekannte und teilweise auch nur rudimentär bearbeitete Geschichte der Tierrechtsbewegung eingehen, die das ethische Verständnis des 20. Jahrhunderts widerspiegelt und Chancen für ein zukünftiges Miteinander von Mensch und Tier offenlegt.
- Abschließend möchte ich auf die Begrifflichkeit der zukunftsfähigen Ernährung eingehen und die vegetarische Ernährung in ihrer Ganzheitlichkeit auf dem Weg ins 21. Jahrhundert aufzeigen.

Ernährung und Gesellschaft

Ernährung ist mehr als nur die bloße Befriedigung des Hungergefühls. Nahrung dient stets als umfassende Metapher, durch die wir unsere kulturelle Identität bestimmen. Über die Eßgewohnheiten und bevorzugten Nahrungsmittel lassen sich soziale Unterschiede herausarbeiten, kulturelle Gemeinschaften definieren, aber auch Außenseiter festmachen und schließlich aus der Gemeinschaft ausgrenzen.

Für das Zeitalter der Industrialisierung charakteristisch ist der Übergang von einer jahrhundertelangen Tradition der getreidegestützten Nahrung auf eine vollkommen neue Ernährung, die von tierischen Produkten mengen- und wertmäßig dominiert wird. Interessant und logisch gleichermaßen ist das Phänomen, daß eine verzögerte industrielle Entwicklung, wie sie in Spanien oder Italien zu beobachten ist, auch einen späteren Nahrungswandel mit sich brachte.

Der durch die Industrialisierung bedingte Nahrungswandel kann durch mehrere Bezugspunkte definiert werden:

Die Bindung zwischen Nahrung und Wohnort beginnt sich zu lockern und schließlich vollkommen zu entfallen. Die Forschung spricht hier von einer »Delokalisation des Nahrungssystems«. Gleichzeitig bedeutet dies für die Industrieländer den Sieg über die jahrtausendealte Angst vor Hunger. Die Versorgung mit Nahrungsmitteln ist unabhängig von jahreszeitlichen Unwägbarkeiten. Möglich wurde diese Delokalisation durch die Revolutionierung des Transportwesens, die Weiterentwicklung der Techniken zur Lebensmittelverarbeitung, Konservierung und Zubereitung. Der zunächst in die amerikanischen Haushalte einziehende Kühlschrank ermöglichte die Aufbewahrung leicht verderblicher Lebensmittel und eröffnete neue Möglichkeiten für den täglichen Speiseplan. Durch die Perfektionierung des Verteilungssystems war eine Versorgung aller Bevölkerungsteile gewährleistet. Gleichzeitig wurden die Entwicklungsländer zu neuen und unbedingt notwendigen Lieferanten für die Nahrungsmittel (insbesondere Fleisch) der Industrieländer. Ohne die Erzeugung in den Entwicklungsländern wäre ein derart hoher Fleischkonsum nicht möglich. Eines der frühen Beispiele ist die Rinderhaltung in Lateinamerika für die USA oder Westeuropa. Die Delokalisation hat damit eine globale Dimension erreicht.

Die Ernährung erhält durch die industrielle Revolution eine Uniformität, die einen nicht wieder umkehrbaren kulturellen Bedeutungsverlust des Essens nach sich zieht. Sämtliche Speiserituale aus vergangenen Jahrhunderten werden heutzutage belächelt, der Wechsel der Wochen- und Jahreszeitenabhängigkeit ist entfallen und die für die frühere Ernährung wichtigen religiösen Feste und Fastenregelungen haben keinerlei Bedeutung mehr. Bis 1498, also bis zum Beginn der Neuzeit, waren die Fastenregeln sehr streng und schlossen jegliche tierischen Produkte für die

40 Tage vor Ostern aus. Erst seit dieser Neuregelung war es erlaubt, Milch und Milchprodukte zu sich zu nehmen. Daß die Fastenzeit gerade in die für die Landwirtschaft schwere Zeit des ausgehenden Winters fiel und die ohnehin bestehende saisonal bedingte Nahrungsmittelknappheit sinnvoll aufgriff, ist heute nur noch wenigen bewußt.

Das Ernährungsverhalten erfuhr in den letzten 150 Jahren nicht zuletzt eine Demokratisierung. Ein immer größerer Prozentsatz der Bevölkerung konnte sich eine immer größere Auswahl an Lebensmitteln, vor allem tierische Produkte, leisten. Der Fleischkonsum um 1900 lag bereits bei über 50 kg/Jahr/Person und es erstaunt nicht, daß Parteien der Industriearbeiter sich weigerten, für die vegetarische Idee einzutreten. War es doch nach Jahrhunderten gelungen, daß sich auch die unteren Bevölkerungsschichten Fleisch leisten konnten. Diese Errungenschaft wollte niemand wieder aufgeben.

Die Reformbewegung und die Suche nach naturbelassenen, gesunden Produkten wurde von Vertretern des städtischen Bürgertums getragen. Nimmt man sich die Mitgliederlisten der Vegetariervereine um 1900 vor, so wird man keinen Landwirt und nur ganz wenige Fabrikarbeiter entdecken: Lehrer, Beamte, Angestellte oder Kaufleute suchten nach Lebensmitteln und waren Kunden in den in diesen Jahren entstehenden Reformhäusern.

Noch vor 200 Jahren gab eine Durchschnittsfamilie mehr als dreiviertel ihres Einkommens für Nahrungsmittel aus und allein 80 Prozent der Nahrungsmittelausgaben waren für Getreide. Heute liegt der Anteil der Ausgaben für Lebensmittel trotz des gestiegenen Außer-Haus-Konsums und anderer Faktoren bei unter 20 Prozent. Wer sich »weiß und fett« ernähren konnte – nämlich mit Weißbrot und möglichst viel tierischem Fett – war in vergangenen Zeiten hoch angesehen und wohlhabend.

Es lassen sich mit dem ernährungsanthropologischen Ansatz mehrere Gesetzmäßigkeiten herausarbeiten, die es näher zu betrachten lohnt. Nur wenn man um diese Gesetze weiß, kann man sie sich auch zunutze machen und etwa die vegetarische Ernährung in die Gesellschaft vollkommen integrieren.

Die bisherige jahrhundertealte Nahrungszufuhr hat sich gewandelt und wird derzeit von drei Tendenzen geleitet:[1]

1. eine *Ent-Sinnlichung* (der Mensch ißt oft nicht mehr, um das Essen zu genießen und die einzelnen Nahrungsmittel bewußt wahrzunehmen, sondern nimmt unter Zeitdruck Nahrung auf).

2. eine *Ent-Bindung* (ein Großteil der Bevölkerung in den Industrieländern ißt alleine und ohne die wohltuende Atmosphäre einer gemeinsamen Mahlzeit im Kreis der Familie oder der Freunde).

3. die *Ent-Rhythmisierung* (die festen Essenszeiten weichen immer mehr auf, der Snack zwischendurch ersetzt nicht selten eine Mittagsmahlzeit).

Das alltägliche Essen verliert seine gesellschaftliche und kulturelle Bedeutung:

– *Je seltener ein Nahrungsmittel in einer Kultur ist, um so höher ist der Prestigewert einer Speise.*

Wer weiß heute, daß Lachs im 19. Jahrhundert in Großbritannien ein Arme-Leute-Essen war und vertraglich geregelt wurde, daß Dienstboten maximal zweimal in der Woche Lachs bekamen? Im 19. Jahrhundert gab es Lachs im Überfluß – erst durch die Verschmutzung der Gewässer wurde Lachs immer seltener und bekam damit sein Edelprestige.

In der heutigen Industriegesellschaft sind alle Nahrungsmittel zu jeder Jahreszeit verfügbar. Der Seltenheitswert wird über den Grad der Exotik eines Nahrungsmittels geregelt. Läßt sich nicht auch der Trend zum sogenannten Ethno-Food als eine Suche nach noch unbekannten Speisen deuten? Damit ist die Globalisierung in die Ernährung eingegangen. Die sicherlich ökologisch und ernährungsphysiologisch sinnvollen Empfehlungen für eine vegetarische Ernährung laufen jedoch genau in die entgegengesetzte Richtung: wer sich bewußt ernähren will, sollte Produkte zu sich nehmen, die der Saison entsprechen und möglichst aus der Region stammen. Hier bedarf es eines hohen Maßes an Aufklärungsarbeit, um aufzuzeigen, welche Folgen eine Ernährung ohne Rücksicht auf Entfernung oder Jahreszeit hat und wie schmackhaft und abwechslungsreich man ohne Erdbeeren im Winter essen kann.

– *Ein weiteres Gesetz bei nahezu allen Völkern und Kulturen – egal wie weit sie entwickelt sind – ist der Stellenwert von Nahrungsmitteln: eiweißhaltige Nahrung und damit Fleisch ist Nahrung für die oberen Bevölkerungsschichten.* Protein bedeutet »Das Erste«. Ärmere Bevölkerungsschichten sind aufgrund ihrer mangelhaften finanziellen Möglichkeiten meist nicht in der Lage, sich den wohlhabenderen Bevölkerungsgruppen anzugleichen. Ist dies zwar mittlerweile bezüglich der Quantität von Fleisch in den Industrieländern kein Problem, so wird die Gesellschaft über die Qualität (und wieder den Seltenheitswert) von eiweißhaltigen Speisen unterteilt. Tierfleisch wurde mehr als jedes andere Nahrungsmittel lange Zeit und in fast allen Teilen der Welt als die Verkörperung von Stärke und Lebenskraft angesehen.

Auf diese jahrtausendealte Rangfolge von Fleisch gilt es für das 21. Jahrhundert zu antworten: eine Herausforderung, die sicherlich nicht leicht ist.

– *In Kulturen, in denen die Industrialisierung mit ihren Auswirkungen auf die Fleischproduktion noch nicht gegriffen hat, gilt: Je höher die Bevölkerungsdichte, je mehr landwirtschaftliche Fläche bebaut wird, desto geringer ist der Anteil der Weideflächen und desto geringer ist die Verfügbarkeit von Fleisch.* Dies läßt sich sehr gut am Beispiel des Mittelalters nachvollziehen. War während der Völkerwanderung Fleisch ausreichend vorhanden – Herden konnten während der Wanderungen ohne Probleme mitgenommen werden, während der Anbau von pflanzlichen Produkten kaum möglich war –, wurden die tierischen Produkte während der Jahrhunderte der landwirtschaftlichen Produktion und Seßhaftwerdung knapper. Erst als die Bevölkerungsdichte infolge der Pest im 15. Jahrhundert um ein Drittel sank, war Fleischkonsum in größeren Mengen möglich.

In den industrialisierten Ländern gilt dieses Gesetz nicht. Durch die Massentierhaltung ist der Tierbestand nicht mehr an das jeweilige Weideland gekoppelt – die Folgen für Tier, Mensch und Umwelt sind uns allen bekannt.

– *Seit Jahrtausenden prägt die Gesellschaft Normen. Zu diesen Normen zählen auch die Vorstellungen des äußeren Erscheinungsbildes.* Bis zu Beginn dieses Jahrhunderts – ja selbst in den 50er Jahren – galt als wohlhabend und damit auch wirtschaftlich und gesellschaftlich erfolgreich, wer beleibt und stattlich war. »Wäre ich König, so würde ich nichts als Fett trinken« (französischer Bauer im 17. Jahrhundert). Fettzufuhr bedeutet Kalorienzufuhr. Erst im ausgehenden 19. Jahrhundert setzte sich zumindest in Mitteleuropa ein neues Körperideal durch, geprägt von der fleißigen aufstrebenden Bürgerschicht, für die Arbeit eine Tugend war und Schlemmen eine Sünde.

Aktuelle Studien haben nachgewiesen, daß es unter beruflich erfolgreichen Menschen nur sehr wenige Übergewichtige gibt, daß aber in Arbeiterhaushalten überproportional viele Übergewichtige – insbesondere dicke Kinder – leben. Hier hat sich die jahrtausendealte Tradition zugunsten der Ziele der vegetarischen Idee schon bewegt – zukünftige Aufgabe muß es sein, ein vernünftiges Körperideal langfristig in der Gesellschaft zu verankern und fleischlos nicht gleichzusetzen mit zeitlich begrenzter Diät bis zum gewünschten Idealgewicht.

In diesen Zusammenhang gehört auch der historische Werdegang von Ernährungsempfehlungen. Vor der Entdeckung der Vitamine und nach der Entdeckung der Kalorien Ende des 19. Jahrhunderts war es beispielsweise modern, kein Gemüse oder Obst zu essen, da es ja angeblich nur aus wertlosem Wasser bestand. Wer hätte demgegenüber noch in den 50er Jahren gedacht, daß die Deutsche Gesellschaft für Ernährung in ihren aktuellen 10 Ernährungsregeln höchstens zwei- bis dreimal in der Woche eine kleine Portion Fleisch (maximal 150 Gramm) und zwei- bis dreimal Wurst (maximal 50 Gramm) empfiehlt?

Regeln und Normen sind wichtiger Bestandteil des gesellschaftlichen Systems: Ernährungsregeln machen einen Großteil der Verhaltensmaßnahmen des täglichen Lebens aus. Kaum jemand läßt sich heute vom gesunden Menschenverstand leiten, sondern hält sich aufgrund einer weit verbreiteten Unsicherheit und Unfähigkeit für Eigenverantwortung an Vorgaben, was wann gegessen werden soll – warum begegnen uns sonst überall detaillierte Speisepläne und Ernährungsvorschläge?

Die Wissenschaft spricht mittlerweile sogar von einer »psychischen Hungersnot«: Das Angebot an Nahrungsmitteln und Verhaltensweisen bezüglich Ernährung ist so umfassend, daß der Einzelne keine Einschätzung und Entscheidung und auch keine Aussage über den eigenen Geschmack treffen kann.

Neben ernährungsphysiologischen Ratschlägen ist einem Großteil der Bevölkerung heute die ärztliche Beratung wichtig: gerade aber bei den Ärzten – von einigen wenigen löblichen Ausnahmen abgesehen – steht die Gesundheitsvorsorge und damit auch die Befürwortung einer vegetarischen Ernährung nicht im Vordergrund ihrer Behandlung und eventuellen Beratung. Welcher Arzt weiß beispielsweise schon um die Ergebnisse der zahlreichen medizinischen Untersuchungen der letzten Jahre, die gezeigt haben, daß Menschen, die sich vegetarisch ernähren, im Alter nicht so oft an Bluthochdruck leiden wie die allgemeine Bevölkerung. Krankheit wird als ein Symptom der heutigen Lebenssituation gesehen. Die Auswirkungen einer jahrzehntelangen falschen Ernährung werden immer offensichtlicher. Trotzdem wird es auch in den kommenden Jahrzehnten noch viel Aufklärungsarbeit geben müssen, bis in der medizinischen Ausbildung die Ernährung als zentrale Prophylaxe-Maßnahme anerkannt und gelehrt werden wird. Im Rahmen der ganzheitlichen Medizin ist Ernährung von zentraler Bedeutung: »Der Mensch ist, was er ißt«.

Welche Nahrungstrends bestimmen unsere Ernährungslandschaft?

Diese Frage stellen sich immer wieder Marktforschungsinstitute und es kristallisieren sich einige wenige, ganz unterschiedliche Trends heraus, die wiederum die Heterogenität der aktuellen Situation im Ernährungsverhalten widerspiegeln:

- Gen Food wird immer mehr in die Küchen und Töpfe Einzug halten.
- Als Gegentrend zum Ethno-Trend wird die Wiederentdeckung der regionalen Küche und traditioneller Rezepte eine nicht unwesentliche Rolle spielen.
- Functional Food setzt sich immer mehr durch: Essen wird funktionell. Functional Food ist die Idee, Geschmack und vermeintlichen gesundheitlichen Nutzen zu verbinden. So wird der Joghurt mit Vitaminen angereichert, Süßigkeiten werden mit Süßungsmitteln hergestellt, die nicht dick machen sollen.
- Die internationale Küche findet immer mehr Eingang in die Restaurantszene oder in die Küchen der Haushalte; insbesondere die asiatische Küche setzt sich immer mehr durch.
- Alternative Ernährungsformen: vegetarisch, makrobiotisch oder Trennkost.

Vegetarische Ernährung und Vereinswesen in Deutschland

In der zweiten Hälfte des 19. Jahrhunderts erfuhr das Rousseausche Motto »Zurück zur Natur« immer mehr Breitenwirkung. Die Vielzahl der lebensreformerischen Ansätze sprechen für sich: Kleidungsreform, Siedlungsbewegung, Jugendbewegung, Genossenschaftsidee, Naturheilkunde, Alkoholreform, Ehereform oder Vegetarismus – um nur einige zu nennen.

Lebensreform ist die Antwort auf die veränderten Lebens- und Arbeitsbedingungen, die Industrialisierung und Technisierung im 19. Jahrhundert bewirkt hatten. Lebensreform war eine ganzheitliche Antwort auf sämtliche Bereiche und setzte sich intensiv mit den negativen Begleiterscheinungen – ob sozial, ökologisch, individuell, gesundheitlich, politisch oder kulturell – auseinander.

Selbstverständliche Zeiterscheinung war die Sammlung der lebensreformerischen Aktivitäten in Vereinen – das 19. Jahrhundert ist nicht umsonst in die Gesellschaftsgeschichte als das Jahrhundert der Vereine eingegangen. Aufgrund der stark eingeschränkten politischen und wirtschaftlichen Betätigungsmöglichkeiten insbesondere für Frauen war ein Engagement innerhalb der zahlreichen Vereine eine ideale Alternative für viele.

Bereits 1847 wurde die erste vegetarische Gesellschaft, die britische »Vegetarian Society« in Manchester gegründet, zwanzig Jahre später – am 21. April 1867 – war die Geburtsstunde des deutschen vegetarischen Vereinswesens. Gründer war der freireligiöse Pfarrer Eduard Baltzer. Bezeichnend ist, daß Großbritannien sowohl in der Industrialisierung wie in der Ausprägung der vegetarischen Lebensweise eine in der Forschung bereits zum Ausdruck gebrachte Vorreiterrolle eingenommen hatte. Ein Jahr nach der ersten deutschen Gründung in Nordhausen folgte 1868 unter Leitung von Gustav Struve – eine wichtige Persönlichkeit der 1848er Revolution im badischen Raum – die Stuttgarter Gesellschaft. Diese Gesellschaft existiert bis heute und ist damit die älteste bestehende Vereinigung für vegetarische Lebensweise in Deutschland. 1892 kam es zu einer Fusion des Deutschen Vereins für natürliche Lebensweise, Nordhausen, mit dem Deutschen Verein für harmonische Lebensweise, Berlin, zum Deutschen Vegetarier-Bund. 1901 wurde der Sitz dieses ersten reichsweiten Vereins von Leipzig nach Frankfurt verlegt. 1907 bestanden 33 Lokalvereine mit insgesamt 1500 Mitgliedern. Im letzten Kriegsjahr entstand der Verband Deutscher Vegetarier-Vereine.

In der Weimarer Republik nahm eine Institution Form an, die bislang in der Forschung eher stiefmütterlich behandelt wurde und die ich deshalb etwas näher betrachten möchte. An diesem Beispiel läßt sich sehr schön aufzeigen, wie sehr Vegetarismus mit politischen Zielen gekoppelt sein kann und wie Tagespolitik mit lebensreformerischen Zielen verknüpft werden kann. Im Jahr 1925 – in den »goldenen Zwanzigern« – gründeten der Philosoph Leonard Nelson und seine Anhänger eine eigenständige Partei: das Internationale Sozialistische Komitee ISK. Das ISK wurde als Parallelorganisation zum IJB (Internationaler Jugend-Bund) gegründet. Der IJB (1917 ebenfalls von Nelson initiiert) war eine politische Erziehungs- und Gesinnungsgemeinschaft, orientiert an dem

Gedankengut von Immanuel Kant und anderen. Durch politisch-pädagogische Schulungen wollte der IJB die zukünftigen Führungspersönlichkeiten heranbilden. Diese Elite sollte, als Kern einer noch zu schaffenden »Partei der Vernunft«, die Vorstellungen und Grundsätze der Nelsonschen Ethik (dem Selbstverständnis nach wissenschaftlich fundiert) in Staat und Gesellschaft durchsetzen. Der IJB war nach dem Führerprinzip organisiert und forderte dieses auch für die Struktur eines zukünftigen Staatswesens.

In Nelsons Philosophie wurde der Klassenkampf bejaht, jedoch nicht mit dem Historischen Materialismus, sondern mit Forderungen des Rechts und der Sittlichkeit begründet. Auf ökonomischem Gebiet stimmte Nelson mit den Ansichten des Genossenschaftstheoretikers Franz Oppenheimer überein und lehnte die allgemeine Verstaatlichung der Produktionsmittel ab. Nelson stellte hohe persönliche Anforderungen an die Handlungsbereitschaft seiner Anhänger. Zu den Pflichten eines Mitglieds gehörte absolute Pünktlichkeit und Ordnung, der Verzicht auf den Genuß von Fleisch (aus ethischen Gründen) genauso wie auf Nikotin und Alkohol, ferner der Kirchenaustritt, die regelmäßige Teilnahme an politischen Schulungen und die aktive Betätigung in Organisationen der Arbeiterbewegung. Den Mitgliedern wurde eine hohe »Parteisteuer« (der monatliche Verdienst über 150.– Mark mußte an die Organisation abgeführt werden) und Unterstützung beim Verkauf der Mitgliederzeitung abverlangt.

Das ISK (dessen Wirkungsgebiet vor allem Mitteldeutschland war) umfaßte nie mehr als 300 eingeschriebene Mitglieder und einen Sympathisantenkreis von 600 – 1000 Menschen. Nachdem 1922 der IJB von der Kommunistischen Jugend als »gegnerische Organisation« betrachtet wurde, standen dem IJB nur noch sozialdemokratische Organisationen als Betätigungsfeld offen. 1925 wurde der Bund aus der SPD ausgeschlossen. Der Parteirechten paßte der rigorose Antiklerikalismus nicht in ihre Koalitionspläne mit dem Zentrum, der Parteilinken war besonders die antimarxistische Haltung des Bundes ein Dorn im Auge.

Nelson gründete nun, im Vorgriff auf die »Partei der Vernunft«, das ISK. Nach dem Tode Nelsons 1927 übernahmen Willi Eichler und Minna Specht die tatsächliche Organisationsleitung. Das ISK bestand aus 32 Ortsvereinen oder Gruppen. 1929 waren rund 85 Prozent seiner Mitglieder unter 35 Jahre alt, wobei rund ein Drittel der Mitglieder weiblich war. Zur sozialen Struktur läßt sich noch feststellen, daß deutlich mehr Angestellte, Beamte und Freiberufler dem ISK angehörten als Arbeiter.

Eine Wende in der Politik des ISK trat 1930 ein. Fast alle Energien steckte es in den Kampf um die Einheitsfront der Arbeiterklasse gegen den aufkommenden Hitler-Faschismus. Ab 1. Januar 1932 gab das ISK in Berlin eine Tageszeitung mit Namen *Der Funken* heraus, was fast die gesamte Arbeitskapazität der Funktionäre band. Ziel des *Funken* war es, breite Schichten der Arbeiterschaft zu erreichen und von der Notwendigkeit der Einheitsfront zu überzeugen. Dabei konnte das ISK auf große Zustimmung in der Arbeiterbewegung hoffen und auf diesem Wege versuchen, auch aus seiner politischen Isolierung herauszukommen.

Dem ISK gelang es nicht, eine Verständigung zwischen der Führung von SPD und KPD herzustellen. Weder wurde 1932 ein gemeinsamer Kandidat aus der Arbeiterschaft als Reichspräsidentschaftskandidat nominiert, noch wurde ein einheitlicher Wahlblock der gesamten Linken erreicht, wie es das ISK gefordert hatte. Der »Dringende Appell« des ISK an die Führungen von SPD, KPD und Allgemeinem Deutschen Gewerkschaftsbund (ADGB), der von namhaften Persönlichkeiten wie Käthe Kollwitz, Thomas Mann und Albert Einstein unterzeichnet war, blieb wirkungslos.

Insgesamt 77 Veranstaltungen für die Einheitsfrontidee führte das ISK innerhalb kürzester Zeit im ganzen Reich durch und erzielte dadurch auf lokaler Ebene »Teilerfolge«, jedoch ohne »Durchschlagskraft« im ganzen Reich.[2]

Weder dem ISK noch anderen (SAP, KPDO etc.) war es gelungen, die Spaltung der Arbeiterbewegung zu überwinden. Das vom ISK in Anlehnung an ein Zitat Engels' oft angemahnte Szenario vom »Untergang in die Barbarei« war Wirklichkeit geworden. Hitlers Machtergreifung fand keinen nennenswerten Widerstand im Deutschen Reich. Das ISK kam durch seine Selbstauflösung einem Verbot durch das Regime zuvor. Willi Eichler und einige andere ISK-Mitglieder emigrierten, um aus dem Exil die NS-Diktatur zu bekämpfen, während im Dritten Reich die gegründeten ISK-Widerstandsgruppen ihren Kampf gegen den Faschismus nun aus dem Untergrund fortsetzten.

Zur illegalen Widerstandsstrategie des ISK gehörte es, nach 1933 in mehreren deutschen Städten vegetarische Gaststätten einzurichten (zwei in Köln, je eine in Berlin, Hamburg, Frankfurt a. M. und Bochum, später im Exil auch in Paris und London). Eigentümerinnen waren ISK-Frauen. »Diese meist gutgehenden kleinen Betriebe waren in mehrfacher Hinsicht von großem Nutzen: Sie verschafften Arbeitslosen ein Einkommen, erbrachten Überschüsse, die für die Finanzierung der Widerstandsarbeit verwendet wurden, und sie boten den am Widerstand Beteiligten die Möglichkeit, untereinander in Verbindung zu bleiben.«[3] Der Gemüseeinkauf bei vertrauenswürdigen Marktfrauen diente – wie auch die Errichtung eines Brotgroßhandels durch Erna Blencke in Hannover und das dadurch notwendige Brotausfahren – gleichzeitig der Verbreitung illegaler Schriften. So war der ISK-Vegetarismus strategisch in die Widerstandsarbeit integriert.

Dieser kurze fragmentarische Einblick in die Geschichte einer politischen Gruppierung mit vegetarischem Ideal soll an dieser Stelle genügen. Man hätte andere Organisationen oder Personen heranziehen können. Erinnert sei nur an Magnus Schwantje, Herausgeber der *Ethischen Rundschau* nach dem Ersten Weltkrieg und Verfasser zahlreicher, teilweise sehr radikaler Flugblätter zum Vegetarismus und zum Tierschutz.

Im Jahr 1930 spaltete sich der Deutsche Vegetarier-Verband in zwei Vereinigungen. Zwei Jahre später fand der 8. Internationale Vegetarier-Kongreß in der Obstbausiedlung Eden-Oranienburg bei Berlin statt – ein Ereignis, das innerhalb des gesamten lebensreformerischen Spektrums Beachtung fand. 1935 löste sich der Vegetarierbund auf, um der geplanten Gleichschaltung zuvorzukommen. Nach Kriegsende kam es bereits im Frühjahr 1946 zu einem Treffen in Sontra, Hessen, und zur Gründung der Vegetarier-Union Deutschlands. Adolf Briest wurde erster Vorsitzender, Geo Hiller war nach Heinrich Frantzen und Ernst Waag von 1955–1973 Vorsitzender und Schriftleiter der Vereinszeitschrift. Im Südwesten Deutschlands entstand in den Nachkriegsjahren die Deutsche Vegetarier-Union (DVU) mit Helmut Rall als Vorsitzendem. 1960 fand zum zweiten Mal in Deutschland der Kongreß der IVU in Hannover und Hamburg statt, 1982 der Weltvegetarier-Kongreß in Ulm.

1984 wurde die Namensänderung »Vegetarier-Bund Deutschlands, Bund für Lebenserneuerung, ethische Lebensgestaltung und Lebensreform« auf der Mitgliederversammlung verabschiedet.

Momente der deutschen vegetarischen Bewegung

Für jedes Land gelten andere Voraussetzungen und Vereinsschwerpunkte. Für die deutsche Entwicklung kann man im wesentlichen folgende Leitlinien herausarbeiten:

- Die enge Anbindung an die alternativen Ernährungskonzepte, die die Förderung und die Erhaltung der Gesundheit zum Ziel haben.

– Vollwertbewegung ab den 1970er Jahren (Naturkostläden).

– Enge personelle und ideelle Verbindung mit der Reformhaus- und Reformproduktbewegung (so etwa Geo Hiller, der in Hannover mehrere Reformhäuser sowie ein »Haus des Vegetarismus« mit vegetarischer Gaststätte und Veranstaltungen besaß. Ab 1956 engagierte er sich in der Produktion von Reformprodukten).

– Zusammenarbeit mit der Jugendbewegung (Deutsche Reformjugend).

Die Tierrechtsbewegung

Das ethische Denken in den letzten 2000 Jahren der europäischen Menschheitsgeschichte wurde sehr wesentlich durch die Schriften von Aristoteles und sein streng hierarchisches Schema der Wertigkeit von Lebewesen getragen. Spätestens seit Thomas von Aquin ist auch das jüdisch-christliche Denken diesbezüglich aristotelisch geprägt. Im 19. Jahrhundert entstanden eine ganze Reihe von Befreiungsbewegungen, um diese Wertehierarchie und die damit einhergehende Unterdrückung zu durchbrechen. Die Tierbefreiungsbewegung hat ihre Wurzeln im wesentlichen in denselben Köpfen, die auch die Sklavenbefreiung, die Ideen der sozialen Gerechtigkeit und den Feminismus mitentwickelt und mitgetragen haben.

Henry Salt formulierte 1892 zum ersten Mal die Tierrechte in der Form, wie sie im wesentlichen heute gesehen werden. Nach einer durch zwei Weltkriege bedingten Entwicklungspause erlebte die Tierrechtsbewegung ihre Renaissance und moderne Prägung und Akzeptanz in den 60er und 70er Jahren dieses Jahrhunderts von England ausgehend. Heute ist die Tierrechtsbewegung in den meisten europäischen und nordamerikanischen Ländern sowie in Australien und Neuseeland zu einer der größten und vielschichtigsten sozialen Bewegungen geworden.

Die Gruppen des 19. Jahrhunderts waren jedoch alle Tierschutz- und nicht Tierrechtsvereine. Vegetarismus oder Veganismus waren nicht wirklich ein Thema, die Nutzung der nicht-menschlichen Tiere durch den Menschen wurde eigentlich nicht in Frage gestellt. Das geschah erst mit Henry S. Salt (1851–1939). Sein Buch *Animals' Rights Considered in Relation to Social Progress* (1892)[4] enthält im wesentlichen alle heute anerkannten Grundlagen der Tierrechtsphilosophie und kann als der Beginn der Tierrechtsbewegung angesehen werden. Henry Salt war Humanist (siehe sein Buch *Humanitarianism: its General Principles and Progress*, London 1893) und Sozialist. Er gründete mit anderen Sozialisten im Jahr

1891 die Humanitarian League, die als erste echte Tierrechtsorganisation gelten kann. Salt und seine Mitstreiter setzten sich aber nicht nur gegen die Übertretung fundamentaler Tierrechte ein, sondern organisierten auch Kampagnen gegen den Krieg, das ungerechte gerichtliche Strafsystem, die Ausbeutung der Arbeiter, den Kolonialismus und die strenge Disziplin in den Schulen und beim Militär, sowie für allgemein zugängliche Spitäler.[5] Salts Tierrechtsgruppe traf sich wöchentlich in einem der neuen vegetarischen Restaurants in London, von denen das erste in Faringdon 1876 gegründet worden war, und von denen es im Jahr 1886 schon 12 gab.[6] Bei diesen Treffen wurden auch Mahatma Gandhi sowie bekannte Sozialisten wie George Bernard Shaw und Edward Carpenter von der Tierrechtsidee überzeugt.

1889 wurde die Vegetarian Federal Union, der Zusammenschluß der Vegetarischen Gesellschaften der Länder der Welt, gegründet und ist heute noch als International Vegetarian Union (1908 als Nachfolgeorganisation unter Beteiligung von Österreich, Holland, England und Deutschland gegründet) aktiv. Der erste World Vegetarian Congress fand in Chicago in den USA im Jahr 1893 statt.[7]

Salt war es ein Anliegen klarzumachen, daß nur der Standpunkt der Tierrechte widerspruchsfrei und konsequent war: »Wenn wir Tierversuche bekämpfen wollen, dann müssen wir uns von dieser falschen ›Tierliebe‹ trennen, diesem Bemuttern von Haustieren und Schoßhündchen durch Menschen, die sich überhaupt nicht um das wirkliche Wohlergehen von Tieren – oder auch Menschen – kümmern. Wir müssen gegen alles unnötige Leid kämpfen – sei es menschliches oder tierliches – gegen die dummdreisten Grausamkeiten der sozialen Unterdrückung, des Strafsystems, der Mode, der Wissenschaft, der Fleischfresserei«.[8] Ähnlich äußerte sich Salt über die Inkonsistenz von Menschen, die über das Leiden der Zugpferde Krokodilstränen vergießen, aber selber Tierhäute als Mäntel tragen. Andreas Flury beschreibt Salts zentrale Anliegen in *Animals' Rights* wie folgt: »Salt verfolgt in seinem Buch drei Ziele: erstens soll das Prinzip der Tierrechte auf eine konsistente und einsichtige Grundlage gestellt werden, zweitens soll diese Grundlage für alle humanistischen Reformen eine gemeinsame Basis sein und drittens sollen die Fehlschlüsse entkräftet werden, die die Verteidigung des Status quo vorgebracht hatten.«[9]

Als einer der herausragendsten Träger der Tierrechtsidee ist der deutsche Philosoph und Sozialist Leonard Nelson (1882–1927) zu erwähnen, der eine wissenschaftliche Ethik nach den Grundsätzen des liberalen Sozialismus anstrebte und mit seinem 1932 posthum erschienenen Aufsatz

»Pflichten gegenüber Tieren« weltweit den ersten systematischen Beitrag zur Begründung von Tierrechten in Ethik und positivem Recht leistete. Die Erkenntnis, daß die Welt sich nie nach dem richten wird, was in Büchern geschrieben steht, sondern nach der »Macht der für oder gegen eine Sache sich einsetzenden Interessen«[10], trieb ihn in den organisierten Widerstand gegen kapitalistische Ausbeutung und Unterdrückung – auch der nicht-menschlichen Tiere.

Neben Sozialisten und Menschenrechtlern waren auch frühe Feministinnen im Tierrechtsbereich, und da vor allem gegen Tierversuche, aktiv. Zum Beispiel war Frances Cobbe politisch für die Rechte von Frauen und Kindern tätig, bekämpfte Pornographie und organisierte gleichzeitig Petitionen gegen Tierversuche sowie gegen andere Formen der Tierausbeutung. Nach ihrem Tod 1904 übernahm die Schwedin Louise Lind-af-Hageby die Führung der Anti-Tierversuchsbewegung und organisierte zwischen 1906 und 1912 in London und an anderen Orten Massendemonstrationen. Charlotte Despard, Vegetarierin und Tierversuchsgegnerin, war Generalsekretärin der Women's Social and Political Union und ging sogar für ihren Einsatz für das Wahlrecht für Frauen ins Gefängnis. Im Jahr 1907 schlossen sich in London GewerkschafterInnen, FeministInnen und TierversuchsgegnerInnen zusammen und lieferten sich wegen der Tierversuche mit ÄrztInnen und MedizinstudentInnen Straßenkämpfe, was als »Old Brown Dog Riots« in die Geschichte einging. Erst massiver Einsatz berittener Polizei konnte den »Aufruhr« beenden. In ihrer historischen Analyse dieses Vorfalls findet Coral Lansbury,[11] daß sowohl die Frauen als auch die Arbeiter in den Tierversuchen Symbole ihrer eigenen Unterdrückung fanden. Auch aus Briefen von Rosa Luxemburg aus dem Gefängnis geht hervor, daß sie sehr mit der Idee der Tierrechte sympathisierte. Und Bertha von Suttner, Pazifistin und österreichische Friedensnobelpreisträgerin, tendierte ebenfalls in diese Richtung.[12]

Die beiden Weltkriege bedingen einen fast vollständigen Entwicklungsstop der Tierrechtsidee.

Im Jahr 1944 gründet Donald Watson in England die erste Vegane Gesellschaft der Welt, die Vegan Society UK, und erfindet das Wort »vegan« für »völlig ohne tierliche Produkte«, das sich aus den ersten drei und letzten zwei Buchstaben von »vegetarian« zusammensetzt. Die Gesellschaft ist bis heute aktiv und hat in den meisten europäischen und nordamerikanischen Ländern sowie in Australien und Neuseeland Nachahmer gefunden.

Erst in den 1960er Jahren wacht die Tierrechtsbewegung wieder richtig auf. Der englische Journalist John Prestige gründet im Jahr 1963 die englische Hunt Saboteurs Association und sabotiert am 26. Dezember 1963 zum ersten Mal eine Jagd. Diese Vereinigung ist bis heute aktiv und zählt im Moment etwa 150 regionale Gruppen über England, Schottland und Wales verteilt. Seitdem gab es auch in den verschiedensten anderen Ländern Jagdsabotagen.

Im Jahr 1964 veröffentlicht Ruth Harrison ihr Buch *Animal Machines*[13], in dem zum ersten Mal die Massentierhaltung angeprangert wird. Am 10. Oktober 1965 erscheint der Artikel »The Rights of Animals« in der *Sunday Times* in England, die erste Abhandlung dieses Themas seit Salts Buch aus dem Jahr 1892. Im Jahr 1969 publiziert Richard Ryder drei Artikel über Tierrechte im *Daily Telegraph* und entwickelt im Jahr 1970 den Begriff »Speziesismus« für »die willkürliche Benachteiligung anderer aufgrund ihrer Zugehörigkeit zu einer bestimmten Tierart«, der das erste Mal in einem Flugblatt auftaucht. 1973 erscheint das Buch *Animals, Men and Morals*[14], eine Sammlung von Artikeln über Tierrechte, herausgegeben von Godlovitch, Godlovitch und Harris. Heute wird dieses Buch als Manifest für die Tierbefreiungsbewegung bezeichnet, das die moderne Bewegung ins Rollen gebracht hat.[15] In Oxford formiert sich die »Oxford group«, aus der schließlich die namhaften Tierrechtsphilosophen der ersten Stunde hervorgehen: der Australier Peter Singer, der 1975 sein Buch *Animal Liberation* herausbringt, der Amerikaner Tom Regan, dessen Standardwerk *The Case for Animal Rights* 1983 erscheint, sowie die Engländer Stephen Clark und Andrew Linzey mit mittlerweile einer Vielzahl von Büchern zu dem Thema.[16]

Das alles brachte den Stein ins Rollen, und jetzt ging es Schlag auf Schlag. 1972 gründet Ronnie Lee die »Band of Mercy«, aus der 1976 die Animal Liberation Front (ALF) wird, die sich letztendlich in die meisten europäischen und nordamerikanischen Länder sowie nach Australien und Neuseeland ausbreitet. Bis 1998 mußten schon über 600 TierrechtlerInnen für ihre Überzeugung ins Gefängnis. 1977 findet am Trinity College in Cambridge die erste internationale Tierrechtskonferenz statt, bei der eine Deklaration gegen Speziesismus unterschrieben wird.

Eine Vielzahl von Tierrechtsgruppen wird gegründet, zuerst in England, 1980 dann auch in den USA (PETA) und in vielen anderen Ländern. In den 80er Jahren erleidet die explosionsartige Entwicklung der englischen Tierrechtsbewegung durch den konservativen Kurs der Regierung von Margaret Thatcher einen Rückschlag, doch spätestens seit Beginn der 90er Jahre verbreitet sie sich stärker als je zuvor. Heute ist die Philosophie der Tierrechte völlig etabliert und wird an Universitäten gelehrt. Gerade in englischsprachigen Ländern ist die Flut der jährlichen Neuerscheinungen von Büchern und Artikeln zum Thema Tierrechte nicht mehr überschaubar. In Europa gab es 1998 Statistiken zufolge schon über eine Million ethische VeganerInnen. Seit 1993 gibt es auch das »Große Menschenaffen Projekt«, das zum Ziel hat, eine Deklaration für die Erweiterung der Menschenrechte auf alle Menschenaffen von der UNO-Hauptversammlung beschließen zu lassen. Im Jahr 1988 wird auch das erste österreichische Buch über die Tierrechtsphilosophie, *Philosophie des Vegetarismus*, von Helmut Kaplan veröffentlicht.[16] Weltweit hat die Tierrechtsbewegung jetzt Ausmaße angenommen, die sicherstellen, daß dieses Thema die gesellschaftlichen Konflikte des nächsten Jahrhunderts wesentlich bestimmen wird.

Die Einstellung der heutigen Gesellschaft gegenüber Tieren basiert auf zwei Grundpfeilern: einerseits auf der anthropozentrischen Trennung zwischen Menschen und Tieren, verstanden als Trennung zwischen Kultur und Natur oder zwischen Vernunft und Instinkt, und andererseits auf der auf Aristoteles zurückzuführenden perfektionistischen Ethik. Letztere beinhaltet ein Weltbild, in dem es eine klare Hierarchie der Lebewesen gibt, von den höchsten, gottähnlichsten, perfektesten zu den niedrigsten und unwertesten. Befreiungsbewegungen versuchten schon seit der Aufklärung, den aristotelischen Perfektionismus durch eine Gleichberechtigung zu ersetzen. Seit den 70er Jahren des 20. Jahrhunderts gibt es eine moderne Tierrechtsbewegung, die auch grundlegende, gleiche Rechte auf Leben, Freiheit und Unversehrtheit fordert, und zwar für alle Tiere inklusive der Menschen.

Vegetarismus als zukunftsfähige Ernährung

Wir sprechen von einer zukunftsfähigen Ernährung. Diese Zukunftsfähigkeit wird gleichgesetzt mit dem Anspruch auf Nachhaltigkeit im Ernährungsbereich.

Der Begriff der »nachhaltigen Entwicklung und Ernährung« ist seit der UN-Konferenz für Umwelt und Entwicklung von 1992 in Rio de Janeiro verstärkt in das gesellschaftliche Bewußtsein gerückt. Mit einer nachhaltigen Entwicklung soll die Befriedigung der Bedürfnisse späterer Generationen gewährleistet werden. Auf dem erwähnten UN-Gipfel wurde das Aktionsprogramm für das 21. Jahrhundert »Agenda 21« verabschiedet. Das erklärte Ziel der Agenda 21 ist es, Chancengleichheit für alle gegenwärtig auf der Erde lebenden Menschen und für zukünftige Generationen zu schaffen und zu sichern. Insbesondere die Frage nach der Ernährung der Erdbevölkerung wird hier näher betrachtet und gesundheitliche, soziale, ökologische wie ökonomische Dimensionen werden integriert.

Eine Ernährungsform kann laut Agenda 21 nur dann zukunftsfähig sein, wenn sie den Menschen einen hohen Grad an Gesundheit und Lebensqualität ermöglicht.

Geht man von diesen Kriterien aus, läßt sich die vegetarische Ernährung ohne Bedenken als zukunftsfähig einordnen: die Ursachen der ernährungsabhängigen Krankheiten – zu viel, zu fett, zu süß und zu salzig – treten bei einer sinnvollen vegetarischen Ernährung nicht auf (es sei hier nur auf diverse Studien zur vegetarischen Ernährung verwiesen). So wird die Idealernährung in einer Nahrung ohne viel Nahrungsenergie gesehen, die gleichzeitig einen hohen Gehalt an essentiellen und gesundheitsfördernden Inhaltsstoffen aufweist. Dies sind bekanntlich gering bzw. mäßig verarbeitete pflanzliche Lebensmittel. Die Hauptkriterien für eine zukunftsfähige Ernährung – Gesundheit und Lebensqualität – sind somit mit einer vegetarischen Ernährung gewährleistet.

Welche Bedeutung die Ernährung für die Umwelt hat, zeigt unter anderem die Studie »Zukunftsfähiges Deutschland«[17], wonach 20 Prozent allen Energie- und Materialverbrauchs in Deutschland dem Bereich Ernährung zuzurechnen sind. Um Aussagen über die ökologische Wirkung der Ernährung machen zu können, muß jedoch stets das gesamte Ernährungssystem von der Erzeugung über die Verarbeitung, den Handel und Transport, den Verbrauch sowie die Entsorgung einbezogen werden. Die Vorteile der vegetarischen Ernährung sind für sämtliche Teilstücke dieser Nahrungskette eindeutig.

Die größten Möglichkeiten zur Minimierung von ökologischen Risiken im gesamten Ernährungssystem liegen in einer deutlichen Reduzierung des Anteils tierischer Lebensmittel. Etwa 80 Prozent der Emissionen sind in der Landwirtschaft auf die Erzeugung tierischer Lebensmittel zurückzuführen, davon 75 Prozent auf die Rinderhaltung.

An obigen Beispielen habe ich gezeigt, daß ökologische und gesundheitliche Anforderungen an eine zukunftsfähige Ernährung optimal von der vegetarischen Kost übernommen werden können. Auf die sozialen und ökonomischen Dimensionen möchte ich aus Zeitgründen verzichten – man könnte hier in ähnlicher Weise die vegetarische Ernährung als Idealernährung begründen.

Die Agenda 21 ist sicherlich sehr umfassend. Jedoch scheint mir die Sichtweise sehr anthropozentrisch. Die Agenda verlangt Gesundheit und

Lebensqualität für alle Menschen – nicht aber für Lebewesen. Die Situation der Tiere in den Massentierhaltungen wird in den Forderungen nur deshalb als unhaltbar gesehen, weil die Massentierhaltung negative Folgen für die Menschen hat. Tierschutz und Tierrecht bleiben auf der Strecke.

Eine zukunftsfähige Ernährung, wie sie die vegetarische Alternative darstellt, sollte aber gerade so ganzheitlich und umfassend formuliert sein, daß sie auch und gerade das ethische Moment aufgreift und gleichberechtigt neben die erwähnten Forderungen stellt: Die »Hannoveraner Erklärung« hat dieses Defizit aufgegriffen. Hoffen wir, daß die Botschaft der Erklärung auch von zukünftigen Generationen gehört und weitergegeben wird.

Anmerkungen

1 Studie von Gruner und Jahr, essen und trinken, Hamburg 1999.
2 Klär, Karl-Heinz: Zwei Nelson-Bünde: Internationaler Jugend-Bund (IJB) und Internationaler Sozialistischer Kampf-Bund (ISK) im Lichte neuer Quellen. IWK, 18. Jg. 1882.
3 Lemke-Müller, Sabine (Hg.): Ethik des Widerstands. Bonn 1996, S. 143.
4 Salt, Henry S.: Animals' Rights, 1892; dt.: Die Rechte der Tiere. Übers. v. Gustav Krüger. Berlin 1907.
5 Bekoff, Marc: Encyclopedia of Animal Rights and Animal Welfare. Greenwood 1998.
6 Kean, Hilda: Animal Rights. o.O. 1998.
7 IVU News, August 1999.
8 Aus: The Vegetarian Review, 1895.
9 Flury, Andreas: Der moralische Status der Tiere. Freiburg 1999.
10 Link, Werner: Die Geschichte des IJB und des ISK. Meisenheim am Glan o.J.
11 Lansbury, Coral: The Old Brown Dog. Women, Workers and Vivisection. Madison 1985.
12 Siehe hierzu die Textauszüge von Bertha von Suttner und Rosa Luxemburg in: Linnemann, Manuela (Hg.): Brüder – Bestien – Automaten. Das Tier im abendländischen Denken. Erlangen 2000, S. 247 ff., 278 ff.
13 Harrison, Ruth: Animal Machines. London 1964; dt.: Tiermaschinen. München 1965.
14 Godlovitch, Stanley: Animals, Men and Morals. New York 1972.
15 Garner, Robert (ed.): Animal Rights. New York 1996.
16 Kaplan, Helmut F.: Philosophie des Vegetarismus. Kritische Würdigung und Weiterführung von Peter Singers Ansatz. Frankfurt a. M. 1988; gefolgt von: Warum Vegetarier? Grundlagen einer universalen Ethik. Frankfurt a. M. 1989; und: Sind wir Kannibalen? Fleischessen im Lichte des Gleichheitsprinzips. Frankfurt a. M. 1991.
17 Studie »Zukunftsfähiges Deutschland« (Perspektiven 36, hg. von Misereor und BUND), 1996.

»Vegetarisch in die Zukunft – Visionen für ein neues Jahrtausend«

Podiumsdiskussion vom 17. Juni 2000
Zusammenfassung von Patrizia Militano und Kurzstatements der Teilnehmer

Thema der Podiumsdiskussion war die Zukunft des Vegetarismus im 21. Jahrhundert. Die Diskussionsleitung hatte Richard David Precht. Zur Einführung stellten sich die Diskussionsteilnehmer mit einer kurzen Beschreibung ihrer bisherigen Aufgaben und ihrer Zielsetzungen für die Zukunft vor.

Thomas Schönberger wirkte ursprünglich in der Vegetarischen Initiative in Hamburg mit. Mittlerweile ist er seit rund vier Jahren Vorsitzender des Vegetarier-Bunds Deutschlands. Seine Hinwendung zum Vegetarismus war zuerst durch das Engagement in der Anti-Tierversuchsbewegung motiviert worden. Seiner Auffassung nach wird man, wenn man die Nutzung von Tieren für Experimente kritisch sieht, auch den Fleischverzehr kritisch sehen müssen. Dabei bietet der gelebte Vegetarismus durch seinen direkten Bezug zum Alltagsverhalten die Möglichkeit, eine zentrale Form der Tierausbeutung zu verhindern. Thomas Schönberger lebt seit 20 Jahren vegetarisch.

Andreas Hahn, Dr. oec. troph., ist als Ernährungswissenschaftler am Institut für Lebensmittelwissenschaft der Universität Hannover tätig. Seine Forschungsschwerpunkte sind alternative Ernährung und Didaktik der Ernährung. Die spezielle Auseinandersetzung mit dem Vegetarismus resultiert aus der naturwissenschaftlich geprägten Forschungsarbeit mit Prof. Claus Leitzmann. In der Vermittlung von Wissen über den Vegetarismus sieht er eine Möglichkeit, die vegetarische Idee in der Bevölkerung besser bekanntzumachen.

Bernhard Burdick, Dipl.-Ing. und Mitautor der Studie »Zukunftsfähiges Deutschland«, ist Projektleiter in der Abteilung Klimapolitik am Wuppertal Institut. Dort befaßt er sich mit den Themen Land- und Ernährungswirtschaft sowie Tier- und Naturschutz. Sein primäres Interesse liegt in der Förderung nachhaltiger, regional orientierter Formen der Landwirtschaft und Tierhaltung. Seiner Meinung nach eröffnet eine in diesem Sinne veränderte Landwirtschaft für den Verbraucher Transparenz hinsichtlich der Erzeugungsart und Qualität der von ihm ausgesuchten Produkte. Bernhard Burdick verweist auf viele Berührungspunkte zwischen dem Vegetarismus und ökonomischen, ökologischen und sozialen Aspekten einer nachhaltigen regionalen Entwicklung.

Eckhard Wendt ist, wie er selbst sagt, im Hauptberuf Tierschützer als Vorsitzender des Vereins gegen tierquälerische Massentierhaltung e.V.; im Haupterwerb ist er Lehrer für Sport und Biologie. Ferner engagiert er sich im kirchlichen Bereich dafür, daß bei Veranstaltungen Produkte aus artgerechter Tierhaltung oder vegetarische Produkte angeboten werden. Seine Motivation, sich für den Tierschutz einzusetzen, wurde durch sein persönliches Erleben der ländlichen Region ausgelöst. Dabei bezieht er sich besonders auf die negativen Veränderungen, die im Landbau und der Tierproduktion seit den 50er Jahren eingetreten sind. Er machte die Beobachtung, daß das Konsumverhalten mittlerweile durch das Motto geprägt sei, »Fleisch muß sein, Gemüse kann sein, Kartoffeln gehören in den Keller, und wenn es beim Laden B billiger ist als beim Laden A, dann fahre ich zehn Kilometer mit dem Auto, um das billige Fleisch zu holen«. Dadurch sei ihm seine eigene Mitverantwortung und Mitschuld in seiner Rolle als Verbraucher bewußt geworden. Eine ähnliche Entwicklung sieht er zur Zeit beim Konsum gentechnisch veränderter Produkte.

Andreas Briese, Dr. med. vet., ist Veterinärmediziner an der Tierärztlichen Hochschule Hannover und niedersächsischer Landestierschutzbeauftragter. Sein Engagement für den Tierschutz begann vor einigen Jahren bei der Erna-Graff-Stiftung, die sich mit Tierschutzfragen bei Schlachttieren und der Problematik der Tiertransporte beschäftigt. Zum Beispiel widmete sich ein Projekt der Stiftung dem Versuch, durch Kurse für Schlachthof-Personal einen schonenderen Umgang mit den Tieren zu erreichen. Auch wurden Veränderungen bei den Tiertransportfahrzeugen vorgenommen und Verbesserungen der Transportbedingungen für die Tiere erarbeitet. Im Rahmen seiner derzeitigen Tätigkeit an der Tierärztlichen Hochschule befaßt er sich mit der Entwicklung von Lösungen aktueller Probleme im Bereich der Tierhaltung.

Armin Mück ist seit 10 Jahren in der Vegetarischen Initiative aktiv und entwickelt dort unter anderem Anzeigenkampagnen, mit denen die vegetarische Idee einer möglichst breiten Öffentlichkeit vorgestellt werden soll. Zur Realisierung dieser Anzeigenkampagnen, die einmal jährlich stattfinden, werden bei Interessenten Geldspenden gesammelt, um die Präsentation der Anzeige in einer überregionalen Wochenzeitung zu finanzieren. Weiterhin werden Kurz-Infos zur vegetarischen Lebensweise verfaßt und Aufkleber und Plakate entworfen. Zu erwähnen ist auch die Produkt-Kampagne der Vegetarischen Initiative. Mit speziellen, für die Kampagne entwickelten Postkarten können sich Verbraucher direkt an die Lebensmittelkonzerne wenden und nachfragen, in welchen Produkten sich tierische Inhaltsstoffe verbergen. Armin Mück betont die Wichtigkeit dieser Frage, da der Ersatz eines einzigen tierischen Stoffes durch einen pflanzlichen bereits die Haltung und Schlachtung von sehr vielen Tieren verhindert. Langfristig betrachtet, erachtet er diese Kampagne als sehr effektive Möglichkeit, den Lebensmittelkonzernen zu verdeutlichen, daß es eine nennenswerte Anzahl von Menschen gibt, die zwar bei ihnen Konsumenten sind, aber dennoch Wert darauf legen, tierfreie Produkte zu kaufen. Auch die Etablierung des sogenannten V-Labels ist der Vegetarischen Initiative ein Anliegen. Durch den Aufdruck des V-Labels auf der Verpackung sollen tierfreie Produkte eindeutig gekennzeichnet werden. Als gelungenes Beispiel nennt Armin Mück die Firma Maggi mit ihrem Produktvertrieb in Österreich; in Deutschland steht die Realisierung des V-Labels noch aus.

Ein einführendes Kurzstatement jedes Diskussionsteilnehmers sollte das Spektrum umreißen, in dem die Strategiediskussion zum Vegetarismus als einer zukunftsfähigen Lebensweise geführt werden muß.

Kurzstatements

Thomas Schönberger

Vegetarisch leben – die Ernährungsweise der Zukunft?

Versuch einer Situationsanalyse und Skizzen einer Strategie für die Zukunft

> »Der Trend ins Vegetarische ist unaufhaltsam.
> Vielleicht ißt in 100 Jahren kein Mensch mehr Fleisch.«
> *Helmut Maucher, ehemaliger Chef von Nestlé*

Ist der vegetarische Lebensstil auf dem Weg heraus aus seiner Nische in die Mitte der Gesellschaft? Hat er sich von den ihm häufig anhängenden Attributen wie Dogmatismus, Enge, Humorlosigkeit, Lustfeindlichkeit und weltanschauliche Überladenheit ausreichend lösen können? Bestehen Chancen, die fleischlose Ernährungsweise dauerhaft als modern, zukunftsfähig und attraktiv in breiten Bevölkerungskreisen zu etablieren?

Standortbestimmung – Zahlen und Fakten

Laut einer Erhebung der Gesellschaft für Marketing-, Kommunikations- und Sozialforschung mbH von 1997 essen 6,9 Prozent der Bevölkerung in der Bundesrepublik kein Fleisch, das sind immerhin etwa 5,5 Millionen Menschen. Bei einer Untersuchung des Institutes FORSA aus dem gleichen Jahr gaben 9 Prozent der Befragten an, »weniger als einmal im Monat oder gar kein Fleisch zu essen«. Schon 24 Prozent (also praktisch jede/r Vierte) sind laut dieser Erhebung als »Fleischreduzierer/innen« zu bezeichnen. Die Shell-Studie (ebenfalls von 1997) gibt für die gleiche Kategorie bei Jugendlichen (13–24 Jahre) sogar 36 Prozent an. Die Zahl der »Fleischreduzierer/innen« steigt also deutlich an, die Zahl der Vegetarier/innen zwar auch, aber im Vergleich dazu eher langsam. Auch ist auf der Basis der Daten der Befragungen eindeutig eine größere Nähe von Frauen und Mädchen zur vegetarischen Ernährung als bei Männern bzw. Jungen festzustellen. Generell läßt sich weiterhin sagen, daß mit einem höheren Bildungsstand ein verringerter Fleischkonsum einhergeht.

Der Fleischverzehr ist von 1988 bis 1997 von 69,7 kg pro Person und Jahr auf 60,0 kg, also um etwa 15 Prozent, zurückgegangen, seitdem allerdings wieder auf über 63 kg im Jahr 1999 angestiegen. Dieser Anstieg fand jedoch fast ausschließlich beim Schweinefleisch statt und ist wesentlich auf die billigen Schweinefleischpreise zurückzuführen. Vieles spricht dafür, daß es sich hierbei um keine Trendwende, sondern nur um eine kurzfristige »Erholung« im Rahmen der Talfahrt des Fleischverzehrs handelt (auch 1993 war der Verzehr von Fleisch vorübergehend wieder angestiegen). So schreibt auch die Fachzeitschrift *DLG-Mitteilungen* (Periodikum der Deutschen Landwirtschaft-Gesellschaft): »Genauer betrachtet zeigen die Zahlen die Misere der deutschen Viehwirtschaft auf: Denn der Anstieg resultiert nicht aus einem neuen Appetit der Bundesbürger auf Fleisch, sondern ganz überwiegend aus den gesunkenen Preisen, vor allem für Schweinefleisch« (*DLG-Mitteilungen* 1/2000). Insgesamt ist statistisch auch eine leichte Verschiebung vom sogenannten »roten Fleisch« (Schwein und Rind) zum sogenannten »weißen Fleisch« (Geflügel) zu beobachten. Dies kann durchaus positiv interpretiert werden, da der Weg zum vegetarischen Lebensstil häufig über den Verzicht auf rotes Fleisch zum anschließenden Verzicht auf weißes Fleisch und dann schließlich auf Fisch verläuft.

Insgesamt zeigt sich ein etwas uneinheitliches Bild: Einerseits hat der Fleischverzehr über lange Zeit – sicher vor allem unter dem Eindruck der zahlreichen Fleischskandale – einen heftigen Einbruch erlebt, andererseits steigt er wieder an, kaum daß die Preise in einem Angebotssegment (Schweinefleisch) sinken und die größten Fleischskandale – zumindest in der öffentlichen Wahrnehmung – weit genug zurückliegen.

Einerseits beginnen sich zahlreiche Menschen vom Fleischverzehr – zumindest als zu jeder Mahlzeit notwendigem »Essential« – zu emanzipieren, andererseits fällt immer noch vielen dieser Menschen, die sich immerhin zunehmend eine attraktive Mahlzeit auch ohne Fleisch vorstellen können, der Schritt zum vegetarischen Lebensstil schwer.

Einerseits haben sich immer mehr prominente Menschen als Vegetarier »geoutet«, andererseits gibt es aktuell gerade im Prominentenmilieu scheinbar ein zumindest partielles »Rollback« (unter anderem ißt Popstar Madonna laut Zeitungsberichten wieder Fleisch).

Hemmende Faktoren für eine weitere Verbreitung der vegetarischen Lebensweise

Welche Faktoren erschweren eigentlich so vielen Menschen eine – vorsichtig ausgedrückt – Annäherung an die vegetarische Lebensweise, obwohl man fast von einem »kollektiven Unbehagen« über die Zustände in der Massentierhaltung sprechen kann? (So stimmten in einer der eingangs genannten Umfragen über 90 Prozent der Befragten der Forderung nach einem Verbot der Massentierhaltung zu.)

Mir scheint hier die von vielen Menschen mit dem Begriff des Vegetarismus verbundene Nähe zu einem weltanschaulichen Gesamtkonzept, zu einer Ideologie, ein wesentlicher Faktor zu sein. Politische Ideologien haben zur Zeit keine Konjunktur (im Grunde gibt es ja nur noch eine Ideologie, die des »totalen Marktes«, auch wenn sie natürlich von ihren Vertretern nie als solche bezeichnet werden würde). Der Vegetarismus wird nun in besonderer Weise mit einer ideologischen Enge in Verbindung gebracht, die die Menschen zur Zeit einfach nicht mehr wollen. Ich glaube, beim Vegetarismus bzw. Vegetarier schwingt das Bild des »alles richtig Machenden« mit, was abschreckt. Die vegetarische Lebensweise wird als etwas empfunden, was mehr verlangt, als »nur« seine Ernährung umzustellen, und da ja bereits eine Ernährungsumstellung für die meisten Menschen eine große Herausforderung ist, sind zusätzliche, zumindest angenommene Anforderungen einfach häufig eine Überforderung.

Eng damit zusammen hängt das nach meiner Einschätzung weit verbreitete Bedürfnis nach Distanz zu jeder Form von Dogmatismus, man will sich im Gegenteil flexibel zu handhabende Verhaltensweisen offenhalten, die jedoch für viele mit der vermuteten Starrheit des Konzeptes des Vegetarismus nicht vereinbar sind. Dies sind gesamtgesellschaftliche Phänomene, die es der vegetarischen Idee besonders schwermachen.

Für ganz wesentlich halte ich auch das Bedürfnis der meisten Menschen, sich nicht ständig im offenen Gegensatz zu ihrer sozialen Umgebung befinden zu wollen. Mit dem Eingehen auf den vegetarischen Lebensstil ist die Sorge verbunden, daß man sich möglicherweise sozial isoliert, zum Außenseiter wird. Nur eine relativ kleine Zahl von Menschen ist zum offenen Vertreten ihres vegetarischen Lebensstiles auch in »feindlicher« Umgebung« bereit, die Mehrzahl möchte dagegen die soziale Akzeptanz ihrer Umgebung genießen, ohne ständig dafür kämpfen zu müssen.

Sicher spielen auch psychologische Gründe eine Rolle. Nick Fiddes weist in seinem Buch *Fleisch – Symbol der Macht* darauf hin, daß das Essen von Fleisch vor allem bei Männern unbewußt mit Machtausübung, Naturunterwerfung, Kontrolle und sexueller Dominanz verbunden ist. Sein Ansatz vermag vielleicht zumindest anteilig zu erklären, wieso der Anteil der für die vegetarische Ernährung offenen bzw. sie praktizierenden Menschen bei Frauen deutlich höher als bei Männern ist.

Ein weiterer Grund ist ganz offensichtlich ein bei vielen Menschen vorhandenes Phantasiedefizit, die Unfähigkeit, sich eine schmackhafte, optisch attraktive und auch noch sättigende vegetarische Mahlzeit überhaupt vorstellen zu können. Sich auf die vegetarische Ernährung einzulassen, wird daher vielfach als Verlust und Einschränkung empfunden, ein Gewinn ist nicht so ohne weiteres sofort erkennbar. Die Frage »Was soll ich denn dann essen?« macht die Ratlosigkeit und die gehegten Befürchtungen sehr plakativ deutlich.

Eng damit zusammen hängt das Problem, daß mittlerweile, zumindest in bestimmten sozialen Milieus und bei Frauen mehr als bei Männern, die prinzipielle Bereitschaft, sich der vegetarischen Ernährung anzunähern, zwar durchaus vorhanden ist, die einfach, quasi »an jeder Ecke«, zu findenden vegetarischen Angebote jedoch in der Regel immer noch fehlen. Dies betrifft sowohl den Lebensmitteleinzelhandel bzw. den Supermarkt wie auch Restaurants und Imbiß- bzw. Snackangebote.

Trotz aller Bemühungen um eine breite Information über die gesundheitlichen Vorteile der vegetarischen Lebensweise gibt es schließlich immer noch eine relativ weit verbreitete Sorge, die vegetarische Ernährung führe zu Mangelerscheinungen bzw. zu gesundheitlichen Defiziten. Hierbei dreht sich die Diskussion besonders um die Versorgung mit Eiweiß,

Eisen, Calcium, Jod und Vitamin B 12. Besonders im Mittelpunkt steht in diesem Zusammenhang der sensible Bereich der (Klein-)Kinderernährung. Zwar haben mittlerweile die DGE (Deutsche Gesellschaft für Ernährung) und das FKI (Forschungsinstitut für Kinderernährung) zumindest die ovo lakto vegetarische Ernährung als »möglich« bezeichnet, dies ist aber offensichtlich noch nicht breit durchgedrungen bzw. wird von der Diskussion um die vegane Kinderernährung überdeckt.

Den vegetarischen Lebenstil fördern – einige strategische Anmerkungen

Die vegetarische Bewegung ist lange als »Weltanschauungsgemeinschaft« aufgetreten und ich fürchte, daß wir es uns auf diese Weise selbst schwermachen, unsere »gesellschaftliche Ecke« zu verlassen. Natürlich ist eine gemeinsame Idee und das Angebot von »Heimat« für vegetarisch lebende Menschen weiterhin wichtig, gleichzeitig jedoch ist zukünftig meines Erachtens deutlich stärker darauf zu achten, sich »niedrigschwellig«, also offen für »ganz normale Menschen« zu präsentieren, für Menschen, die sich (teilweise oder vollständig) vegetarisch ernähren möchten, aber sonst nichts von uns brauchen und sich auch nicht von zuviel »ideologischer Schwere« bedrängt sehen wollen. Eng damit zusammen hängt ein bewußter Einsatz von Begriffen, so vermitteln die Worte »Vegetarismus« und »Vegetarier« eher die angesprochene ideologische Komponente, während der Begriff »vegetarisch« davon eher losgelöst ist. Auch sollten wir uns davor hüten, die Idee des Vegetarischen mit einer Art gesamtgesellschaftlichen Heilsversprechens zu verbinden, wie es teilweise immer noch geschieht. Wir sollten die positiven Auswirkungen der vegetarischen Ernährung nüchtern benennen – nicht mehr und nicht weniger.

Ein Schwerpunkt zukünftiger Arbeit sollte in der Unterstützung der Etablierung breit vorhandener, leicht zu erreichender und vor allem attraktiver vegetarischer Angebote liegen. Das »Grünschnabel«-Konzept der Firma Mövenpick (anzusehen in Hannover) sowie die Konzeption einer vegetarisch-vollwertigen Fast Food Kette in Schweden (Firma »Meaning Green«) bzw. in den USA (Firma »Health Express«) sind hier positive, unterstützenswerte Ansätze. Beim Restaurant »Grünschnabel« taucht der Begriff »vegetarisch« übrigens fast nirgendwo auf, hier ißt man vegetarisch, quasi selbstverständlich. Auch die weitere Etablierung des »V-Labels« zur Kennzeichnung vegetarischer und veganer Produkte ist ein wesentlicher Beitrag, um die Erkennbarkeit und Verfügbarkeit vegetarischer Lebensmittel zu verbessern.

Die stärkere Einbeziehung attraktiver »Promis« halte ich mit Blick auf bestimmte soziale Gruppen für zentral bei der weiteren Etablierung des vegetarischen Lebensstiles. Die Tierrechtsorganisation »PETA« macht vor, wie es gehen kann. In unserer Mediengesellschaft, in der akzeptierte Vorbilder eine wahrscheinlich immer wichtigere Rolle spielen, können auf diesem Wege (Ernährungs-)Einstellungen wesentlich beeinflußt werden.

Auf dem Weg aus der »Vegetarismus-Ecke« halte ich es für besonders wichtig, Bündnispartner zu suchen, die überraschen. Überraschen deshalb, weil sie nicht klassischerweise zu unserem Milieu (vegetarische und Öko-Szene) gerechnet werden, sondern uns eine Imageerweiterung ermöglichen. Denkbar sind hier unter anderem Partnerschaften mit Krankenkassen, Tanzschulen, Sportvereinen, Eventveranstaltern etc. Dies wird nicht einfach sein, weil die vegetarische Bewegung hierdurch, wie erwünscht, zwar einen unser bisheriges Spektrum erweiternden Imagetransfer erreichen würde, unsere potentiellen Partner jedoch – zumindest noch – durch den Bezug auf den vegetarischen Lebensstil eventuell eine »Verengung« Ihres Images befürchten müssen.

Weiter ist zu überlegen, ob der bisher eher breit zu verstehende Begriff des Vegetarischen (gesundheitliche, ökologische, tierethische, ökonomische, spirituell-religiöse Aspekte, um nur einige zu nennen) im Sinne einer deutlicheren Profilierung auf einen klareren Fokus (zum Beispiel Gesundheit oder Tierrechte) begrenzt oder zumindest zugespitzt werden sollte. Der Tierrechtsansatz bietet bei jungen Leuten sicher eine sehr vielversprechende Perspektive, doch wäre bei einer stärkeren Betonung dieses Aspekts darauf zu achten, nicht in Konkurrenz zu bestehenden Tierrechtsorganisationen zu treten, sondern vielmehr einen synergetischen Effekt für gemeinsame Zielsetzungen anzustreben. Der Gesundheitsaspekt ist nach allen Befragungen bei Erwachsenen das stärkste Motiv für eine Hinwendung zur vegetarischen Ernährung – hier böte die Profilierung zum »gesundheitlich informierenden Dienstleister« vielleicht gute Chancen.

Schließlich ist zu fragen, inwieweit – zumindest stärker als bisher – eine Perspektive darin liegen könnte, die Öffentlichkeitsarbeit stärker auf den Aspekt »weniger Fleisch« als »gar kein Fleisch« auszurichten. Dies würde ein prozeßhafteres Verständnis einschließen, d. h. weniger vom »fertigen Vegetarier bzw. der fertigen Vegetarierin« als Zielgruppe ausgehen, sondern vielmehr die zunehmende Zahl der »Teilzeit-Vegetarier/innen« gezielter ansprechen. Ich stelle diesen Gedanken zur Diskussion, weil ich die immer noch stark vorhandene Distanzierung vom Vegetarismus als Problem ansehe, über das wir nachdenken müssen, wenn wir tatsächlich den vegetarischen Gedanken endlich in breitere Bevölkerungskreise tragen wollen. Ein/e »Teilzeitvegetarier/in« hat in unserer Kultur schon einen wirklich großen Schritt gemacht, den man nicht unterschätzen sollte: Er bzw. sie hat begonnen, sich eine vollständige Mahlzeit ohne Fleisch vorstellen zu können und praktiziert dies auch schon zumindest teilweise. Das ist sehr viel und darauf können wir aufbauen. Immerhin haben wir es uns zum Ziel gesetzt, eine bis ins Mark tief verwurzelte und lange nicht hinterfragte fleischzentrierte Eßkultur zu erschüttern und durch ein neues Leitbild zu ersetzen – da werden wir vielleicht noch mehr als bisher in Teilschritten denken müssen.

An dieser Stelle ist es mir wichtig, darauf hinzuweisen, daß ich mit meinen Überlegungen nicht an den Zielen der vegetarischen Bewegung rütteln möchte, sondern im Gegenteil dazu beitragen möchte, diese Ziele durch ein geschickteres Vorgehen besser zu erreichen und deshalb vorschlage, über den richtigen Weg, über unsere Strategie, noch stärker als bisher nachzudenken – über eine Strategie, die uns bei auf absehbarer Zeit begrenzten personellen und finanziellen Ressourcen und einem fast übermächtigen Vorhaben möglichst effektiv voranbringt. Die weiterhin klare Kritik am Umgang mit den Tieren in unserer Gesellschaft wird unter anderem auch durch die »Hannoveraner Erklärung« deutlich, die Sie in diesem Band auf Seite 161 finden.

Ausblick

»Kein Sonntagsbraten im Jahr 2050« – so lautet die Schlagzeile eines Artikels in der *Westdeutschen Zeitung* vom 20. Februar 1995. David Pimentel, Agrarprofessor an der Cornell-Universität im US-Staat New York, hatte auf der Basis von Trendfortschreibungen die Ernährungssituation im Jahre 2050 prognostiziert. Ergebnis: Künftige Generationen werden weitgehend vegetarisch leben, da die Agrarflächen, das Wasser und die Erdölvorräte absehbar zu knapp werden, so daß der höhere Aufwand des Umweges über das Tier zur Erzeugung tierischer Lebensmittel nicht mehr durchhaltbar sein wird. Doch er hat auch einen »Trost« parat: Die pflanzenreiche Kost dürfte viele Gesundheitsprobleme beseitigen oder verringern, die durch die derzeitige Ernährung verursacht werden.

Auf dem Weg dahin sind Indizien zu beobachten, die optimistisch stimmen:

So konnten sich auch die »Tempel der Steakkultur«, Burger King und McDonalds, dem neuen Trend nicht mehr verschließen: Burger King führte schon 1997 den vegetarischen »Country Burger« ein. McDonalds hat kurz darauf nachgezogen und will die »Neu-Vegetarier« nicht Burger King allein überlassen. Auch die Steakhauskette »Block House« in Hamburg hat mittlerweile drei vegetarische Gerichte auf der Speisekarte. Unter der Überschrift »Gemüse im Steakhaus« wird der Chef der Kette, Eugen Block, mit den Worten zitiert: »Ich denke daran, was wir jetzt machen müssen, damit das Block House auch in 50 oder 100 Jahren erfolgreich ist. Der Trend zu vegetarischer oder leichter Kost hat sich quer durch die Gastronomie verstärkt. Heute finden Sie kaum noch eine Speisekarte ohne die Rubrik Vegetarische Gerichte – das ist eine Entwicklung, die wir sehr genau beobachtet haben. Und auf die sich auch ein Steakhaus wie das unsere einstellen muß.« (*Hamburger Abendblatt*, 1. November 1999)

Wichtige Institutionen wie die bereits genannte DGE und das FKI haben sich in ihren Positionen der vegetarischen Ernährung angenähert und man darf auf die weitere Entwicklung gespannt sein. Die Ernährung ist zunehmend als wichtiger Faktor in der Krankheitsprävention anerkannt, so entspricht die vegetarische Ernährung nach Aussage der Deutschen Krebshilfe e.V. »den Anforderungen an eine Ernährung, die das Krebsrisiko vermindert« (Deutsche Krebshilfe: Krebsprävention durch gesunde Ernährung, Präventionsratgeber 4, Bonn 1996). Der Blick in die USA läßt hoffen, daß zukünftig die offiziellen Aussagen zu einer gesundheitsfördernden Ernährungsweise auch bei uns noch stärker als bisher den vegetarischen oder mindestens einen fleischarmen Lebensstil empfehlen werden.

Sogar für den Weltraum wird die vegetarische Ernährung als zukunftsfähig eingestuft. Eine Studie im Auftrag der NASA kam zu dem Ergebnis, daß in Weltraumstationen oder in außerirdischen Siedlungen die vegetarische Ernährung auf Grund der begrenzenden ökologischen Faktoren empfehlenswert ist. Aber auch für die Erde dürfte das Projekt Früchte tragen. »Es wird helfen«, verspricht Rupert Spies, Chefkoch und Referent an der Cornell-Hotelfachschule, »vegetarische Gerichte allgemein beliebt zu machen.« (*Der Tagesspiegel*, 10. August 1999) Diese Aussage wird auch von den Zukunftsforschern Marian Salzmann und Ira Matatia gestützt – nach ihrer These werden im neuen Jahrtausend viele Menschen Vegetarier werden, um länger zu leben. (*Hannoverische Allgemeine Zeitung*, 3. Dezember 1999)

Mittlerweile ist diese Entwicklung auch bei der Fleischindustrie selbst angekommen. So wird Roy Spee, Manager bei der holländischen Fleischfirma Boekos, mit den Worten zitiert: »Sie wundern sich, daß ein Fleischkonzern pflanzliche Nahrung anbietet? … Die Nachfrage ist da. Also machen wir es.« (*Die Woche*, 13. Oktober 2000). Auch die Würstchenfirma »Hareico« aus Halstenbek bei Hamburg hat vegetarische Würstchen in ihr Angebot aufgenommen und auf der Packung insgesamt fünfmal (!) die Begriffe »vegetarisch«, »ohne Fleisch« oder »no meat« aufgedruckt. Damit die Verbraucher/innen auch ganz sicher sein können bei den Würstchen aus dem Hause »Hareico« …

Wenn man sich die bereits angesprochene Dimension des Versuches, die vegetarische Idee in die gesellschaftliche Mitte zu führen, vor dem Hintergrund unserer tief verinnerlichten fleischbezogenen Eßkultur betrachtet, kann man, so meine ich, durchaus feststellen, daß diese Kultur zumindest eine Erschütterung erfahren hat. Die zu beobachtenden Veränderungen geben Anlaß zur Hoffnung auf eine weitergehende Etablierung der vegetarischen Ernährung in den nächsten Jahren. Vorsichtiger Optimismus ist angebracht, es lohnt sich, weiter und verstärkt für den vegetarischen Lebensstil zu streiten.

Andreas Hahn

Vegetarisch in die Zukunft? – Eine ernährungsphysiologische Betrachtung

Der Vegetarismus ist mehr als eine Ernährungsform und sollte immer in seiner Ganzheitlichkeit betrachtet werden. Dennoch soll im folgenden bewußt der Vegetarismus losgelöst betrachtet und auf seine ernährungsphysiologische Bedeutung reduziert werden. Warum? Weil die ethischen, ökologischen und sozialen Aspekte des (überhöhten) Fleischkonsums in ihren weltweiten Auswirkungen letztlich unbestreitbar sind und weil es aus der Sicht des Ernährungswissenschaftlers zunächst – aber keinesfalls ausschließlich – um die Bedeutung einer Ernährungsform für die Gesundheit im engeren und weiteren Sinn gehen muß.

Trotzdem oder vielleicht auch gerade deshalb mag das Fragezeichen in der Überschrift für viele überzeugte Vegetarier eine Provokation darstellen. Ist der Vegetarismus nicht auch aus gesundheitlicher Sicht die einzig adäquate Ernährungsweise? Es soll im folgenden nicht darum gehen, die Bewertung der vegetarischen Ernährung in einen wissenschaftlichen Detailstreit zu führen. Ziel ist es vielmehr, den Vegetarismus im Kontext der Anforderungen an eine gesunderhaltende Ernährung zu bewerten.

Eine adäquate Ernährung ist unabdingbare Voraussetzung für die Gesundheit des Menschen. Über Jahrzehnte hinweg wurde ihre Bedeutung primär darin gesehen, daß mit der Nahrung alle für Bau und Funktion des Organismus notwendigen Substanzen in ausreichender Menge aufgenommen werden. Entsprechend besagt eine einfache und scheinbar umfassende Definition des Begriffs »Ernährung«, daß hierunter die Zufuhr von Substanzen aus der Umwelt (Nahrungsaufnahme) zu verstehen ist, mit dem Ziel, den Energiebedarf und den stofflichen Bedarf des Organismus zu decken. Diese Betrachtungsweise hat sich aus der Tierernährung entwickelt und wurde von der jüngeren Disziplin Humanernährung übernommen. Bedingt durch die historische Entwicklung wurde dabei lange Zeit ausschließlich versucht, die beiden offensichtlichen Kernfragen der Ernährung zu beantworten, nämlich das »was« und das »wieviel«: Welche Substanzen müssen mit der Nahrung zugeführt werden und in welcher Menge werden sie benötigt?

Die Geschichte der Ernährungswissenschaft ist geprägt durch einen Blickwinkel, der auf die Verhütung bzw. Beseitigung von Mangelerscheinungen abzielt. Ziel der Bemühungen war es, die Stoffe zu finden, die mit der Nahrung zugeführt werden müssen, also lebensnotwendig oder essentiell sind. In diesem Sinne, bei einer isolierten Betrachtung, läßt sich z. B. Fleisch als »ein Stück Lebenskraft« definieren.

Spätestens durch die Erkenntnisse zur Bedeutung von Ballaststoffen, – bereits der Begriff zeigt, welche Fehlinterpretation das Bild lange Zeit geprägt hat –, wird Ende der 60er Jahre deutlich, daß der Begriff »Ernährung« breiter definiert werden muß: Ballaststoffe sind keine essentiellen Nährstoffe im engeren Sinne, da ihr Fehlen strenggenommen keine definierten Mangelsymptome hervorruft, die durch Gabe der entsprechenden Substanz behoben werden können. Epidemiologisch wird allerdings deutlich, daß eine geringe Ballaststoffaufnahme das Risiko für typische »Zivilisationskrankheiten« erhöhen könnte.

In den 80er Jahren konnte gezeigt werden, daß der Konsum von Obst und Gemüse invers mit dem Risiko für verschiedene Erkrankungen korreliert ist. Besonders deutlich wird dies bei den Beziehungen zur Krebshäufigkeit. Nach und nach zeigt sich, daß dies keinesfalls nur auf die Gehalte an bekannten essentiellen Nährstoffen wie Vitamine und Mineralstoffe zurückzuführen ist, sondem vor allem auf sekundäre Pflanzenstoffe.

In der Folge dieser vielen neuen Erkenntnisse ergab sich ein tiefgreifender Paradigmenwechsel, der sich seit einigen Jahren in der Ernährungswissenschaft zeigt: Die Ernährung besitzt nicht nur die Aufgabe, Mangelerscheinungen zu verhindern, sie übt auch präventive Funktionen aus und hilft, Erkrankungen zu vermeiden. In diesem Sinne wurde eine Neubewertung und Aktualisierung der Empfehlungen für eine angemessene Lebensmittel- und Nährstoffzufuhr notwendig.

Der Paradigmenwechsel in den Ernährungswissenschaften hat dazu geführt, daß die Qualität der Ernährung sich nicht mehr ausschließlich daran orientiert, welche Mengen an den bekannten Nährstoffen zugeführt werden und inwieweit die Empfehlungen für die Nährstoffzufuhr gedeckt werden. Dafür sind mehrere Gründe ausschlaggebend. Zum einen gehen die in den letzten 50 Jahren eingetretenen Verschiebungen in der Ernährungsweise – von einer pflanzlich orientierten Ernährung hin zu einer Kostform mit hohen Anteilen vom Tier stammender Nahrungsmittel – mit einer hohen Prävalenz ernährungsabhängiger Erkrankungen einher. Zum anderen wurde aus epidemiologischen Studien immer deutlicher, daß der vermehrte Verzehr pflanzlicher Nahrungsmittel wie Gemüse, Obst und Vollkornprodukte das Risiko für zahlreiche ernährungsabhängige Erkrankungen vermindert. Auf Basis dieser vielfältigen Beobachtungen sowie vermehrt auch kausalen Untersuchungen werden inzwischen konkrete Empfehlungen für die Auswahl bestimmter Lebensmittelgruppen gegeben. Diese können wie folgt zusammengefaßt werden:

- Mehr Obst und Gemüse
- Mehr ballaststoffreiche Lebensmittel
- Weniger Fett
- Weniger vom Tier stammende Lebensmittel

Die Rückbesinnung auf eine pflanzlich orientierte Ernährung bietet vielfältige Vorteile. Obst, Gemüse und Getreideprodukte liefern neben Vitaminen und Mineralstoffen auch Ballaststoffe und sekundäre Pflanzenstoffe; gleichzeitig sind diese Lebensmittel fettarm.

Es ist heute unbestritten und durch vielfältige internationale Untersuchungen belegt, daß vegetarische Ernährungsformen nicht nur eine ausreichende Zufuhr aller notwendigen Nährstoffe gewährleisten können. Mit einer vegetarischen Kost gelingt es am ehesten, die heute gültigen präventiven Ernährungsempfehlungen umzusetzen. Der Vegetarismus ist deswegen zweifelsohne von gesundheitlichem Nutzen – wenn er »richtig«, d.h. ausgewogen und vielseitig, praktiziert wird. Denn ebensowenig wie es *die* fleischhaltige Kost gibt, existiert *der* Vegetarismus. Die Ausprägung der Emährung ist in der Praxis von vielfältigen persönlichen Meinungen, Vorlieben und Einschätzungen geprägt. Vegetarisch heißt deshalb nicht automatisch »besser«, Fleisch essen heißt nicht automatisch »schlechter« – und umgekehrt.

Die Risiken extremer Formen des Vegetarismus mit stark eingeschränkter Lebensmittelauswahl sind bekannt und sie müssen beachtet werden. Dies nicht zu tun wäre nicht nur unredlich, es wäre unethisch! Wer Vegetarismus als fleischlose Kost definiert, ohne seine Ernährung insgesamt zu ändern, wird hieraus keinen Vorteil ziehen. Wer hingegen seinen Fleischkonsum reduziert oder gar kein Fleisch mehr verzehrt und gleichzeitig verstärkt Obst, Gemüse und Volkornprodukte in seinen Speiseplan integriert, der kann die Voraussetzungen für Gesundheit und Wohlbefinden schaffen.

Die provokative Frage vom Anfang ist deshalb klar zu beantworten: Vegetarisch (oder zumindest fleischarm!) in die Zukunft – Ja! Das ist entgegen dem, was viele Jahre suggeriert wurde, nicht nur möglich, sondern in der richtigen Umsetzung auch sinnvoll. Der vegetarischen Idee im neuen Jahrtausend noch mehr Gehör zu verschaffen, setzt allerdings eines voraus: Offenheit in der Diskussion, Toleranz und die konstruktive Auseinandersetzung mit Kritikern. Denn nur pragmatisch und nicht dogmatisch lassen sich zukunftsfähige Lösungen finden, die allen nutzen und breite Akzeptanz finden.

Bernhard Burdick

Weniger Fleisch – aber sicher!

Damit Sie meine Stellungnahme einordnen können, möchte ich eine Vorbemerkung vorausschicken. Ich bin kein Vertreter des Vegetarismus, sondern plädiere für eine möglichst tier- und umweltgerechte Produktionsweise, die aber nur bei einem deutlich geringeren Fleischkonsum möglich wird. Die derzeit gängige Praxis mit Intensivierung und Spezialisierung in weiten Teilen der Landwirtschaft ist davon weit entfernt. Dies hat viele Nachteile – für die Landwirtschaft selbst wie auch für die ganze Gesellschaft, so z. B.:

- Schließung landwirtschaftlicher Betriebe
- Verlust von Arbeitsplätzen
- Verfall der Erzeugerpreise
- Gesellschaftliche Desintegration der Landwirtschaft
- Rückstände von Krankheitserregern, Arzneimitteln etc. in Nahrungsmitteln
- Umweltbelastungen (Böden, Gewässer, Artenvielfalt etc.)
- Freisetzung von Klimagasen aus der Landwirtschaft

Von der gesamten Klimabelastung des Landwirtschafts- und Ernährungssektors geht mehr als die Hälfte auf das Konto der landwirtschaftlichen Produktion. Hieran wiederum ist allein die Tierhaltung zu mehr als 80 Prozent beteiligt. Beispielsweise verursacht eine fleischhaltige Frikadelle eine 13-mal höhere Klimabelastung als ein Getreide/Gemüsebratling.

Die zahlreichen Lebensmittelskandale und Umweltbelastungen haben bei vielen Verbrauchem zum Umdenken beigetragen. Was in Zeiten von BSE, Hormonskandalen und Gen-Food verlangt wird, ist Transparenz und Vertrauen in die Herkunft und Qualität der Lebensmittel.

Der kontrollierte ökologische Landbau beinhaltet eine glaubwürdige, verbindliche Kontrolle und Kennzeichnung. Die Schaffung regionaler, kleinräumiger Strukturen bietet Chancen für Erzeuger-Verbraucher-Gemeinschaften und andere Formen der Direkt- und Regionalvermarktung, die bereits vielerorts erfolgreich arbeiten. Durch eine regionale Vermarktung und den Erhalt der bäuerlichen Landwirtschaft ergeben sich Vorteile wie kurze Transportwege für frische Waren, weniger Verpackungsabfall, weniger Verkehrslärm und -emissionen. Gleichzeitig werden Arbeitsplätze in der Region geschaffen oder langfristig erhalten. Durch die weitgehend geschlossenen Stoffkreisläufe wird die Umwelt erheblich weniger belastet und die Kulturlandschaft wird wieder abwechslungs- und artenreicher.

Eine ökologisch und regional orientierte Produktionsweise mit deutlich geringerer Intensität ist natürlich nicht mehr in der Lage, die heutigen Fleischberge zu produzieren. Von den verfügbaren Ackerflächen müssen in erster Linie die Menschen ernährt werden und nicht die Tiere, wie dies heute der Fall ist. Mehr als die Hälfte der Getreideerträge in Deutschland werden verfüttert. Anders sieht dies in den vielen Grünlandregionen aus, die nur durch die Bewirtschaftung mit Rindern und Schafen erhalten werden können.

Wenn verbindliche nationale und europäische Standards für eine tier- und umweltgerechte Produktion geschaffen werden und Transferzahlungen an die Landwirtschaft an ökologische und soziale Kriterien gebunden werden, bestehen Chancen, eine Landwirtschaft und Ernährungsweise durchzusetzen, in der Tiere künftig eine deutlich andere Rolle und Bedeutung haben werden. Im Ökolandbau werden wegen geringerer Erträge mehr Flächen für die gesunde Emährung der Menschen benötigt. Es werden deutlich weniger Tiere je Fläche gehalten und dies in meist erheblich tiergerechteren Haltungsformen. Menschliche und tierische Ernährung greifen im Betriebsorganismus ineinander, Abfälle werden minimiert und Stoffkreisläufe geschlossen.

Als Verbraucher kann man zur Förderung einer ökologisch und regional orientierten Ernährungsweise beitragen, indem man auf pflanzliche und tierische Produkte aus unbekannter Herkunft verzichtet und statt dessen auf Qualität und glaubwürdige Herkunft achtet. Jeder einzelne als Verbraucher sollte beim Kauf seiner Lebensmittel, in der Kantine oder Mensa, im Restaurant wie auf dem Markt, immer danach fragen, wie die Produkte produziert wurden und wo sie herkommen. Die Macht der Verbraucherinnen wird die Verantwortlichen nach und nach dazu bewegen, Produktion, Verarbeitung und Handel stärker auf ökologische und regionale Produkte umzustellen.

Eckard Wendt

Ist Ernährung möglich, ohne zu töten?

1. Gemeinsame Wurzeln – stille Sehnsucht

Bei Kindern beobachten wir im frühen Alter ein ambivalentes Verhältnis zu Pflanzen und Tieren, welches durch Staunen, Neugierde und Forscherdrang gekennzeichnet ist. Kleine Kinder sind niemals Tierquäler, auch wenn Tiere manchmal extrem unter ihnen leiden müssen. Gleiches gilt für Pflanzen. Sehr kleine Kinder machen keinen Unterschied zwischen belebter und unbelebter Mitwelt. Der Teddy, die Puppe, die Pflanze, das Wasser, ja selbst Steine werden in ihren Händen zum Partner und Freund, der sprechen kann, Gefühl und eine Seele hat.

Diese noch unverdorben vorhandene Verbundenheit zu Tieren konnte ich erst wieder vor einigen Wochen erleben, als mich einige Schüler einer vierten Klasse auf eine verendete Möwe aufmerksam machten. Ich nahm sie auf und wollte sie im Abfallbehälter »entsorgen«. Hiermit provozierte ich einen Sturm der Entrüstung: »Die müssen wir doch beerdigen!« Meiner Schuld bewußt gemacht, fragte ich dennoch zurück, weshalb sie dies verlangten. Die Antwort war knapp, aber entwaffnend: »Das ist doch kein Abfall, die wollte doch auch leben.« Wohlgemerkt, es war »nur« eine von vielen »ganz gewöhnlichen« Möwen, die unseren Schulhof zeitweise in Scharen bevölkern ...

Durch häusliche Erziehung wird diese ursprüngliche, tiefe Verbundenheit verdrängt oder empfindlich und nachhaltig beschädigt. Daß sie eigentlich nie ganz zerstört wird und sich immer wieder Geltung verschafft, können wir daran erkennen, daß sie immer dann siegt, wenn unsere Vernunft eigentlich anderes Handeln fordert. So mahnt zum Beispiel der »Auto darf alles Club« immer wieder unter anderem auch unter Hinweis auf die Rechtslage vergeblich, bei Begegnungen mit Tieren diese zu überfahren, statt (riskante) Ausweichmanöver zu vollführen, wenn scharfes Bremsen den Zusammenstoß nicht mehr verhindern kann. Die Praxis sieht jedoch anders aus, denn unbewußt versuchen wir den Tod des Tieres zu vermeiden. Kadaver von Kleintieren beseitigen wir gewöhnlich behutsam ... sogar dann, wenn wir sie in die Abfalltonne tun.

Hinter diesen und anderen oft »unvernünftigen« Handlungen verbirgt sich das »archaische Wissen« um die gemeinsame Herkunft und die »archaische Erfahrung«, die Ausdruck und Ursprung von Ehrfurcht und Respekt sind.

Trotz entgegengerichteter Erziehungsziele und -maßnahmen sind sie rudimentär bei uns allen vorhanden. Wir akzeptieren sie zumindest dann, wenn wir sie im Urlaub oder als Brauchtum erleben. Wir empfinden sie sogar als wohltuend, da sie eine entlastende Funktion besitzen, an der wir als Zuschauer oder Aktiver Anteil haben möchten: Waldarbeiter halten inne, bevor sie einen alten Baum fällen, die Jäger suchen die Entschuldigung über das Ritual des »Verblasens« der Strecke, »primitive« Völker geben der Erde das Blut eines getöteten Tieres zurück ... Bei der Begegnung eines Trauerzuges halten viele noch inne, auch wenn sie den Verstorbenen nicht kennen.

Was steckt dahinter? Hierüber haben sich viele kluge Köpfe Gedanken gemacht. Lassen Sie es mich in einfache Worte fassen: Wir fühlen uns den Getöteten/den Toten aufgrund einer Seelenverwandtschaft verbunden und werden uns in diesen Momenten bewußt, daß wir selbst unserem natürlichen oder unnatürlichen Ende entgegenleben. Albert Schweitzer umschrieb es mit den Worten, daß wir Leben inmitten von Leben sind, das leben will. Dies verbindet und erschreckt uns gleichermaßen.

2. Vom Umgang mit dem Zwiespalt

Ich kenne reichlich Menschen, die diese Verbundenheit sehr wohl verspüren und sich mit Macht gegen sie wehren, weil sie den Zwiespalt nicht ertragen, Menschen, die sagen, daß sie kein Stück Fleisch hinunter bekämen, wenn sie auch nur bei der Tötung des Tieres anwesend sein müßten, geschweige denn es noch selbst zu töten hätten. Das als »schmutzig« angesehene Geschäft des Tötens wird anderen überlassen und verdrängt. Dies ist nicht nur die Folge der familiären Erziehung, sondern gleichwohl auch der öffentlichen, deren Ergebnis der Schlachthofzwang ist, durch den der Tötungsaspekt ins Verborgene abgedrängt wird. Die Folge ist uns hinlänglich bekannt: hemmungsloser Fleischkonsum.

3. Vegetarische und vegane Formen der Ernährung als Ausweg aus dem Dilemma

Der Traum von einem Leben, ohne durch Tötungen zum Zweck der Ernährung schuldig zu werden, ist alt. Auch Christen haben diesen Wunsch mit auf den Weg bekommen (Römer 8, 19 ff.), sehnen sich nach der Harmonie des Lebendigen untereinander, nach einem gewaltfreien Dasein schlechthin.

Vegetarier versuchen, auf ihre Weise diesem Ziel nahe zu kommen, auch wenn sie zugeben müssen, daß sie nicht dorthin gelangen können. Wer Milch und Milchprodukte ißt, wer Eier verbraucht, hat Anteil an Gewalt gegenüber Tieren. Es gibt (noch?) keine Kuh, der wir die Milch nehmen können, ohne daß sie zuvor ein Kalb bekam. Ich kenne keine Henne, zu der nicht ein männliches Geschwister gehörte. Ich habe Respekt vor jedem, der auf Fleisch verzichtet, um Gewalt gegen seine Mitgeschöpfe zu verringern. Vegetarier, die noch Milchprodukte konsumieren, äußern sich gelegentlich abfällig über Fleischesser. Sie sollten bedenken, daß es für unsere Milchkühe und ihre Nachzucht gewiß weniger belastend ist, wenn sie nach kurzer Transportzeit hier geschlachtet werden, statt nach langen, schrecklichen Tiertransporten in arabischen Ländern schließlich an einem Bein aufgehängt, bei vollem Bewußtsein die Kehle durchschnitten zu bekommen.

Veganer sind noch konsequenter als Vegetarier, machen sich keine Tiere zunutze, werden damit nicht mitschuldig am Tod von Tieren für ihren eigenen Lebenserhalt. Die Verwirklichung dieser Ernährungsform setzt hohes Wissen und die Bereitschaft voraus, für Nahrung mehr Geld auszugeben und beschwerlichere Einkäufe zu tätigen, um Fehler zu vermeiden. (Wahrscheinlich machen Allesesser aus ernährungsphysiologischer Sicht aber noch mehr falsch, denn unter ihnen gibt es bekanntlich viele Überernährte.) Menschen, die aus Gründen der Ehrfurcht vor den Tieren vegan leben, zolle ich höchsten Respekt!

Leider erlebe ich es aber hin und wieder, daß Veganer und Vegetarier ihren Hunden, Katzen oder anderen Heimtieren doch Futter geben, das letztlich zumindest teilweise aus der intensiven »Nutz«-tierhaltung stammt. Wenn diese dann über uns, die wir wenig Fleisch essen und auch nur solches, das aus Haltungen stammt, die den arteigenen Bedürfnissen der Tiere sehr weit entgegenkommen, den moralischen Zeigefinger erheben oder gar meinen, den Stab brechen zu müssen, stimmt mich dies doch sehr traurig.

4. Schützenswertes und weniger schützenswertes Leben

Nur kurz anreißen möchte ich hier einen weiteren Problemkreis: Stellt nicht auch pflanzliches Leben Leben dar, das leben will inmitten von Leben? Unbestritten richtig ist, wenn Vegetarier darauf hinweisen, daß für eine Ernährung über das Tier mehr Pflanzen ihr Leben lassen müssen als bei direkter Verwendung von Pflanzen. Bei der gängigen »Nutz«-tierhaltung haben wir es in der Tat mit einer gigantischen Verschwendung von Grundnahrungsmitteln zu tun, die unverantwortlich ist vor dem Hintergrund zunehmenden Hungers in der Welt. Doch rechtfertigt diese Tatsache die pauschale Ablehnung jeglicher »Nutz«-tierhaltung? Der von uns zu verantwortende Kardinalfehler liegt nicht in der Nutzung der Tiere an sich, sondern darin, daß wir wider besseres Wissen und entgegen dem Gebot der Vernunft und Verantwortung gegenüber den Hungernden unsere landwirtschaftlichen »Nutz«-tiere systematisch zu Nahrungskonkurrenten gemacht haben. Das System hat zugegebenermaßen Methode und ist in seinen Auswirkungen nicht nur im Hinblick auf die Welternährungssituation perfide:

- Tiere werden an der Befriedigung grundlegender arteigener Bedürfnisse gehindert.
- Sie werden unter Bedingungen gehalten, die nicht nur tierfeindlich, sondern auch menschenunwürdig sind, denn wenn wir die Tiere entwürdigen, begeben wir uns letztlich auch unserer eigenen Würde. Hierbei gilt es durchaus, den Nutznießer mit dem Täter im engeren Sinne gleichzustellen.

5. Schlußfolgerungen für eine ethisch vertretbare »Nutz«-tierhaltung

Die Zwischenüberschrift ist irreführend. Jeder von uns muß seine Entscheidungen unter ethischen Gesichtspunkten prüfen und rechtfertigen, zunächst vor sich und letztlich vor unserem/seinem Schöpfer, wobei es sich nicht um den fälschlich oft als alten Mann mit Bart dargestellten Gott der Christen handeln muß. Zur Verminderung von Tierleid halte ich es für meine Person so:

– Fleisch ist kein Grundnahrungsmittel.

– Milch und Milchprodukte sind fragwürdige Nahrungsmittel. Es spricht vieles dafür, daß weniger weitaus besser ist, einige Argumente weisen darauf hin, daß gar nichts davon am besten ist.

– Da ich Tiere für mich nutzen lasse und nutze, achte ich darauf, daß sie meinetwegen zu Lebzeiten nicht dauerndem Leid ausgesetzt, sondern schonend und soweit irgend möglich respektvoll behandelt werden.

– Ich weiß, daß meinetwegen Tiere getötet werden. Ich mache mir dies immer wieder bewußt. Hierzu gehört auch, daß ich in größeren Abständen bei Schlachtungen anwesend bin. Dies hilft, den Konsum weiter zu verringern und auf ein (aus meiner Sicht) ernährungsphysiologisch verantwortbares Maß zu reduzieren. Ich sehe mich selbst auf einem Weg, dessen Ziel ich wahrscheinlich nie erreiche.

Als Vorsitzender des Vereins gegen tierquälerische Massentierhaltung verfolge ich entsprechend der Satzung unseres Vereins folgende Ziele:

– Wir haben von der Tatsache auszugehen, daß tierische Produkte ein Nahrungsbestandteil der Mehrheit der Bevölkerung bleiben werden. Deshalb setzen wir uns dafür ein, daß Fleisch nicht mehr als wichtigster Bestandteil der Ernährung gesehen wird und den Charakter des Statussymbols verliert.

– Wir versuchen, davon zu überzeugen, daß Tiere, die wir für unsere Zwecke nutzen und schließlich sogar töten, wenigstens ein erträgliches, an ihren eigenen Bedürfnissen orientiertes Leben haben dürfen. Deshalb setzen wir uns für art- und verhaltensgerechte Lebensbedingungen ein.

– Tiere dürfen nicht durch Verstümmelungen wie Schnabelkürzen, Abschneiden der Schwänze, Verätzen oder Ausbrennen der Hornansätze an tierwidrige Haltungsbedingungen angepaßt werden. Nicht medizinisch erforderliche, zudem noch in der Regel ohne Betäubung vorgenommene Kastrationen lehnen wir prinzipiell ab.

– Wir müssen das Leid, welches mit der Tötung verbunden ist, so gering wie irgend möglich halten. Das verbietet lange Transporte ebenso wie Tötungen im Akkord.

Andreas Briese

Vegetarismus im neuen Jahrtausend?

Die vegetarische Bewegung hat in der Gesellschaft Fuß gefaßt. Vor allem junge Menschen leben vegetarisch oder räumen tierischen Erzeugnissen eine geringe Priorität in der Ernährung ein. Gegenwärtig scheint dies ein anhaltender Trend zu sein.

Insgesamt betrachtet ist jedoch der durchschnittliche Fleischverzehr in Deutschland nur unwesentlich zurückgegangen. Umgangssprachlich ausgedrückt könnte man sagen, daß die Deutschen jährlich ein Fleischäquivalent ihres Körpergewichts verzehren. Festzustellen ist eine Verlagerung des Konsums tierischer Erzeugnisse von Schwein und Rind auf Geflügel (Pute, Huhn) sowie in geringerem Maße auf Fisch. Die Bevorzugung von Wurstwaren und anderer Fleischzubereitungen hat den Konsum von Frischfleisch etwas zurückgedrängt. Vor allem sogenanntes »Convenience food«, beispielsweise mikrowellen-geeignete Speisezubereitungen mit Fleischanteilen, zeigt steigende Marktanteile.

Die Wandlung soziologischer Parameter scheint diesen Trend zu befördern. Die Zunahme von Ein- und Zweipersonenhaushalten, Ansprüche des Wirtschaftslebens an Mobilität und Flexibilität von Arbeitnehmerinnen und Arbeitnehmern, aber auch schwindendes Wissen um die Zubereitung von Speisen begünstigen einen wachsenden Markt für einfach und schnell zuzubereitende Menüs, der durch die Wirtschaft mit vorgefertigten Erzeugnissen befriedigt wird. Die Gastronomie profitiert ebenfalls von diesen gesellschaftlichen Veränderungen. Tierische Erzeugnisse haben gerade bei Speisegaststätten und Schnellimbissen einen hohen Absatz. Fleisch ist infolge der Intensivierung der Tierhaltung ein vergleichsweise billiger Rohstoff.

Unbenommen bleibt, daß die Fleischerzeugung einen höheren Energieeinsatz erfordert als die Produktion pflanzlicher Produkte. Auch die ökologischen »Kollateralschäden«, vor allem durch die Emissionen landwirtschaftlicher Tierhaltung, sind hinreichend bekannt. Betriebswirtschaftlich (unter Ausblendung ökonomischer Gesamtrechnungen) rechnet sich Tierhaltung auf der Grundlage bestehender Modelle zur Unterstützung der Landwirtschaft. Die grundsätzliche Flächenunabhängigkeit intensiver tierischer Produktion (anders die Pflanzenproduktion) ist ein gewichtiges Argument auf seiten der Tierhaltung. Die sogenannte Freizeitgesellschaft nutzt in zunehmendem Maße Land, das für Pflanzenproduktion und extensive Tierhaltung nicht mehr zur Verfügung steht.

Im Vergleich zu anderen Weltmarktteilnehmern sind die Intensivierungspotentiale der Tierhaltung in Deutschland bei weitem noch nicht ausgeschöpft. Darauf wird insbesondere von seiten der Wirtschaftsbeteiligten im Bereich der Eier- und Geflügelfleischproduktion hingewiesen; es gilt jedoch gleichermaßen für die Rinder- und Schweinehaltung. Aus Kreisen der Befürworter des Einsatzes und der Fortentwicklung von Biotechnologien wird aktuell die Tierzucht als Betätigungsfeld ins Auge gefaßt. Gentechnik und Biotechnologie weisen Möglichkeiten zur weiteren Optimierung erblicher Leistungsparameter.

Der bisher vergleichsweise langsame Wandel der Produktion in Deutschland überrascht angesichts der vorher gemachten Aussagen. Als Ursachen können hier etablierte Traditionen, ein bestehender Kapitalmangel in landwirtschaftlichen Betrieben und vor allem die kritische Begleitung landwirtschaftlicher Produktion durch Gesellschaft und Politik ausgemacht werden. Traditionen können sich wandeln, und ein rapider Strukturwandel weg von bäuerlichen Familienbetrieben hin zu marktorientierten Agrarunternehmen mit entsprechenden Innovationspotentialen drückt sich in der Abnahme der Anzahl der Betriebe und Zunahme der durchschnittlich zur Verfügung stehenden Wirtschaftsflächen aus.

Vor diesem Hintergrund wird der Stellenwert der Tierschutzbewegung und der Initiativen für eine vegetarische Lebensweise bei der Gestaltung landwirtschaftlicher Tierhaltung im dritten Jahrtausend deutlich. Die Tierschutzbewegung ist hier an erster Stelle zu nennen, da tierschützerische Motive wohl nur als einer unter mehreren Gründen für vegetarische Ernährung in ihren unterschiedlichen Spielarten (vegan, ovo-lakto-vegetarisch usw.) anzusprechen sind.

Als Kernforderung des »Mainstream« der Tierschutzbewegung ist eine »hinreichende Beachtung tierischer Bedürfnisse bei der Tierproduktion« auszumachen. Die Unbestimmtheit dieser Forderung deckt sich mit dem Grundsatz des deutschen Tierschutzgesetzes. »Zweck dieses Gesetzes ist es, aus der Verantwortung des Menschen für das Tier als Mitgeschöpf dessen Leben und Wohlbefinden zu schützen. Niemand darf einem Tier ohne vernünftigen Grund Schmerzen, Leiden oder Schäden zufügen.« (§1 Tierschutzgesetz i. d. F. v. 25. Mai 1998). Analog zum Tierschutzgesetz leitet sich eine grundsätzliche Zustimmung des organisierten Tierschutzes zur Tierhaltung ab (siehe auch die Mitarbeit an Vereinbarungen zur Haltung verschiedener Nutztiere oder den Aufbau von Markenfleischprogrammen wie »Neuland« usw.). Der stete Blick auf eine hinreichende Praktikabilität ihrer Forderungen und ihre Konsensfähigkeit in dieser Grundsatzfrage kann als Schlüssel zum politischen Einfluß der Tierschutzbewegung angesehen werden. Diese Bewegung, vertreten durch Hunderte von lokalen Vereinen und Gruppen, spiegelt in hohem Maße die Befindlichkeit der deutschen Gesellschaft in Fragen der Tierhaltung und der Tiernutzung im allgemeinen.

Randgruppe in dieser Diskussion ist bisher die Tierrechtsbewegung. Ihr politischer Einfluß ist gering und sie krankt an einem fehlenden Modell zur Verdeutlichung ihrer Forderungen. An dieser Stelle kommt den Veganern eine besondere Bedeutung zu, da gelebte vegane Realität diese Rolle übernehmen könnte. Dabei darf nicht vergessen werden, daß die vegane Bewegung eine Art »Nischenlebensform« im westeuropäischen Gesamtsystem darstellt. Fraglich bleibt, inwieweit sie allein »lebensfähig« wäre, d. h. eine Extrapolation möglich sein wird. Stichwortartig seien einige augenfällige Konfliktbereiche genannt: Spezieskonkurrenz um Nahrung und Lebensraum, Umgang mit Sekundärprodukten landwirtschaftlicher Produktion, Umgang mit Traditionen betreffend die Heimtierhaltung.

Ausblick und persönliche Einschätzung

Steigende ökonomische Zwänge infolge zunehmenden globalen Wettbewerbs werden die Auseinandersetzung um die Formen der landwirtschaftlichen Produktion verschärfen. Dies gilt für die Konkurrenz um die Nutzung von Flächen (Pflanzenbau) und sowohl für die Diskussion der Umweltverträglichkeit als auch für den Tierschutz. Die Spannungen zwischen den Produzenten tierischer Erzeugnisse (Lebensmittel, Bedarfsgegenstände) und der Tierschutzbewegung im weiteren Sinne (Verbände, Behörden, Politik) werden in den nächsten Jahren parallel zunehmen. Es wird insbesondere von dem Vorliegen geeigneter und gesellschaftlich akzeptierter Lösungsansätze abhängen, ob die Entscheidung dabei zu Gunsten oder zu Ungunsten der Befindlichkeit der gehaltenen Tiere ausfällt. Für eine Begrenzung oder gar Rücknahme intensiver Tierproduktion in Deutschland sprächen neben der Hinwendung zu ethisch-moralisch fortschrittlichen Produktionsbedingungen (wohlverstanden in einer Ausprägung mit Einbeziehung nicht-menschlicher Lebewesen) vordergründig auch ökologische Argumente. Ökologisches Handeln allein bedingt jedoch nicht zwingend, daß sich die Tierhaltung der verbleibenden Tiere signifikant verbessert – eher ist das Gegenteil der Fall, da unter der Voraussetzung gegebener Produktionsparameter (Tierzahl) ein intensives Haltungssystem im Vergleich zu extensiven Systemen besser zu kontrollieren ist. Angemerkt sei hier, daß aus ethischer Sicht auch der »Export von Tierhaltungen« ins Gewicht fällt, wenn es nicht gleichzeitig zu einem signifikanten Rückgang des Konsums tierischer Produkte kommt. Aus »Sicht der Tiere« kann demnach nur eine marktübergreifendel »tierschutzgeprägte« Reform der Tierhaltung weiterbringen. Das Beispiel der Legehennenhaltung in der Schweiz hat gezeigt, daß eine nationale Initiative durchaus marktübergreifende Effekte haben kann. Auch das niedersächsische Modell der freiwilligen Vereinbarungen kann als Beispiel für die Vorbildwirkung lokalen Handelns dienen.

Realistisch betrachtet sinken die Chancen für »tierschutzgeprägte« Reformen, wenn sich die Position der Tierschutzbewegung von ihrer gesellschaftlichen Basis löst. Eine der Kernaufgaben der Tierschutzbewegung wird es sein, ethische Aspekte des Mensch-Tier-Verhältnisses noch stärker als bisher sozial zu verankern. Durch eine intensive Öffentlichkeitsarbeit, Aufklärung und breite Information über tierschutzrelevante Themen muß es zu einer weiteren gesellschaftlichen Sensibilisierung für den Umgang mit Tieren kommen, wenn tiefgreifende Veränderungen erreicht werden sollen. Auch darf nicht vergessen werden, daß sich abseits der Fragen von intensiven oder extensiven Haltungssystemen 99 Prozent der Mensch-Tier-Beziehung jeder sozialen Kontrolle entziehen. Verbesserte Sachkunde und ein verinnerlichtes Tierschutzverständnis bei Tierhalterinnen und Tierhaltern müssen darum gleichfalls einen Schwerpunkt tierschützerischer Initiative bilden.

Aus meiner Sicht kann eine vegetarische Lebensweise als individuelle Standortbestimmung einen Beitrag im Konzert tierschützerischer Aktivitäten darstellen. Gerade die Diskussion um verschiedene Formen des Fleischersatzes zeigt aber auch, wie ambivalent sich der Vegetarismus als Universallösung darstellt. Auf den ersten Blick besticht die Vision »tierfreier Erzeugung« von Fleischzubereitungen – es darf jedoch nicht unterschlagen werden, daß damit all die potentiellen Risiken des biotechnologischen Fortschritts verbunden sind. So steht bereits jetzt Soja als traditionelle Proteinquelle fleischloser Ernährung durch den verstärkten Anbau gentechnisch veränderter Pflanzen im Spannungsfeld Ökologie-Biotechnologie.

Last but not least werden die mit der Kaufentscheidung effektiv umgesetzten ethischen Ansprüche von Verbraucherinnen und Verbrauchern die Richtung der weiteren Entwicklung der Tierhaltung mitbestimmen. Markttransparenz im Sinne einer Transparenz von Produktions- und Haltungsbedingungen als Qualitätsmerkmal tierischer Produkte ist eine der nötigen Voraussetzungen hierfür. Dennoch wird es auf einem global geprägten Markt außerordentlicher Anstrengungen bedürfen, den Aspekten des Tierschutzes einen »übergreifenden Marktwert« zuzuordnen.

Armin Mück

Gute Aussichten für vegetarische Ansichten!

Um Visionen für die Zukunft zu entwickeln, ist es sicher von Vorteil, die gegenwärtige Situation einmal näher zu betrachten.

Bei uns gibt es nur wenige Gruppen, die sich für die Verbreitung des vegetarischen Lebensstils einsetzen. Dies sind im wesentlichen der Vegetarier Bund Deutschlands mit 1400 Mitgliedern und einigen Regionalgruppen und die Vegetarische Initiative mit maximal 12 Aktiven und einigen hundert Interessierten. Seit einigen Jahren gibt es eine Reihe von kleineren Gruppierungen, bei denen die vegane Lebensweise im Vordergrund steht. Auch Tierrechtsgruppen wie PETA unterstützen die vegetarische Lebensweise.

Die Aktivitäten erstrecken sich auf kleinere Demonstrationen, Betreuung eigener Klientel und gelegentliche Anzeigenkampagnen.

Zum Vergleich ein Blick auf einige relevante Umweltgruppen:

- Der BUND hat 229 000 Mitglieder, 2100 Orts- und Kreisgruppen, 16 Landesverbände und 19 wissenschaftliche Arbeitskreise.
- Der ADFC bringt es seit der Gründung 1979 mit 18 Leuten auf fast 100 000 Mitglieder.
- Greenpeace – etwas anders organisiert – kommt auf 530 000 Förderer, 90 lokale Gruppen und 40 Mitglieder. Beschäftigt sind 114 hauptamtliche Mitarbeiter.

Die hohen Mitgliederzahlen ermöglichen eine wirksame Lobbyarbeit, wichtige Sponsorenkontakte, wissenschaftliche Arbeiten zu gewünschten Themen, Projektfinanzierung und die unverzichtbare Präsenz in den Medien.

Kaum eine Rede von Leuten mit Einfluß, ohne den Umweltschutz gutzuheißen. Bei aller Kritik an dem laschen Anti-Atom-Kurs der Bundesregierung: wenn die letzten Schlachthäuser in Deutschland in 30 Jahren zumachen sollten, dürften auch wir das als Erfolg verkaufen. Ich freue mich schon auf die Ausstiegsverhandlungen mit der Fleischindustrie und über die Schaffung neuer Berufsbilder wie etwa Soja-Fachwirt.

Man kann durchaus behaupten, daß den Vegetariern die öffentliche Anerkennung, die Umwelt- und Tierschützern in den letzten Jahren zuteil wurde, verwehrt geblieben ist. Bei der Suche nach Gründen könnte zunächst eingewendet werden, daß das Vegetariersein ja sehr viel mehr an Konsequenz und Opferbereitschaft erfordert als die bloße Solidarität mit einem Streicheltier oder mit einer Einschränkung im Konsumverhalten.

So müssen Vegetarier einen viel härteren Kampf zum Beispiel bei den Verwandten, Freunden und Kollegen bestehen, da die »Reibungsfläche« ja schon der liebevoll gedeckte Tisch sein kann. Bei Tier- und Umweltschützern hingegen ist der Grund der Empörung doch sehr viel weiter weg und es ist ein leichtes, Allianzen mit Interessierten gegen einen anonymen Umweltfrevel zu bilden.

Ist die Erklärung wirklich so einfach? Ich meine Nein! Auch die Mitglieder von Umweltverbänden sind bereit zu geben. Es werden oft für den Einzelnen sehr gewichtige Streßfaktoren wie etwa der Verzicht auf das Auto, Geld und Freizeit in Kauf genommen, um etwas für die gute Sache zu tun.

Aber die Mitglieder verlangen auch etwas für ihren Einsatz: So möchten sie ein gutes Gewissen haben und sind in gewissem Umfang über Serviceleistungen erfreut. Sie legen Wert auf Präsenz der von ihnen geförderten Projekte. Auch Kontakte zu Gleichgesinnten sind manchen Mitgliedern sehr wichtig.

Wie kommt denn nun die Vegetarierbewegung zu neuen Mitgliedern und Unterstützern? Die Vegetarierbewegung muß sich ein offenes, positives Image zulegen, sonst geht nichts. Schon der Name muß signalisieren, daß auch Nichtvegetarier, Fleischreduzierer und Noch-Fischesser die vegetarische Sache unterstützen können, ohne ins moralische Abseits zu geraten.

Der VCD wie der ADFC könnten auch nicht ohne die autofahrenden Mitglieder leben, obwohl diese Verbände nun wirklich kein Herz für Autofahrer haben. Nur durch die hohe Zahl der Unterstützer und deren Beiträge ist es für die Verbände überhaupt möglich, Einfluß auf die öffentliche Meinung zu nehmen. Der Rest ist gute PR-Arbeit, die aber gründliche Analysen der Zielgruppen und der vorhandenen Organisationsstrukturen voraussetzt.

Aktionsfelder: Gnadenhöfe zum Beispiel wären hier genau das Richtige für die Vegetarierbewegung. Deren schützende Hand kann nur die von Vegetariern sein. Wo könnte eindrucksvoller für die vegetarische Ernährung geworben werden?

Hier könnten viele Kontakte geknüpft, und auch – das ist extrem wichtig und fehlt bisher völlig – ein Gefühl für ein Tier vermittelt werden. Die öffentliche Wirkung ist nicht zu unterschätzen. Offene Stammtische sind auch so ein Projekt, das schon vielfach funktioniert und den Bedürfnissen Interessierter Rechnung trägt, unter Gleichgesinnten zu sein oder einfach nur neue Kontakte knüpfen zu wollen. Weitere wichtige Aktionsfelder sind: Wiederkehrende Anzeigenkampagnen, gute Aufkleber, Pressemitteilungen, Würdigung wichtiger Anlässe, Organisation von Vorträgen, Fachtagungen und Ausstellungen, Wettbewerbe für Jugendliche, Sponsoring.

Ich denke, daß es möglich ist, durch geschickte Werbung und wohlüberlegte Kampagnen große Teile der anderen sozialen Bewegungen wie etwa Umwelt, Natur, Tierschutz für die vegetarische Sache zu gewinnen.

Der Vegetarismus bietet bekanntlich für alle Engagierten und an sozialen Fragen Interessierten etwas. Es gibt viele Zufahrtsstraßen, die nur gut ausgeschildert sein wollen.

Diskussion

Im Anschluß an diese erste Orientierung lenkte RICHARD PRECHT als Diskussionsleiter den Blick auf die Frage nach der gegenwärtigen Geisteshaltung der Menschen. Mit Verweis auf den Vortrag von Hans Werner Ingensiep stellte er die These auf, daß die Menschen nach dem Verlust des Vertrauens in das himmlische Paradies, spätestens nach dem Zusammenbruch des Sozialismus, auch den Glauben an die Realisierbarkeit irdischer Paradiese verloren hätten. Resultat dieser Entwicklung sei eine allgemeine Haltung, in der zum Ausdruck komme, daß es erstrebenswerter sei, selbst gut zu leben als gut zu sein. Lebensmodelle, die auch das Wohl anderer im Auge haben, bräuchten deshalb wirklich gute Präsentationsideen, um in der Öffentlichkeit wahrgenommen zu werden. Positives Beispiel könne hier die von Armin Mück vorgestellte V-Label-Kampagne sein. Welche Strategien können eingesetzt werden, um eine tiergerechtere und damit vielleicht auch menschengerechtere Gesellschaft zu ermöglichen?

ANDREAS HAHN versuchte eine Annäherung an diese Frage, indem er sich nochmals auf den ernährungsphysiologischen Zusammenhang bezog und den Paradigmenwechsel, der in dieser Forschungsrichtung in den letzten 15 Jahren stattgefunden hat. Durch die Konzentration der Ernährungsempfehlungen auf die Zuführung von möglichst vielen Fetten, Eiweißen und Kohlenhydraten wurde die Bedeutsamkeit von Ballaststoffen für die Humanernährung lange Zeit gar nicht erkannt. Im Verlauf der Erforschung von Erkrankungen zeigte sich dann in den 70er und 80er Jahren, daß Menschen, die eine große Menge von Obst und Gemüse konsumieren, unter bestimmten Erkrankungen weniger leiden. Andererseits war zu diesem Zeitpunkt eine eklatante Zunahme von Krankheitsbildern feststellbar, deren Ursache nach derzeitigem Kenntnisstand hauptsächlich in einem hohen Verzehr tierischer Inhaltsstoffe bei gleichzeitig niedrigem Verzehr von Pflanzenkost zu sehen ist. Zum Beispiel ist heute jeder zweite Deutsche übergewichtig, 5 Millionen Menschen leiden an Diabetes und jeder vierte Deutsche erliegt einem Krebsleiden. Insgesamt handelt es sich dabei um Erkrankungen, die in früheren Jahrzehnten, als noch die pflanzliche Ernährung dominierte, in diesem hohen Umfang nicht auftraten. Diese Ergebnisse mündeten in die Fragestellung, ob es besser wäre, mehr Pflanzen, dafür aber weniger Fleisch zu essen. Anhand der Ergebnisse von theoretischen Analysen und weltweiten Studien mit Vegetariern wurde die Ernährungsempfehlung entwickelt, mehr Obst, mehr Gemüse, mehr Vollkornprodukte und weniger Fette und tierische Produkte zu verzehren. In den eindeutigen gesundheitlichen Vorteilen einer ganzheitlich verstandenen vegetarischen Ernährung sieht Andreas Hahn das stärkste Zukunftsargument des Vegetarismus.

BERNHARD BURDICK verweist auf die Veränderungen und Fortschritte hin zu einer nachhaltigen Entwicklung auf regionaler wie lokaler Ebene während der letzten drei bis vier Jahre. Mehr als 1200 Kommunen, Gemeinden und Städte haben einen Ratsbeschluß zur lokalen Agenda herbeigeführt, die auch Landwirtschaft und Ernährung als Themen umfaßt. Die durch die lokale Agenda entstandenen Initiativen und Modellprojekte konnten erfolgreich arbeiten, da es ihnen gelang, die Beteiligten der Landwirtschaft zusammenzuführen. Unterstützend wirkte sich aus, daß sich bei vielen Verbrauchern wegen der Zunahme von Lebensmittelskandalen eine gewisse Skepsis gegenüber den konventionellen Produkten und zugleich ein Interesse für eine regional orientierte Landwirtschaft entwickelte.

Mit einer solchen nachhaltigen Entwicklung sollen Kreisläufe geschlossen werden, so daß sich für Verbraucher und Produzenten Synergieeffekte ergeben, die für beide Seiten von Vorteil sind. Der Transparenzgewinn auf seiten der Verbraucher über die Herkunft der Produkte trägt gemäß Burdick dazu bei, das Interesse für die eigene Ernährung und die Motivation zur aktiven Teilnahme an Umweltprozessen zu stärken. Auf der anderen Seite verliert der Produzent seine Rolle als anonymer »Ablieferer«, da die gewonnenen Synergieeffekte auch bedeuten, daß Verbraucher und Produzenten wieder aufeinander zugehen. Der Landwirt kann sich wieder der Landschaftspflege zuwenden, und den Tieren kann wieder ihre Funktion zur Erhaltung der Kulturlandschaft zukommen. Langfristig können die Verbraucher auf diese Weise Vertrauen entwickeln, und die Landwirte können ökonomisch überleben. Unter der Vorgabe einer solchen alternativen Landwirtschaft bildet sich eine Kooperation zwischen Land und Stadt aus, die auch in eine verantwortungsvolle Landschaftspflege münden wird. Diese ist zum Wohl der Gesamtgesellschaft, da dabei ökonomische, ökologische und gesundheitliche Vorteile zum Tragen kommen. Sollte jedoch die bisherige Tendenz zur konventionell geprägten Landwirtschaft voranschreiten, wird es zukünftig in der Tierhaltung nur noch wenige Riesenbetriebe mit geschlossenen Stalltüren geben.

Da das vorgestellte nachhaltige Landwirtschaftskonzept Tierhaltung und Fleischproduktion nur in einem viel geringeren Ausmaß als bisher erlaubt, kann es nur unter massiver Einschränkung des Fleischkonsums funktionieren. Hierin liegt der gemeinsame Ansatzpunkt von nachhaltiger Landwirtschaft und vegetarischer Lebensweise.

Andreas Briese schätzt die Situation so ein, daß steigende ökonomische Zwänge infolge zunehmenden globalen Wettbewerbs die Auseinandersetzung um die Form landwirtschaftlicher Produktion zukünftig verschärfen werden. Die Förderung und Durchsetzbarkeit tierschützerischer Positionen wird zuletzt davon abhängen, inwieweit diese gesellschaftlich akzeptiert werden. Letztlich wird die zukünftige Richtung der Tierhaltung primär durch die Kaufentscheidung des Verbrauchers, und zwar in dem Sinne, inwieweit er ethische Ansprüche in sein tatsächliches Kaufverhalten einfließen läßt, bestimmt. Unter diesem Gesichtspunkt verweist Andreas Briese nochmals auf die bereits zuvor diskutierte Bedeutung der Markttransparenz. Zwar könne insgesamt eine bessere Tierhaltung nur durch marktübergreifende Reformen erreicht werden, doch zeige sich, daß auch national geprägte Initiativen zur Verbesserung der Tierhaltung, wie die Legehennenhaltung in der Schweiz oder das niedersächsische Modell der freiwilligen Vereinbarung, bei aller vorgebrachten Kritik eine Vorbildwirkung haben können. Die Kernaufgabe der Tierschutzbewegung beschreibt Andreas Briese damit, ethische Aspekte des Mensch-Tier-Verhältnisses noch besser als bisher sozial zu verankern. Für die Erzielung tiefgreifender Veränderungen hält er es für notwendig, die Gesellschaft nachhaltiger zu sensibilisieren. Eine intensive Öffentlichkeits- und Aufklärungsarbeit bei breiter Informationsstreuung nennt er als erfolgversprechendes Mittel.

Die Frage, wie in der Öffentlichkeit ein stärkeres Bewußtsein für die mit dem Fleischkonsum verbundenen Probleme geschaffen werden kann, beantwortet ECKARD WENDT mit einigen Bemerkungen zur Arbeit des Vereins gegen tierquälerische Massentierhaltung. Mit Bezug auf den bisherigen Verlauf der Diskussion bekräftigt er, daß die Intransparenz der Zusammenhänge eines der Hauptprobleme sei, eine Ethik des Lebens wahrnehmen und leben zu können. Bereits den Kindern werde durch erzieherische Maßnahmen die an sich natürliche Verbindung zur Umwelt zerstört. Er sieht deshalb eine wichtige Aufgabe darin, diese innere Verbundenheit bei Kindern wiederzuerwecken. Den mangelnden Bezug zu den Themen der Tierhaltung und Ernährung hält er angesichts dieser Entwicklung nicht für verwunderlich. Kaum jemand wisse heute noch, wie Lebensmittel produziert werden, allenfalls werde registriert, was man im Verlauf einer Autofahrt oder eines Spazierganges beobachten kann. Was sich hinter den Stalltüren abspielt, erfahre kaum jemand, und das sei auch so beabsichtigt. Versuche, Verbrauchern Einblick in den landwirtschaftlichen Alltag zu gewähren, wie etwa das Projekt »Tag der offenen Tür«, beschränken sich nach Wendt absichtlich auf bestimmte Betriebe. Ein Mastbetrieb der Intensivhaltung öffnet seine Tore nicht; wohl wissend, daß dieser Eindruck zu schrecklich wäre.

Die Diskrepanz verstärkt sich noch, wenn man bedenkt, wie die Werbung der Fleischindustrie gestaltet ist. So bezeichnet Wendt es geradezu als Meinungsmanipulation, wenn zum Beispiel auf einer Verpackung für Eier eine oder zwei Hennen abgebildet sind, die am Wegesrand zum Bauernhof laufen. Er führt weiter aus, daß Modellprojekte, die einer freiwilligen Vereinbarung folgen, oft nicht die in sie gesetzten Erwartungen erfüllen. Bei Besuchen in Intensivbetrieben lasse sich immer wieder feststellen, daß abgesprochene Haltungsverbesserungen nicht eingehalten werden. Anvisierte Veränderungen würden bereits in der Planungsphase erheblich verzögert und so könne oft selbst nach einem größeren Zeitraum noch darauf verwiesen werden, daß sich der Betrieb noch immer im Überprüfungsstatus befände. Auch Kontrollapparaturen, wie Speziallampen, seien meist vor Ort gar nicht vorhanden, obgleich sie für die Überprüfung benötigt würden.

Um gegen die katastrophalen Haltungsbedingungen, denen die Tiere in der Intensivhaltung hoffnungslos ausgesetzt sind, etwas zu erreichen, fertigt der Verein gegen tierquälerische Massentierhaltung Informationsmaterial für die Verbraucher. Zum einen wird damit beabsichtigt, Verbrauchern Einblicke in Zustände zu vermitteln, von denen sie sonst nie Kenntnis nähmen. Zum anderen verbindet sich mit dieser Informationspolitik für den Verein die Hoffnung, den Einzelnen so weitgehend zu sensibilisieren, daß er sich der in seinem Konsumverhalten liegenden Mitverantwortung bewußt wird. Man ist davon überzeugt, daß eine solche Kenntnis bei den Verbrauchern die Motivation wachsen lassen wird, entsprechende Produkte nicht mehr zu kaufen. Ein nachdrücklicheres Auftreten der Verbraucher, insbesondere den Käuferboykott, schätzt Eckard Wendt hier als besonders effektives Mittel ein. Zum Beispiel erwies sich die Informationspolitik in den 70er Jahren in England hinsichtlich der Zustände in der Kälbermast als geeignetes Mittel, einen Käuferboykott zu initiieren, aufgrund dessen schon nach einem Vierteljahr die Haltungsbedingungen der Kälber verbessert wurden.

Thomas Schönberger bezieht sich auf die bereits genannten Daten zum Fleischverzehr und darauf, daß die zu beobachtende Verbrauchsreduktion und damit verbundene Stärkung des Vegetarismus in einem deutlichen Zusammenhang mit den in den letzten Jahren häufig aufgetretenen Fleischskandalen steht. Den gegenwärtigen leichten Anstieg beim Schweinefleischkonsum führt er einerseits auf den niedrigen Preis für Schweinefleisch zurück, weist aber auch auf die Möglichkeit hin, ihn als Indiz dafür zu verstehen, daß sich die Öffentlichkeit mittlerweile an die Skandale gewöhnt hat und diese nicht mehr als so gravierend wahrnimmt. Ein nicht zu vernachlässigendes Problem bei der weiteren Verbreitung der vegetarischen Ernährung ist seiner Meinung nach auch darin zu sehen, daß Lebensmittelkonzerne diese Ernährungsform bislang offenbar nicht für einen relevanten Wirtschaftsfaktor halten. So sei vielleicht auch erklärbar, daß kein Konzernvertreter an der Podiumsdiskussion teilnehmen wollte. Thomas Schönberger betont, wie wichtig es ist, die vegetarische Lebensweise vom Status eines gesellschaftlichen Randphänomens in die Mitte der Gesellschaft zu bringen. Dazu hält er es für unerläßlich, die Arbeit nicht nur auf »fertige Vegetarier« auszurichten, sondern Fleisch-Reduzierer und Noch-Fleisch-Esser als wichtige Zielgruppe ernstzunehmen. Nur mit ihnen sei es möglich, den Fleischverbrauch insgesamt zu senken.

Richard Precht leitet aus diesen Stellungnahmen die Forderung nach weniger Dogmatismus und mehr Pragmatismus ab. Armin Mück unterstützt dieses Fazit, weist aber darauf hin, daß es mit der Forderung nach Entdogmatisierung und Öffnung der vegetarischen Initiativen allein nicht getan ist: der bestehende Geldmangel in so gut wie allen Gruppierungen, die sich für den Vegetarismus einsetzen, mache eine effiziente Arbeit sehr schwer. Ein nicht zu vernachlässigender Aspekt der Bemühungen muß also der Suche nach guten Konzepten zur Verbesserung der finanziellen Situation der vegetarischen Bewegung gelten.

Zugleich müßten die Serviceleistungen für Mitglieder verbessert werden. Zum Beispiel müßten die von ihnen geförderten Projekte anschaulich sein und zugänglich gemacht werden. Hinsichtlich der persönlichen Kontaktebene gelte es, den Interessierten mehr Möglichkeiten anzubieten, sich kennenzulernen und miteinander auszutauschen; hier könnte die Erweiterung der »Stammtische« hilfreich sein. Die Öffentlichkeitsarbeit müsse durch ein größeres Angebot an Informations-Material, Pressemeldungen, Würdigungen wichtiger Anlässe, Fachtagungen und Ausstellungen ausgeweitet werden.

In einem Zwischeneinwurf stellt RICHARD PRECHT ein Zukunftsszenario zur Diskussion, das zwei provokative Auswege aus der bisherigen Problematik der Tierhaltung zur Fleischproduktion bieten könnte: zum einen die gentechnische Erzeugung völlig schmerzresistenter Nutztiere, auf der anderen Seite den Ausweg aus der Intensivhaltung von Tieren über die gentechnische Erzeugung von Fleischäquivalenten als Nahrungsmittel. Würden Aufgaben und Selbstverständnis der vegetarischen Bewegung durch solche Entwicklungen grundlegend verändert? BERNHARD BURDICK hält beide Möglichkeiten für unwahrscheinlich, und selbst wenn solche Tendenzen auftreten sollten, liege der Umgang mit ihnen doch immer auch beim Verbraucher. Sinnvoller sei deshalb die Konzentration auf bereits bestehende Probleme. Bei der Arbeit für eine langfristige Veränderung des Verbraucherverhaltens sei jedenfalls zu berücksichtigen: Lebensmittelskandale zeigen jeweils nur kurzfristige Wirkung. Es geht deshalb vor allem auch darum, gesellschaftliche Rahmenbedingungen zu verändern. Die zuvor erörterten Analysen zur Marktorientierung sind hier in Erinnerung zu rufen. Es muß daran gearbeitet werden, die ökologische Blindheit des Marktes zu überwinden. Eine ökologische Steuerreform, die den Faktor Arbeit billiger und den Faktor Energieeinsatz und Umweltverbrauch teurer macht, kann eine solche Veränderung auf den Weg bringen, weil sich dann eine verantwortungsvolle Land- und Tierwirtschaft auch wirtschaftlich lohnt.

Zum Abschluß der Podiumsdiskussion lenkt RICHARD PRECHT den Blick auf das bestehende Tierschutzgesetz. Die derzeitige Form der Tierhaltung könne nur deshalb durchgeführt werden, weil hier die Ausnahme die Regel beherrsche. Die Forderung nach tiergerechteren Haltungsformen werde durchweg mit dem Argument abgelehnt, daß die deutsche Tierwirtschaft dann auf internationaler Ebene nicht mehr konkurrenzfähig sei und die Durchsetzbarkeit strengerer Richtlinien selbst auf europäischer Ebene bezweifelt werden müsse. Angesichts dessen sei zu überlegen, ob nicht ein Gegenentwurf, der in Deutschland ausschließlich die ökologische Tierhaltung erlaube, Aussicht auf Erfolg hätte. Schließlich seien die Produktionskosten auch bei den jetzt üblichen Haltungssystemen im Vergleich zum Beispiel mit Polen viel zu hoch.

ANDREAS BRIESE verweist auf die Voraussetzungen, die für die Durchsetzbarkeit eines solchen Entwurfs vorliegen müßten: zuerst müßte der regionalisierten Land- und Tierproduktion eine Chance eingeräumt werden; ein Umdenken von seiten der Ernährungsindustrie müßte einsetzen. Hersteller müßten eindeutig deklarieren, aus welchem Land die Produkte kommen und müßten sich verpflichten, diese auch immer dort zu beziehen, was die übersaisonale Verfügbarkeit von Produkten in Frage stellen könne. Es sei kaum anzunehmen, daß bei solchen Konsequenzen ein gesellschaftlicher Konsens über ein solches Gesetz herstellbar wäre. Um so notwendiger sei deshalb aber jetzt die breite Information und Diskussion dieser Fragen in der Gesellschaft, um so möglicherweise den Weg für künftige Vorhaben in dieser Richtung zu ebnen. Einen möglichen Ansatz zur Vorbereitung dieses Weges sieht er in einer dem V-Label analogen Produktkennzeichnung, mit der die Hersteller die Herkunft des Produktes angeben. Zum Beispiel könnte auf Nudelverpackungen ein Verweis aufgedruckt werden, der deklariert, daß die in den Nudeln verarbeiteten Eier aus Freilandhaltung stammen.

In der sich anschließenden Diskussion wurde dem Publikum Gelegenheit gegeben, Kritik und Anregungen einzubringen. Vermißt wurde eine spezielle Zielgruppendiskussion, THOMAS SCHÖNBERGER beantwortete diesen Hinweis als Vertreter des Vegetarier-Bunds damit, daß man intern intensiv an der Optimierung bezüglich der Darstellungsform des Vegetarier-Bunds arbeite.

Ein Zuhörer machte den Vorschlag, daß der Vegetarier-Bund seiner Satzung als weiteres Ziel die Erhaltung des Lebens von Tieren hinzufügen solle. Ferner kritisierte er, daß, obwohl Frauen in der vegetarischen Bewegung stark vertreten seien, keine Frau als Podiumsteilnehmerin vertreten war. THOMAS SCHÖNBERGER gestand dieses Versäumnis zu.

Zum Thema der nachhaltigen Entwicklung bemerkte ein anderer Zuhörer, wie wichtig es sei, die ökologischen, sozialen und gesundheitlichen Folgekosten der Intensivierung der Land- und Tierwirtschaft gemäß des Verursachungsprinzips zu berechnen. Der Schwerpunkt der Finanzierung müsse letztlich in eine Förderung von Agenda-Projekten münden. Im Grundsatz fand dieser Hinweis bei den Podiumsteilnehmern Zustimmung. ECKARD WENDT ergänzte hierzu, daß die Durchsetzung eines geringeren Fleischkonsums in mehrfacher Hinsicht einen Gewinn darstelle: Zum einen könne sich der Einzelne dann wieder in einem Gesamtzusammenhang des Lebens wiederfinden, zum anderen hätte eine solche Entwicklung auch ganz konkrete Folgen; z. B. die Senkung von Krankheitskosten – gegenwärtig seien 30 Prozent der Ausgaben auf ernährungsbedingte Krankheiten zurückzuführen.

Den abschließenden Punkt der Diskussion bildete die Hannoveraner Erklärung. Den zuvor diskutierten Aspekt einer strategischen Öffnung der vegetarischen Bewegung auch für Fleischreduzierer und Teilzeit-Vegetarierer sahen einige Diskussionsteilnehmer in der dezidierten Sprache der Erklärung nicht genügend berücksichtigt.

Hannoveraner Erklärung zum 17. Juni 2000

Gegen die Ausbeutung der Tiere in der Lebensmittelproduktion – für einen zukunftsfähigen Lebens- und Ernährungsstil

Die Ausbeutung der sogenannten Nutztiere in der Land- und Ernährungswirtschaft hat schon lange ein unerträgliches Ausmaß erreicht. Etwa 5,5 Millionen Kälber und Rinder, fast 25 Millionen Schweine und über 86 Millionen Hühner sind in der Bundesrepublik unter überwiegend grausamen Bedingungen eingekerkert. Weitere Tierarten, wie z. B. Schafe und Hasen, werden zu Opfern tierverachtender Haltungsformen. Das System Massentierhaltung kollabiert – Eine Kette von Skandalen – BSE, Schweinepest, Salmonellen, Dioxinfutter – ist die Folge. Noch schlimmer: die Entrechtung und Entwürdigung der Kreatur ist in der agrarindustriellen Verwertung der tägliche Skandal. Diese organisierte Unmenschlichkeit kann nur bestehen, weil die Verbraucherinnen und Verbraucher sie mit ihrem Einkauf in Auftrag geben und finanzieren.

Zur Jahrtausendwende wird es dringend Zeit, die Ausbeutung der Tiere in der Agrarindustrie als tierverachtend und unserer demokratischen und humanistisch orientierten Gesellschaft unwürdig zu ächten und ihr jede Form der Unterstützung zu entziehen.

Alternative Wege in der Landwirtschaft und in der Ernährung sind entwickelt und stehen bereit. Es gilt, sie in Wort und Tat aktiv zu fördern.

Die Unterzeichnerin bzw. der Unterzeichner erklärt:

- Ich werde den Konsum von Fleisch und sonstigen tierischen Produkten deutlich reduzieren bzw. mich vegetarisch ernähren.
- Ich werde in der Einrichtung, in der ich arbeite, in den Verbänden und Institutionen, in denen ich ehrenamtlich tätig bin, und in meinem Privathaushalt die Entwicklung des ökologischen Landbaus und einer pflanzlich orientierten Produktion aktiv fördern.
- Ich werde politisch die Abschaffung der Massentierhaltung und die Festlegung auf den ökologischen Landbau als Leitbild für die zukünftige Landwirtschaftspolitik unterstützen.

Zur Eröffnung der Ausstellung »Sie haben ein Gesicht« am 16. Juni 2000 in Hannover

Carolin Beutelrock

Sie werden geliebt und verachtet, verwöhnt und ausgebeutet, gesund gepflegt und getötet und – verspeist!

Das Verhältnis des Menschen zum Tier war immer und ist bis heute ein ambivalentes. Das Schoßhündchen im Arm ist die eine Seite, die gewalttätige Massengefangenschaft von Tieren, ihre Qualen in Laborversuchen und bei biologischen Manipulationen die andere.

Aktiver Tierschutz ist mühsam – die Hilflosigkeit angesichts der Brutalität gegenüber unseren Mitgeschöpfen, den Tieren, hat so manchen nach jahrelangem Kampf seelisch und körperlich ausgezehrt.

Man kann die Botschaften in noch so schöne Worte kleiden, Argumente höflich oder auch emotional vorbringen, aber wer von uns hat es nicht schon erlebt, gegen Mauern zu sprechen. Der Sprache sind hier oft Grenzen gesetzt.

Mit der Sprache kann man nur den Menschen die Augen öffnen, die zuhören wollen.

Das ist der eine Weg – die Kunst ist der andere.

Denn hier fängt das an, was die Kunst für den Tierschutz tun kann. Bilder geben keine Widerrede, klagen dennoch an und fordern zugleich auf einer anderen Ebene.

Dabei will ich die gewaltige Arbeit, die im Tierschutz in Wort, Schrift und Tat geleistet wird, nur um einen kleinen Teil ergänzen: mit visueller Wahrnehmung Prozesse in Gang setzen, den Betrachter zum Hinschauen zwingen – aber natürlich ohne Gewalt.

Es gibt den Weg, mit Bildern zu schockieren, indem man die Realität so zeigt, wie sie ist: von Darstellungen von Massen von rohem Fleisch bis hin zu brutalsten Szenen im Versuchslabor.

Im 16. Jahrhundert wurden von einigen holländischen und italienischen Malern Fleischdarstellungen sinnbildlich als voluptas carnis für die Bedrohung gottgefälliger Lebensführung im Stilleben als zentrales Element eingesetzt – ganz anders als die Darstellung toter Tiere in dekorativen Kompositionen, die seit Mitte des 17. Jahrhunderts durch parkähnliche Hintergrundlandschaften das elitäre Lebensgefühl der Aristokratie wiedergeben sollten und die Tötung von Tieren eher verherrlichte. Felice Boselli behandelt das Thema um 1700 wieder – wir finden hier virtuos gemalte, schonungslose Fleischdarstellungen, die – ohne religiös motiviert zu sein – anklagend sind.

Anfang des 19. Jahrhunderts greift Francisco de Goya in einer mitfühlenden Anklage die Tötung von Tieren in Form von Fleischdarstellungen wieder auf. Diese Bilder entstanden unter dem Eindruck seiner Beschäftigung mit den Schrecken des Krieges. Ein mutiger Schrei in seiner Zeit, indem er dem Tier eine bis dahin ungekannte Würde und Gleichberechtigung neben dem Menschen einräumte.

Ich habe mich für einen anderen Weg der Darstellung entschieden.

Im Vordergrund steht hier die Wahrnehmung von Licht, Farbe und einem lebendigen Spiel von Kontrasten und Formen.

Über die ästhetische Wahrnehmung einer farbigen Komposition wird der Betrachter eingeladen, vor einem Kunstwerk zu verweilen und sich nicht angewidert abzuwenden. Ohne es sofort zu merken, erzählt das Bild ihm eine Geschichte. Die Bilder sollen nicht nur zum Denken anregen, sie sollen Gefühl wahrnehmbar machen oder eine im verborgenen schlummernde Gefühlswelt zum Leben erwecken, automatisch Solidarität fühlen lassen, ohne den Kopf gebrauchen zu müssen! Gefühl wird auch in der Musik durch dramatische Elemente erzeugt. In den Bildern steht das Zusammenspiel von Farbe, Licht und damit dramatischen Kontrasten gleichzeitig sinnbildlich für unser von Polarität bestimmtes Erdendasein.

Sogenannte zeitgenössische Kunst, die von Galerien weltweit kommerzialisiert wird und das Gegenstandslose als die Krönung des Kunstschaffens propagiert, kann hier meinen Zielen nicht dienen, auch wenn sie eine enorme Produktivität ermöglicht.

Das Ihnen heute präsentierte Werk hat Zeit gekostet, jedes Bild in sich ist gereift – wie ein guter Wein. Die Bilder sind entstanden ausgehend von einer Grundvision, die während der Arbeit zuweilen andere Formen annahm und im Ergebnis oft nicht mehr mit dem Ausgangspunkt übereinstimmte – und das habe ich gerne zugelassen, auch als eigenen Prozeß – das Zusammenspiel meiner Kreativität, meines Bewußtseins und meiner Emotionen haben im gezielt eingesetzten Umgang mit Technik und Farbe meine Visionen materialisiert und ich wünsche mir, daß auch Nicht-Tierschützer und Fleischesser ein bißchen von dem Mitgefühl und der Kritik spüren, die ich versucht habe, damit zu vermitteln.

Mir oder dem Tierschutz dient auch keine reduzierte Kunst, die mit intellektuellen Gedankenkonstruktionen über ihre Inhaltlosigkeit hinwegtäuschen will. Diese Kunst als Spiegel des Zeitgeistes hätte dann ihre Daseinsberechtigung, wenn sie ehrlich wäre und Kritik am Zeitgeist üben würde. Die Leere, Monotonie auf Leinwänden als Sinnbild für die Leere der Menschen, die funktionalisierte Gesellschaft, Millionen von Leben ohne Inhalte, ohne Ideale, ohne Mitgefühl und damit auch ohne Liebe. Das Mitgefühl fehlt in unserer Gesellschaft. Also ist alles monoton, kalt, sinnentleert, funktionalisiert und reduziert auf wenige erstrebenswerte Ziele: das Geld und die Macht – und das funktioniert auf immer rücksichtslosere Art und Weise unter Verachtung des Lebens und der Gesundheit von Mensch und Tier.

Gerade im Zuge der Globalisierung aber sollte die Menschheit ihr Bewußtsein erweitern. Wir müssen aufhören, die Wirklichkeit nur scheibchenweise wahrzunehmen.

Für diejenigen, die die Wirklichkeit in ihrer Ganzheit nicht wahrnehmen können oder wollen, sollen meine Bilder eine Sehhilfe sein, um in Prozesse einsteigen zu können. Die naturalistische Darstellung ist hier ein unabdingbares Visualisierungsmedium. Dabei will ich die Augen öffnen für das, was ist und das, was sein soll.

Mein Kunstschaffen will ich auch in Zukunft in den Dienst des Tierschutzes und des gewaltfreien Miteinanders stellen: Wer Tiere schützt, schützt auch die Menschen, die Menschheit, die Erde.

Biographische Hinweise

JUDITH BAUMGARTNER, Dr. phil., Lehrbeauftragte am Institut für Wirtschafts- und Sozialgeschichte der Universität München. Arbeitsschwerpunkte: Ernährungsgeschichte, Wirtschafts- und Sozialgeschichte um 1900.

CAROLIN BEUTELROCK, freie Künstlerin, ehrenamtliche Tätigkeit in Umwelt- und Tierschutz, seit 1998 verstärkte Einbeziehung dieses Themenbereichs in das eigene künstlerische Schaffen.

ANDREAS BRIESE, Dr. med. vet., 1993 Mitbegründung des Beratungs- und Schulungsinstituts für schonenden Umgang mit Zucht- und Schlachttieren in Schwarzenbek/Schleswig-Holstein im Auftrag der Erna-Graff-Stiftung, seit 1996 niedersächsischer Landestierschutzbeauftragter.

BERNHARD BURDICK, Dipl.-Ing. agr., Projektleiter in der Abteilung Klimapolitik des Wuppertal Instituts. Arbeitsschwerpunkte: Land- und Ernährungswirtschaft, Tierschutz, Naturschutz, nachhaltige (Regional-) Entwicklung; u. a. Mitautor der Studie »Zukunftsfähiges Deutschland«.

URS DIERAUER, Dr. phil., Altphilologe, Hauptlehrer für Latein und Griechisch an der Kantonsschule in Chur/Schweiz. Verschiedene Publikationen zum Verhältnis Mensch–Tier in der Antike, verfaßte unter anderem den Artikel »Tier/Tierseele« (Antike) im *Historischen Wörterbuch der Philosophie.*

ANDREAS HAHN, Dr. oec. troph., seit 1993 Hochschuldozent für Ernährungsphysiologie und Humanernährung; Leiter dieses Fachgebietes am Institut für Lebensmittelwissenschaft des Zentrums für angewandte Chemie der Universität Hannover.

HANS WERNER INGENSIEP, Dr. rer. nat., Dr. habil. phil; 1998 bis 1999 Gastprofessuren an der privaten Universität Witten/Herdecke und an der Universität Frankfurt a. M. und Forschungsaufenthalt am Hastings Center für Bioethik (Garrison, New York), zur Zeit Hochschuldozent an der Universität Essen.

MANUELA LINNEMANN, Mitorganisatorin des Kongresses »Vegetarisch in das neue Jahrtausend«, Verfasserin des Artikels »Tierrecht« für das *Historische Wörterbuch der Philosophie* und Herausgeberin der Anthologie *Brüder – Bestien – Automaten.*

PATRIZIA MILITANO, M. A., Studium der Philosophie, Erziehungswissenschaften und Anglistik, Tätigkeit in der Gedenkstättenarbeit und Interkulturellen Pädagogik.

ARMIN MÜCK, Eisenbahner, seit 15 Jahren aktiv in der Vegetarischen Initiative Hamburg.

RICHARD DAVID PRECHT, Dr. phil., lebt als freier Journalist und Schriftsteller in Köln, veröffentlichte u. a.: *Noahs Erbe. Vom Recht der Tiere und den Grenzen des Menschen.*

THOMAS SCHÖNBERGER ist seit 1997 Vorsitzender des Vegetarier-Bunds Deutschlands, seit 1993 Tätigkeit als Ökologiereferent in einer kirchlichen Tagungsstätte.

CLAUDIA SCHORCHT, Dr. phil., Lektorin, übersetzte u. a. Peter Singers *Animal Liberation* ins Deutsche.

ECKARD WENDT, Volks- und Realschullehrer für Sport und Biologie, Sonderschullehrer; seit 2000 Vorsitzender des Vereins gegen tierquälerische Massentierhaltung e. V.